桐光学園高等

〈収録内容〉

便利な DL コンテンツは右の QR コードから

解答用紙　過去年度

⇒

※データのダウンロードは 2025 年 3 月末日まで。
※データへのアクセスには、右記のパスワードの入力が必要となります。 ⇒ 894228

〈合格最低点〉

	SAコース	
	男子	女子
2024年度	153点	148点
2023年度	172点	170点
2022年度	186点	173点
2021年度	187点	188点
2020年度	186点	185点
2019年度	161点	167点
2018年度	162点	179点
2017年度	154点	173点

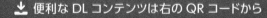

本書の特長

実戦力がつく入試過去問題集

- ▶ 問題 ……………… 実際の入試問題を見やすく再編集。
- ▶ 解答用紙 …… 実戦対応仕様で収録。
- ▶ 解答解説 …… 詳しくわかりやすい解説には、難易度の目安がわかる「基本・重要・やや難」の分類マークつき（下記参照）。各科末尾には合格へと導く「ワンポイントアドバイス」を配置。採点に便利な配点つき。

入試に役立つ分類マーク

基本 確実な得点源！
受験生の90%以上が正解できるような基礎的、かつ平易な問題。
何度もくり返して学習し、ケアレスミスも防げるようにしておこう。

重要 受験生なら何としても正解したい！
入試では典型的な問題で、長年にわたり、多くの学校でよく出題される問題。
各単元の内容理解を深めるのにも役立てよう。

やや難 これが解ければ合格に近づく！
受験生にとっては、かなり手ごたえのある問題。
合格者の正解率が低い場合もあるので、あきらめずにじっくりと取り組んでみよう。

合格への対策、実力錬成のための内容が充実

- ▶ 各科目の出題傾向の分析、合否を分けた問題の確認で、入試対策を強化！
- ▶ その他、学校紹介、過去問の効果的な使い方など、学習意欲を高める要素が満載！

解答用紙ダウンロード 解答用紙はプリントアウトしてご利用いただけます。弊社ＨＰの商品詳細ページよりダウンロードしてください。トビラのＱＲコードからアクセス可。

UD FONT 見やすく読みまちがえにくいユニバーサルデザインフォントを採用しています。

桐光学園高等学校

普通科
生徒数　1751名
〒215-8555
神奈川県川崎市麻生区栗木3-12-1
☎044-987-0519
小田急多摩線栗平駅　徒歩12分
京王線若葉台駅、小田急多摩線黒川駅
スクールバス

きめ細かな学習指導で
着実に実績を伸ばす進学校
海外体験で国際感覚を養成

URL	http://www.toko.ed.jp

プロフィール　バイタリティあふれる学園。完全別学制

1978年、桐光学園高等学校を創立。1982年に、中学校が開校した。1991年、女子部を開設し、現在の男子部・女子部の別学体制となった。

環境　広大なキャンパス充実の施設

約80,255㎡の敷地の周囲は自然が豊かで、駅から学校までの道も緑に囲まれている。小鳥の声を聞きながらの授業も、ここでは日常の光景である。

男子部・女子部それぞれが専用の体育館を持ち、屋外には、全天候型のテニスコート、25mプール、ハンドボールコート、屋内プール、野球場、クラブハウス、また、アリーナ、図書館、食堂、柔道場、剣道場を合わせ持った複合施設もある。2018年度、最新設備を備えた屋内プールと新グラウンド、人工芝のサッカー場が完成した。

カリキュラム　志望大学に応じたコースで受験に備える

高２までに全課程を終了させ、高３の１年間は受験対策に当てている。

授業５日制を採用し、土曜は希望者に講習を開講している。

１年次にAコースとSAコース(特進クラス)を設置し、２年次より各自の進学目標に応じて、**国公立文系(文Ⅰ)、私立文系(文Ⅱ)、国公立理系(理Ⅰ)、私立理系(理Ⅱ)**の４コースに分かれる。**文Ⅰ、理Ⅰコース**には、最難関国公立を目指す「選抜クラス」としてαクラスを設置し、生徒一人ひとりの学力を可能な限り伸ばすことに主眼を置き、少数精鋭のハイレベルな授業を行う。また、１年より「進学ガイダンス」を実施し、職業選択や人生設計も含めた指導を展開している。

日々の補習授業をはじめ、夏期講習なども充実しており、一人ひとりに合わせた熱心な指導を行っている。

学校生活　県内トップレベルの運動部

高２までの希望者を対象とするカナダホームステイも毎年実施。ニュージーランドターム留学なども語学力を高めると共に、視野を広げ、実体験に基づいた国際感覚を養うチャンスとして人気が高い。クラブ活動も活発で、インターハイや関東大会の常連運動部も多く、また競技かるた部が全国大会に出場するなど、文化部の活躍も目覚ましい。

[運動部] 空手道、弓道、剣道、サッカー、山岳、柔道、水泳、スキー、ソフトテニス、ソフトボール、卓球、ダンス、硬式テニス、バスケットボール、バドミントン、バレーボール、ハンドボール、野球、ラグビー、陸上

[文化部] 囲碁・将棋、インターアクト、映画研究、英語、演劇、合唱、家庭科、華道、技術工作、ギター、郷土史研究、弦楽、航空研究、茶道、写真、吹奏楽、社会科学、折り紙研究、生物、鉄道研究、電子工学、美術、物理化学、文藝、模擬国連・英語ディベート、競技かるた、JRC、落語研究、園芸同好会、放送同好会、エルガリ同好会

土曜講習での昆虫観察

進路　難関大学進学者が確実に増加中

東大、京都大、東京工業大、横浜国立大、筑波大、早稲田大、慶應義塾大、上智大などの難関大学進学者が、毎年確実に増えている。また、国公立私立の医学部医学科の合格者も目立っている。芸術系の大学に進学する生徒も多い。早稲田大、上智大、東京理科大、明治大、青山学院大、中央大、立教大などの指定校推薦枠もある。

毎年600を超える放課後講習を実施しており、また国公立２次試験対策として、教員による添削講習を開講し、きめ細やかな指導を行っている。

2024年度入試要項

試験日　1/5（帰国生）
1/22（推薦）
2/10（第１回）
2/12（第２回）

試験科目　英＋面接（帰国生）
作文＋面接（推薦）
国・数・英（一般）

2024年度	募集定員	受験者数	合格者数	競争率
帰国生	若干/若干	20/14	11/8	1.8/1.8
推薦	40/若干	79/18	79/18	1.0/1.0
第１回	60/20	227/132	177/112	1.3/1.2
第２回	40/20	91/43	66/36	1.4/1.2

※人数はすべて男子部／女子部（SAコースのみ）

過去問の効果的な使い方

① **はじめに**　入学試験対策に的を絞った学習をする場合に効果的に活用したいのが「過去問」です。なぜならば，志望校別の出題傾向や出題構成，出題数などを知ることによって学習計画が立てやすくなるからです。入学試験に合格するという目的を達成するためには，各教科ともに「何を」「いつまでに」やるかを決めて計画的に学習することが必要です。目標を定めて効率よく学習を進めるために過去問を大いに活用してください。また，塾に通われていたり，家庭教師のもとで学習されていたりする場合は，それぞれのカリキュラムによって，どの段階で，どのように過去問を活用するのかが異なるので，その先生方の指示にしたがって「過去問」を活用してください。

② **目的**　過去問学習の目的は，言うまでもなく，志望校に合格することです。どのような分野の問題が出題されているか，どのレベルか，出題の数は多めか，といった概要をまず把握し，それを基に学習計画を立ててください。また，近年の出題傾向を把握することによって，入学試験に対する自分なりの感触をつかむこともできます。

過去問に取り組むことで，実際の試験をイメージすることもできます。制限時間内にどの程度までできるか，今の段階でどのくらいの得点を得られるかということも確かめられます。それによって必要な学習量も見えてきますし，過去問に取り組む体験は試験当日の緊張を和らげることにも役立つでしょう。

③ **開始時期**　過去問への取り組みは，全分野の学習に目安のつく時期，つまり，9月以降に始めるのが一般的です。しかし，全体的な傾向をつかみたい場合や，学習進度が早くて，夏前におおよその学習を終えている場合には，7月，8月頃から始めてもかまいません。もちろん，受験間際に模擬テストのつもりでやってみるのもよいでしょう。ただ，どの時期に行うにせよ，取り組むときには，集中的に徹底して取り組むようにしましょう。

④ **活用法**　各年度の入試問題を全問マスターしようと思う必要はありません。できる限り多くの問題にあたって自信をつけることは必要ですが，重要なのは，志望校に合格するためには，どの問題が解けなければいけないのかを知ることです。問題を制限時間内にやってみる。解答で答え合わせをしてみる。間違えたりできなかったりしたところについては，解説をじっくり読んでみる。そうすることによって，本校の入試問題に取り組むことが今の自分にとって適当かどうかが，はっきりします。出題傾向を研究し，合否のポイントとなる重要な部分を見極めて，入学試験に必要な力を効率よく身につけてください。

数学

各都道府県の公立高校の入学試験問題は，中学数学のすべての分野から幅広く出題されます。内容的にも，基本的・典型的なものから思考力・応用力を必要とするものまでバランスよく構成されています。私立・国立高校では，中学数学のすべての分野から出題されることには変わりはありませんが，出題形式，難易度などに差があり，また，年度によっての出題分野の偏りもあります。公立高校を含め，ほとんどの学校で，前半は広い範囲からの基本的な小問群，後半はあるテーマに沿っての数問の小問を集めた大問という形での出題となっています。

まずは，単年度の問題を制限時間内にやってみてください。その後で，解答の答え合わせ，解説での研究に時間をかけて取り組んでください。前半の小問群，後半の大問の一部を合わせて50%以上の正解が得られそうなら多年度のものにも順次挑戦してみるとよいでしょう。

英語

英語の志望校対策としては，まず志望校の出題形式をしっかり把握しておくことが重要です。英語の問題は，大きく分けて，リスニング，発音・アクセント，文法，読解，英作文の5種類に分けられます。リスニング問題の有無(出題されるならば，どのような形式で出題されるか)，発音・アクセント問題の形式，文法問題の形式(語句補充，語句整序，正誤問題など)，英作文の有無(出題されるならば，和文英訳か，条件作文か，自由作文か）など，細かく具体的につかみましょう。読解問題では，物語文，エッセイ，論理的な文章，会話文などのジャンルのほかに，文章の長さも知っておきましょう。また，読解問題でも，文法を問う問題が多いか，内容を問う問題が多く出題されるか，といった傾向をおさえておくことも重要です。志望校で出題される問題の形式に慣れておけば，本番ですんなり問題に対応することができますし，読解問題で出題される文章の内容や量をつかんでおけば，読解問題対策の勉強として，どのような読解問題を多くこなせばよいかの指針になります。

最後に，英語の入試問題では，なんと言っても読解問題でどれだけ得点できるかが最大のポイントとなります。初めて見る長い文章をすらすらと読み解くのはたいへんなことですが，そのような力を身につけるには，リスニングも含めて，総合的に英語に慣れていくことが必要です。「急がば回れ」ということわざの通り，志望校対策を進める一方で，英語という言語の基本的な学習を地道に続けることも忘れないでください。

国語

国語は，出題文の種類，解答形式をまず確認しましょう。論理的な文章と文学的な文章のどちらが中心となっているか，あるいは，どちらも同じ比重で出題されているか，韻文(和歌・短歌・俳句・詩・漢詩)は出題されているか，独立問題として古文の出題はあるか，といった，文章の種類を確認し，学習の方向性を決めましょう。また，解答形式は，記号選択のみか，記述解答はどの程度あるか，記述は書き抜き程度か，要約や説明はあるか，といった点を確認し，記述力重視の傾向にある場合は，文章力に磨きをかけることを意識するとよいでしょう。さらに，知識問題はどの程度出題されているか，語句(ことわざ・慣用句など)，文法，文学史など，特に出題頻度の高い分野はないか，といったことを確認しましょう。出題頻度の高い分野については，集中的に学習することが必要です。読解問題の出題傾向については，脱語補充問題が多い，書き抜きで解答する言い換えの問題が多い，自分の言葉で説明する問題が多い，選択肢がよく練られている，といった傾向を把握したうえで，これらを意識して取り組むと解答力を高めることができます。「漢字」「語句・文法」「文学史」「現代文の読解問題」「古文」「韻文」と，出題ジャンルを分類して取り組むとよいでしょう。毎年出題されているジャンルがあるとわかった場合は，必ず正解できる力をつけられるよう意識して取り組み，得点力を高めましょう。

数学

出題傾向の分析と合格への対策

●出題傾向と内容

本年度の出題数は，大問数が5題，小問数にして21問でほぼ例年通りであった。

問題内容は，[1]が数量分野の広い範囲からの小問群，[2]が数の性質，データの分析，平面・空間図形の小問群，[3]が図形と関数・グラフの融合問題，[4]が確率，[5]が空間図形の計量問題になっている。中学数学の全分野からバランスよく出題されていて，大問は誘導形式がとられている。

難易度は高く，基本的・典型的な問題をもとに，応用力，思考力が試せるように一工夫加えての出題となっている。問題数が多く，計算に時間がかかる問題も多いので，正確かつ迅速に処理する力が要求される。

✔学習のポイント

典型的な受験レベルの問題の解法は，確実に理解し定着させておくことが重要である。特に図形・関数の分野は多くの問題に接して慣れておこう。

●2025年度の予想と対策

来年度も問題の量・質に大きな変化はないだろう。中学数学の全分野からの出題で，標準的な問題からやや難度の高い問題が出題されている。

まず中学数学の全分野の基本事項を整理したあと，受験問題でよく目にする典型的な図形・関数の問題の解法を確実に理解し定着させておくことが重要である。標準問題からハイレベルな問題まで数多くの問題に接して速く正確に解く練習をしておこう。また，確率，関数・図形の分野は他の分野との融合問題を解いて，思考力，応用力を養っておくことも必要である。問題数が多くボリュームがあるので，できる問題から確実に解いていくような，上手な時間配分を身につけたい。

▼年度別出題内容分類表……

出題内容			2020年	2021年	2022年	2023年	2024年
数と式		数の性質		○		○	○
		数・式の計算	○	○	○	○	○
		因数分解	○	○	○	○	
		平方根	○	○	○	○	○
方程式・不等式		一次方程式		○	○		
		二次方程式	○	○	○	○	○
		不等式	○				
		方程式・不等式の応用				○	
関数		一次関数	○	○	○	○	○
		二乗に比例する関数	○	○	○	○	○
		比例関数					
		関数とグラフ	○	○	○	○	○
		グラフの作成					
図形	平面図形	角度		○	○		
		合同・相似	○	○	○	○	○
		三平方の定理	○		○	○	○
		円の性質	○		○	○	○
	空間図形	合同・相似					
		三平方の定理		○		○	
		切断					
	計量	長さ	○	○	○	○	○
		面積	○	○	○	○	○
		体積		○	○		○
		証明			○	○	○
		作図					
		動点					
統計		場合の数	○	○	○		
		確率	○	○	○	○	○
		統計・標本調査				○	○
融合問題		図形と関数・グラフ	○	○	○	○	○
		図形と確率					
		関数・グラフと確率					
		その他					
その他							

桐光学園高等学校

英語

出題傾向の分析と合格への対策

●出題傾向と内容

本年度は，語彙問題，会話文問題，語句補充問題(選択・記述)2題，語句整序問題，英訳，長文読解問題2題の計8題が出題された。問題構成は昨年とほぼ同じで，問題量，英文量，難易度ともに例年通りであった。

語彙問題は単語の意味だけではなく，正しく書けるようにしなければならない。文法問題はやや難易度が高い。基本の文法だけでなく，慣用句や熟語に関する知識も必要となる。

長文読解問題は2題とも英文量が多めなので，英文を速く正確に読む力が求められる。どちらにも要旨把握問題があるため，単に英文を訳せるだけでなく，どのように話が展開しているのか，話の要点は何かを整理しながら読み進める力も必要である。

✔学習のポイント

文法の知識，語彙力を高めよう。
普段から長い文章の読解に慣れておこう。

●2025年度の予想と対策

来年度も，ほぼ同じ傾向の出題が予想される。

英単語に関しては，単語の意味だけでなく，書けるようにしておく必要がある。語彙を豊富にすることはもちろん，慣用句や熟語もマスターしよう。文法問題は，標準～発展レベルの問題を多く解くようにしよう。読解問題は，英文を速く正確に読む力が必要になる。同じくらいの量の英文を，時間設定をして読む練習を重ねよう。また普段から日本語でも社会問題に関する記事に目を通しておけば，このような英文を読む際の助けになるかも知れない。

50分という時間の中でこれだけの問題量をこなすには，適切な時間配分が必要である。どの問題にどれくらいの時間を充てるか，その時間設定で解くには何が必要かをよく分析する必要がある。

▼年度別出題内容分類表 ……

	出題内容	2020年	2021年	2022年	2023年	2024年
話し方・聞き方	単語の発音					
	アクセント					
	くぎり・強勢・抑揚					
	聞き取り・書き取り					
語い	単語・熟語・慣用句	○	○	○	○	○
	同意語・反意語					
	同音異義語					
読解	英文和訳(記述・選択)	○	○			
	内容吟味	○	○	○	○	○
	要旨把握	○	○	○	○	○
	語句解釈			○	○	○
	語句補充・選択	○	○	○	○	○
	段落・文整序				○	
	指示語	○	○	○		○
	会話文	○	○	○	○	
文法・作文	和文英訳	○	○	○	○	○
	語句補充・選択	○	○	○	○	○
	語句整序	○	○	○	○	○
	正誤問題					
	言い換え・書き換え					
	英問英答					
	自由・条件英作文					
文法事項	間接疑問文	○	○			○
	進行形				○	○
	助動詞	○			○	○
	付加疑問文					
	感嘆文			○		
	不定詞	○	○	○	○	○
	分詞・動名詞	○	○		○	○
	比較	○		○	○	○
	受動態	○			○	○
	現在完了			○	○	○
	前置詞	○		○	○	○
	接続詞	○	○	○	○	○
	関係代名詞	○			○	○

桐光学園高等学校

国語 出題傾向の分析と合格への対策

●出題傾向と内容

本年度も，漢字の書き取り，論理的文章の読解問題，文学的文章の読解問題，古文と漢文が融合した形での読解問題がそれぞれ1題ずつの計4題の大問構成であった。

論理的文章の読解問題では，論説文が採用され，文脈把握が主に問われている。接続語・指示語に関する問題も論説文の読解問題内に含まれやすい。文学的文章の読解問題では小説が採用されており，登場人物の心情やその経緯の理解が中心となっている。2024年度は，主人公の大学生活を中心に，それぞれの場面での心情を細かく問う形であった。

古文と漢文の読解問題では，同じような内容の古文と漢文がそれぞれ掲載されるという形式が続いている。ただ全く同じ内容ではなく，比較検討して内容の違いを細かく把握する必要がある。

学習のポイント

現代文は，記述問題にも対応できるよう，要約やあらすじなどをまとめる練習をしておこう。古文・漢文は，頻出語句や助動詞の意味を確実に身につけておこう。

●2025年度の予想と対策

論説文の読解問題では，接続語や指示語に注目して文脈をとらえるとともに，具体例や引用がある場合はそれらが挙げられている意図を意識して，筆者の主張を読み取る練習を重ねよう。さらに，キーワードが挙げられている場合は，それについての定義と筆者のスタンスも確認しておこう。小説の読解問題では，登場人物の心理描写や行動の理由といった心情や情景の理解が中心となる。

古文と漢文の融合問題では，返り点や漢字の意味といった漢文の基本的な文法事項に加えて，指示語の指し示す内容の具体化や口語訳の練習を積んでおこう。古文も漢文も口語訳できれば，比較検討がしやすくなる。

漢字の問題は，同音異義語があるものや四字熟語も出題される。単純な書き問題としてというよりも，語彙力という観点からも知識をつけておこう。

▼年度別出題内容分類表 ……

出題内容			2020年	2021年	2022年	2023年	2024年
内容の分類	読解	主題・表題					
		大意・要旨				○	○
		情景・心情	○	○	○	○	○
		内容吟味	○	○		○	○
		文脈把握	○	○	○	○	○
		段落・文章構成					
		指示語の問題	○	○			○
		接続語の問題		○	○		
		脱文・脱語補充	○	○	○	○	○
	漢字・語句	漢字の読み書き	○	○	○	○	○
		筆順・画数・部首					
		語句の意味	○		○	○	○
		同義語・対義語					
		熟語			○		
		ことわざ・慣用句					
	表現	短文作成					
		作文(自由・課題)					
		その他					
	文法	文と文節					
		品詞・用法					
		仮名遣い					
		敬語・その他			○	○	○
	古文の口語訳					○	○
	表現技法						
	文学史						
問題文の種類	散文	論説文・説明文	○	○	○	○	○
		記録文・報告文					
		小説・物語・伝記	○	○	○	○	○
		随筆・紀行・日記					
	韻文	詩					
		和歌(短歌)					
		俳句・川柳					
	古文		○	○	○	○	○
	漢文・漢詩		○	○	○	○	○

桐光学園高等学校

2024年度 合否の鍵はこの問題だ!!

数学 [1](5), [2], [3], [4], [5]

[1] (5) $\sqrt{15}$の整数部分を求めるとき，$\sqrt{15}$を連続する2つの整数ではさんで不等式を作ろう。

[2] さまざまな分野からの小問群である。一度は解いたことのある問題も多いので，素早く正確に処理したい。

[3] (2)では，2点間距離の公式を利用しよう。(3)は式が煩雑で，計算量が多い。たすき掛けの因数分解を利用して時間短縮を狙いたい。

[4] (1)(2)を確実に正解しよう。

[5] (2)(3)では，球の通過部分を正確に把握して，効率よく体積の計算が出来るように訓練しよう。

英語 [5], [7](c), [8](f)

[5]・[7](c)・[8](f)を取り上げる。

出題形式は語句整序問題で，配点は合計で15点と高配点になっており，対策が必要と言える。[5]の独立大問では日本語が添えられているが，長文読解問題の[7]・[8]においては日本語がないので，注意が必要である。

日本語がある場合にはそのものがヒントとなるが，日本語がない場合でも，結合可能な語どうしのかたまりを作っていき，徐々にそのかたまりを大きくしていく要領で，取り組むと良いだろう。

今年度の整序問題で出題された文法事項は，現在完了進行形・関係代名詞・不定詞(意味上の主語含む)・動名詞等だが，複数の要素が絡み合い，語法に関連したものも見受けられるので，文法・語彙力の強化に日頃から取り組むことが必要である。

国語 四 問五

★なぜこの問題が合否を分けるのか

本入試の古文の読解問題は，同じような内容の漢文も合わせて掲載するという形式である。但し全く同じというわけではないので，異なる部分を比較検討して内容の違いを把握する必要がある。矛盾する内容は見当たらないので，大意を尋ねられる問題は選択肢一つ一つをしっかりと読み，古文・漢文の内容をそれぞれしっかりと理解しながら，適当なものを選ばなければならない。

★こう答えると合格できない

古文・漢文の内容が，同様の内容というのがポイントである。それぞれを新たに読んでいると，恐らく時間が足りなくなるであろう。古文・漢文，それぞれどちらでも良いので，読みやすい方を選び，できるだけ早く大意をつかまなければならない。ある程度，内容が入った上で，もう一方の文章を読み，前の内容とどこが同じで，どこが異なるのかをできるだけ短時間でつかむようにしよう。

★これで合格！

まずは，傍線部の内容を確認しよう。「寿」は寿命が長いこと，「辱」は恥じるということである。つまりここの訳は「寿命が長ければ，その分だけ恥が多くなる」となる。その理由について，〈乙〉には一切述べられていないので注意しよう。〈甲〉の文章の中で，関係する箇所は「命長ければ辱多し」以降の箇所である。その内容を訳すと，「命が長いと恥をかくことも多くなります。長くても40歳に足りないくらいで死ぬのが，見苦しくないでしょう。それ(年齢)を過ぎてしまうと，(自分の醜い)容姿を恥じる心もなく，人の前に出て付き合おうということを思い，夕日のような(残りわずかな命で)子や孫をかわいがり，(彼らが)繁栄してゆく将来を見届けるまでの命を期待し，ただただこの世の利益や欲望に執着する心だけ強く，物の情緒さも分からなくなっていくのは全く嘆かわしいことです」となる。「かたち」とは，ここでは容貌や顔つきを示す。年をとって容貌が変わり，だんだんと醜くなるにもかかわらず，それを恥じる心を持たなくなるのは，嘆かわしいことだという筆者の主張に着目しよう。

2024年度

★★★★★★★★★★★★★★★★★★★★★★★★

入　試　問　題

2024年度

桐光学園高等学校入試問題

【数　学】（60分）　＜満点：100点＞

【注意】 1. 定規とコンパスは使用してはいけません。

2. 分数は最も簡単な分数で答えなさい。

3. 根号を用いた数は，最も簡単な式で答えなさい。

4. 円周率はπとします。

1 次の問いに答えなさい。

(1) $5\times51^2-45\times13^2$ を計算せよ。

(2) $\dfrac{30-10\sqrt{10}}{\sqrt{40}}+\sqrt{3}\left(2\sqrt{12}+\sqrt{\dfrac{5}{6}}\right)$ を計算せよ。

(3) 方程式 $3x+2y=5x+8=7x+10y+4$ を解け。

(4) 2次方程式 $2(x-1)(x-3)-(x-5)^2=3x-13$ を解け。

(5) $\dfrac{(\sqrt{15}-1)^2}{2}$ の小数部分を求めよ。

2 次の問いに答えなさい。

(1) $30\times29\times28\times27\times\cdots\times3\times2\times1$ を計算した整数は，一の位から0が何個連続して並ぶか，その個数を求めよ。

(2) $\sqrt{\dfrac{833n}{11}}$ が整数になるような最小の正の整数 n の値を求めよ。

(3) 正十二面体の頂点の個数を求めよ。

(4) 図のように，正方形ABCDの辺ABを直径とする半円と，頂点Dと辺BC上の点Eを結んだ線分が接している。線分DEの長さが6㎝のとき，半円の面積を求めよ。

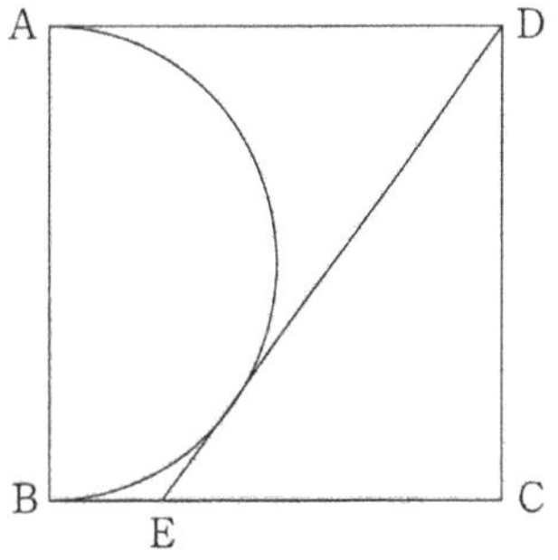

(5) 図のような△ABCにおいて，∠Cの大きさは∠Aの大きさの2倍である。このとき，辺ACの長さを求めよ。

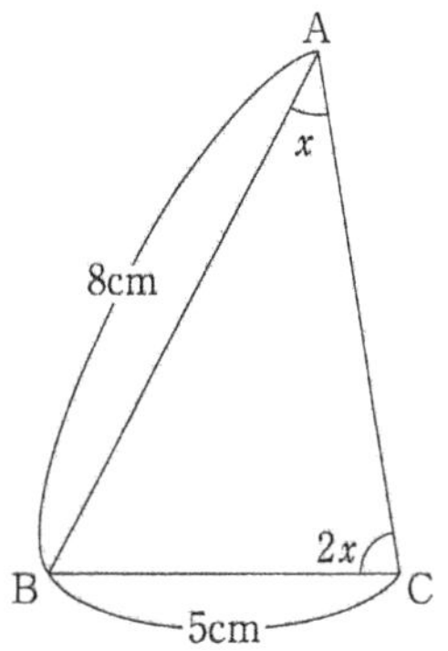

(6) 次のデータは，5人の生徒の一日の勉強時間である。

80, 85, 87, 88, 96 (分)

ところが，5つのデータの値のうち1つが間違っていることが分かった。正しい値にもとづいて中央値と平均値を求めたところ，それぞれ85分と86.8分となった。間違っている値を選び，正しい値を求めよ。

(7) 図のように，$\ell \parallel m$ として，ℓ 上の点Aと m 上の点Bを結ぶ線分ABの中点をOとする。点Oを通る直線 n が，ℓ，m と交わる点を，それぞれP，Qとするとき，AP＝BQであることを，次のように証明した。
空欄をうめて，証明を完成させよ。

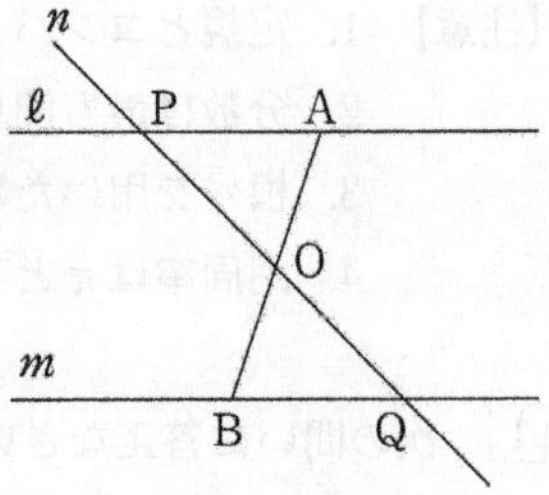

(証明)
△OAPと△OBQにおいて，
仮定より，OはABの中点だから

AO＝BO　　　　…　①

対頂角は等しいから

∠AOP＝∠BOQ　　…　②

△OAP≡△OBQ
合同な図形では，対応する辺の長さは等しいので

AP＝BQ　　　(終)

3 図のように，放物線 $y = x^2$ 上に x 座標が1である点Pをとる。
また，放物線 $y = -\frac{1}{2}x^2$ 上に x 座標が1である点Q，点Qと y 座標が等しい点Rをとる。△PQRの各頂点を通る円をCとするとき，次の問いに答えなさい。

(1) 直線PRの式を求めよ。

(2) 円Cの半径を求めよ。

(3) 円C上に△PQRの面積と△PARの面積が等しくなるように点Aをとる。このような点Aのうち，y 座標が最も大きいものの座標を求めよ。

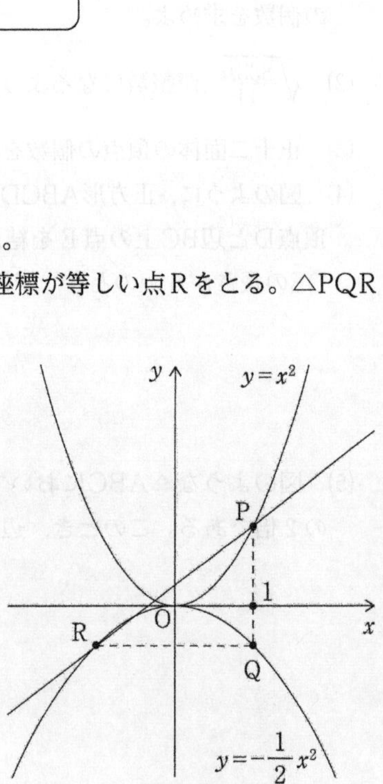

4 一辺が１cmの正六角形ABCDEFの辺上を２点P，Qが時計回りに動く。はじめ，点Pは点Aにあり，点Qは点Dにある。点Pはコインを投げるごとに表が出れば１cm，裏が出れば２cmずつ動く。点Qはコインを投げるごとにコインの表裏に関わらず３cmずつ動く。このとき，次の問いに答えなさい。

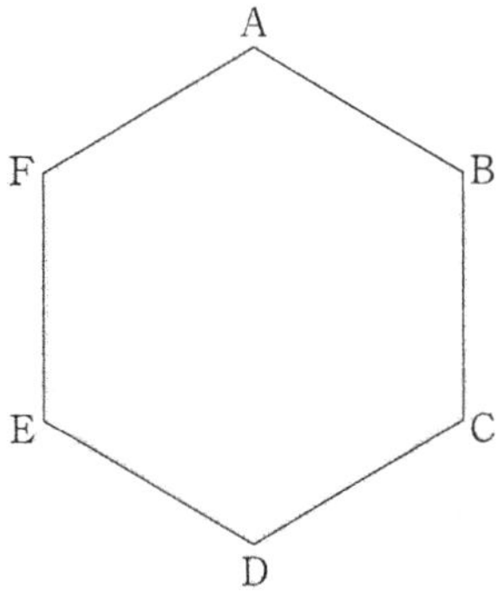

(1) コインを２回投げるとき，PとQが同じ頂点にある確率を求めよ。

(2) コインを３回投げるとき，PとQが同じ頂点にある確率を求めよ。

(3) コインを６回投げるとき，PとQが少なくとも１回は同じ頂点にある確率を求めよ。

5 図のように半径１cmの球が立体の内部に入っている。図１は１辺２cmの立方体，図２は縦２cm，横６cm，高さ２cmの直方体，図３は１辺６cmの立方体である。

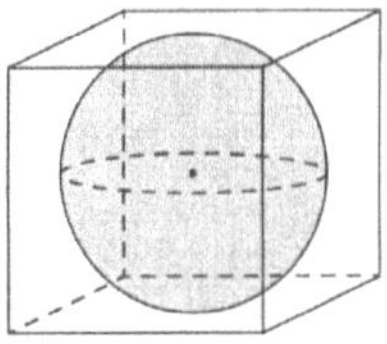

図１

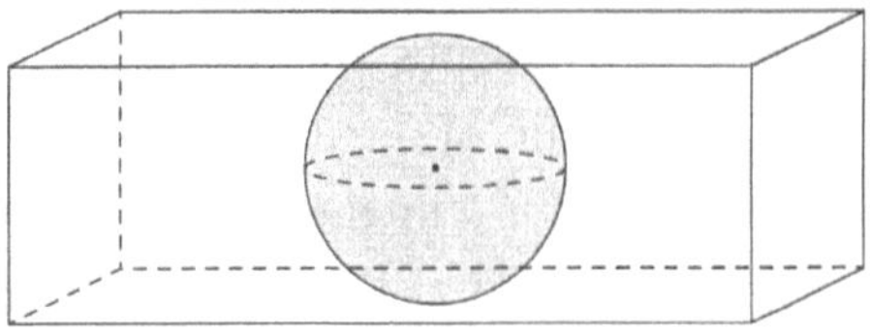

図２

(1) 図１において，立方体から内部にある球を取り除いた立体の体積を求めよ。

(2) 図２において，球が直方体の内部を自由に動くとき，直方体から球が通過する部分を取り除いた立体の体積を求めよ。

(3) 図３において，球が立方体の面に触れながら内部を自由に動くとき，立方体から球が通過する部分を取り除いた立体の体積の合計を求めよ。

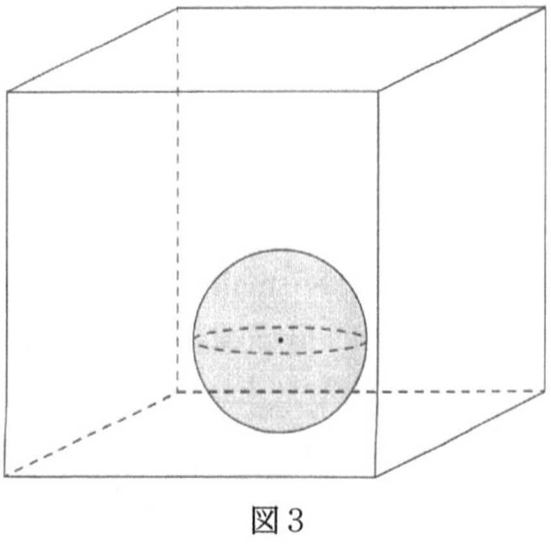

図３

【英　語】（50分）　＜満点：100点＞

1　次の英文の下線部①～⑤の（　）に入れるのに最もふさわしい語を答えなさい。ただし，与えられた文字で始まる語を書くこと。

Wolfgang Amadeus Mozart was ①(b　　　) in 1756 in Austria. He was the seventh child in his ②(f　　　), but all of Mozart's brothers and sisters died except for one sister. His father wrote music and played the violin.

From the beginning, people could see that the young Wolfgang was ③(d　　　) from other children. He could play anything on the piano when he was only four years old. He also started writing his own music when he was five and learned to play the violin at the same time. Wolfgang's father began to think of ways to make extra money with the help of his musical children. By age 6, Mozart and his sister ④(t　　　) around Europe and gave concerts to kings and ⑤(q　　　).

2　次の(a)～(e)の文で，（　）に入れるのに最もふさわしいものを１～４の中から１つずつ選び，番号で答えなさい。

(a) He suddenly (　　　) up from his chair and left the room.
　1. raised　　2. rose　　3. risen　　4. raise

(b) There are (　　　) fish in this river.
　1. so much　　2. lot of　　3. only a little　　4. very few

(c) I want to buy (　　　) shoes today.
　1. a pair　　2. a pair of　　3. another　　4. two pair of

(d) How many people (　　　)to the party?
　1. invite　　2. invited　　3. were invited　　4. will invite

(e) Ms. Green told her students (　　　)in their homework by Monday.
　1. to hand　　2. handing　　3. hand　　4. be hand

3　次の(a)～(e)の会話文で，（　）に入れるのに最もふさわしいものを１～４の中から１つずつ選び，番号で答えなさい。

(a) A : What's wrong, Ms. Brown?
　B : I'm looking for my son. He was just with me a second ago.
　A : Well, let's find him. What does he look like?
　B : (　　　)
　　1. He'll come back soon.
　　2. He's small and has brown hair.
　　3. He likes looking at pictures.
　　4. He's a baseball player.

(b) A : Tom, we'll take you to a restaurant tonight. What do you want to eat?
　B : Ah... I'm not fond of seafood and I don't eat red meat.

A：Well, how about Kuriki Restaurant?（　　）
B：That's a good idea.
1．It's popular among meat lovers.
2．It has fresh and delicious seafood.
3．It's going to open next month.
4．It's famous for chicken ramen.

(c) A：I want to watch a soccer game this weekend.
B：Oh, really?（　　）
A：Great!　Let's go together.
1．I didn't know that.
2．I went to the stadium last weekend.
3．I'm not good at playing soccer.
4．I have the same idea.

(d) A：Excuse me, but where is the Ueno Royal Museum?
B：The Ueno Royal Museum?　It's a little far from here.
A：I see.（　　）
B：No.　It's expensive and the roads are crowded, so it would be better to walk.
1．Should I take a taxi?
2．How long does it take by train?
3．Can I walk there?
4．Have you been there before?

(e) A：Cathy, what do you want for dinner tonight?
B：Mom,（　　）, so anything else is fine.
A：OK.　Let's make pizza together.
1．you are good at cooking
2．I want to make pizza with you
3．I'm going out tonight
4．I had Chinese food for lunch

4 次の(a)~(c)の日本文の意味に合うように英文をつくるとき，（イ）（ロ）に入れるのに最もふさわしい語をそれぞれ答えなさい。

(a) 私はただ一人にして欲しいだけだ。
（ イ ）I want is for you to leave me（ ロ ）.

(b) 週に2回オンライン会議に参加しています。
I take（ イ ）in online meetings（ ロ ）a week.

(c) その生徒たちは家に帰る途中で雨に降られました。
The students were（ イ ）in the rain on their（ ロ ）home.

5　次の(a)～(c)の日本文に合うように１～７を並べかえたとき，(イ)(ロ)に入れるものをそれぞれ番号で答えなさい。ただし，文頭に来る語(句)も小文字にしてあります。

(a)　どれくらい前からあの生徒は職員室前で先生を待っているの。

(　　)(イ)(　　)(　　)(ロ)(　　) the teacher in front of the teachers' room?

１．waiting　　２．how　　３．for　　４．been
５．long　　６．has　　７．that student

(b)　私の母が私のために注文したドレスはいつ到着しますか。

When (　　)(　　)(イ) my (　　)(　　)(　　)(ロ)?

１．mother　　２．the dress　　３．arrive　　４．that
５．ordered　　６．will　　７．for me

(c)　ゴールデンウィークはどこも人が多すぎるので，どこに行ったらいいかわからない。

I (　　)(イ)(　　)(　　)(ロ)(　　)(　　) during the Golden Week because there are too many people everywhere.

１．which　　２．visit　　３．places　　４．have
５．idea　　６．to　　７．no

6　次の日本文を英語に直しなさい。なお，(　)内に与えられた語をそのままの形で順番通りに用いること。

私にもっと時間があれば，夕食を作るのを手伝ってあげるのに。(If / you / make)

7　次の英文を読み，設問に答えなさい。

*Nasreddin lived in Turkey. He was a good man, but not very rich, and his wife wasn't (A) about it. "You *pray to God every day, but nothing changes. We are always poor!" she said. "Perhaps God doesn't like us!"

"Of course God likes us," answered Nasreddin. "He loves everyone."

But his wife never stopped talking about money. In the end, Nasreddin prayed to God: "Please send me a thousand gold coins. Then my wife can be happy. But remember, I don't want nine hundred and ninety-nine, and I don't want one thousand and one. I want exactly one thousand coins."

Every morning Nasreddin prayed to God for his gold coins. His neighbour *Ahmet, a rich man, heard him over the garden wall every day. He smiled and said to his wife: "Listen! Nasreddin says he doesn't want nine hundred and ninety-nine gold coins. I can't understand him. I'm going to throw nine hundred and ninety-nine gold coins over the wall into his garden. What's he going to do then? Let's see."

The next morning, when Nasreddin began praying, a bag of gold coins suddenly came over the garden wall and hit Nasreddin on the head.

Nasreddin opened the bag and then smiled.

"Come here, wife," he called. "Look! God is listening to me." His wife laughed and sang.

An hour later, Ahmet came to the door.

"How are you, Nasreddin?" he asked. "I can hear laughing and singing in your house."

"We are (B)," answered Nasreddin, "because God is good to us. Look," he said and he opened the bag in his hand. "I asked God for gold and here it is."

Ahmet smiled.

"(イ) How many gold coins are in the bag exactly?" he asked. "You asked for one thousand, I think. Let's count them." "Why?" asked Nasreddin. "God can count, you know!"

But Ahmet didn't listen. He began to count carefully. Then he said, "You can't have this gold, Nasreddin. There are nine hundred and ninety-nine coins here, not a thousand."

"Is that right?" said Nasreddin. "Then God knows about it, and one more coin is going to come later today. I'm sure of it."

"Listen, Nasreddin," Ahmet said. "It's my gold. I threw it over the wall and you must give it back."

"I can't do that," answered Nasreddin. "You don't understand. God is working through you."

Now Ahmet was (C). "I'm going to take you to *court. I want my gold back!"

"All right," said Nasreddin. "Let's speak to the *judge about it. But I can't go to court in these poor, dirty clothes. Can I wear your coat?"

Ahmet wanted to go to court at once because he wanted to get his gold back that day. So he gave his coat to Nasreddin.

"Now, let's go," Ahmet said, and he walked out of the door.

"Wait a minute," said Nasreddin. "I'm an old man and the court is far from here."

Ahmet stopped. "It's not far," he said (D).

"It is for me," answered Nasreddin. "I have a bad leg."

"All right," said Ahmet. "You can have my horse for the day. Wait a minute."

(ロ) So [1. horse 2. for 3. brought 4. Ahmet 5. Nasreddin 6. his] to ride.

"Now we can go to court," said Ahmet. "I'm going to walk!"

Nasreddin and Ahmet arrived at the court.

When the judge saw them he asked, "Why are you here?" "Because," answered Ahmet, "this man, Nasreddin, has nine hundred and ninety-nine of my gold coins! He must give them back to me."

"Is this true?" the judge asked Nasreddin.

"No, it isn't," answered Nasreddin. "This money came to me from God because I prayed for it."

He went nearer to the judge and said quietly to him, "I'm sorry but this poor man, my neighbour, is *mad. All of my things are his things, he thinks. Ask him about this coat."

"Is this your coat?" the judge asked Ahmet.

"Of course it is," answered Ahmet. "I gave it to Nasreddin." "You see!" said Nasreddin quietly to the judge. "Now, ask him about the horse."

"Is this your horse, too?" asked the judge.

"Yes, it is," answered Ahmet.

"Poor man," said the judge. "You don't need a court. (ハ) You need a doctor. You must say sorry to Nasreddin, and give him one gold coin — at once!"

Nasreddin took the gold coin from Ahmet.

"I thank God for (ニ) this," he said (E). "Now I have the last of my thousand coins."

Nasreddin and Ahmet left the court and went home.

Later, Nasreddin gave back the coat, the horse, and the thousand gold coins to Ahmet.

"These are your things," said Nasreddin, and he (ホ) smiled. "But remember, never come between God and man again."

【注】 Nasreddin ナスレディン(人名)　pray 祈る　Ahmet アフメット(人名)　court 裁判所
judge 裁判官　mad 気の狂った

[設問]

(a) 空所（A）～（E）に次の１～４の語を補ったとき，２度使われるものを次の１～４の中から１つ選び，番号で答えなさい。

1．angry　2．happy　3．angrily　4．happily

(b) 下線部（イ）の言い換えとして最もふさわしいものを次の１～４の中から１つ選び，番号で答えなさい。

1．Why are you singing so much?
2．Will you give some money to me?
3．Did you really pray every day?
4．Is that really a gift from God?

(c) 下線部（ロ）が本文の内容に合う英文になるように，［ ］の１～６の語を並べかえたとき，１番目と５番目に来るものを番号で答えなさい。

(d) 下線部（ハ）のように裁判官が発言した理由として最もふさわしいものを次の１～４の中から１つ選び，番号で答えなさい。

1．アフメットのような足が悪い老人には，今は裁判をするよりも治療をすすめたいと思ったから。

2．アフメットが遠い距離を歩いて体温が上昇しており，必要なのは上着ではなく，治療だと思ったから。

3．アフメットが他人の持ち物すら自分のものだと思い込んでおり，正気を失っていると思ったから。

4．アフメットが馬も上着も金も失ってしまい，ひどく落ち込んでいると思ったから。

(e) 下線部（ニ）の指す内容を「アフメット」という言葉を使って，与えられた書き出しの語句に続けて25字以上30字以内の日本語で答えなさい。

(f) 下線部（ホ）のようにナスレディンが笑った理由として最もふさわしいものを次の１～４の中から１つ選び，番号で答えなさい。

1．信仰心をもてあそんだアフメットを十分にこらしめられたと思ったから。

2．突然の裁判の結果，思わぬ大金が手に入り，裕福になって嬉しかったから。

3．預かっていたものを相手に返すことができて，ほっとしたから。

4．裁判で神と人間の間の領域に到達することができて，満足したから。

(g) 本文の内容と一致するものを次の１～６の中から2つ選び，番号で答えなさい。

1. Nasreddin and his wife believed in God and prayed every day.
2. Nasreddin asked God for money to show his wife God loves everyone.
3. Nasreddin wanted to go to court as quickly as possible, so he borrowed a horse.
4. In court, Ahmet paid Nasreddin one thousand coins at once.
5. Nasreddin kept believing in God until the end of the story.
6. In the end, Ahmet thought that there was no God.

8 次の英文を読み，設問に答えなさい。

Do you notice that the music is playing in the background when you're shopping in a supermarket? Do you care how the fruit and vegetables are arranged? Though we may not realize (イ) it, most of us pay attention to things like colors, sounds, and even smells when we shop. Shopping for *groceries in a supermarket is a good example of how stores control your shopping experience in order to *persuade you to buy more or to buy something you didn't know you wanted.

Supermarkets want you to spend as much time as possible in the store. They know that (ロ), so while you're there, they try to *distract you to make you spend a little more money. How do they do it? For one thing, when you enter a supermarket, it's not always easy to get out again, and that's not *accidental. Most supermarkets have only one entrance. To find the way out, (ハ), past *tempting *displays of products for sale.

When you're in the door, the first thing you'll see in most supermarkets is the fruit and vegetable section, with smells, colors, and *textures that make you feel hungry. This gives the supermarket a welcoming impression, a colorful place filled with natural foods that are fresh and good for you. The truth is that this section is the first of several carefully *organized areas. Special lights are used to make the fruit and vegetables on display appear bright and colorful. Even the (ニ) mist that often *sprays fruit and vegetables in some supermarkets is only there for effect. Though the spray makes fruit and vegetables look fresh, it actually causes them to go bad more quickly than normal.

Music also helps to keep shoppers *browsing. One study found that people spend up to 34% longer shopping in stores that play music. That's important. Research has also found that after about 40 minutes, people stop shopping *rationally and carefully. Instead, they shop *emotionally and buy things they didn't plan to buy.

Another trick is the *placement of goods for sale. In most supermarkets, the more expensive products are kept on shelves at eye level to be easily seen and reached. Cheaper goods are put closer to the floor, so you have to bend down to get them. The displays at the ends of *aisles, known as "(ホ) end-caps," are also designed to catch your eye and persuade you to buy the goods put there. Researchers have found that products sell eight times faster when they are put on end-caps in the store!

(ヘ) What can you do to avoid [1. all afternoon 2. things 3. buying 4. you 5. didn't 6. spending] want? If you want to shop *efficiently, make a list and *stick to it! Don't go shopping when you're hungry or because you're free. And keep your eyes and ears open. Don't buy something you don't need!

【注】 grocery 生活雑貨 persuade ～を説得する distract ～の気を散らす accidental 偶然の
tempting 誘惑する display 陳列 textures 質感 organized 整えられた
spray 水を散布（する） browse 商品をぶらぶら見て歩く rationally 理性的に
emotionally 感情的に placement 配置 aisle 通路 efficiently 効率的に
stick to ～にこだわる

［設問］

(a) 下線部（イ）の内容を25字以上40字以内の日本語で答えなさい。

(b) 空所（ロ）に入れるのに最もふさわしいものを次の１～４の中から１つ選び，番号で答えなさい。

1．if you walk around faster, you'll be more tired and want to take a longer rest
2．if you have more money, you'll eat more expensive vegetables to be healthier
3．if you stay longer, you'll see more and want to buy more
4．if you go shopping later, you'll find fewer goods and visit the store less often

(c) 空所（ハ）に入れるのに最もふさわしいものを次の１～４の中から１つ選び，番号で答えなさい。

1．you need to go to the information desk to know where you are

2．you're forced to walk through most of the store
3．you have to find someone who shows you around
4．you're ready to wait in line to pay for goods in the store

(d) 下線部（ニ）について本文中で述べられている内容と一致するものを次の1～4の中から1つ選び，番号で答えなさい。
1．野菜や果物を明るく色彩に富んだように見せる効果がある。
2．野菜や果物に定期的に水を散布することで新鮮さを保てる。
3．野菜や果物を今朝収穫した鮮度のままで売ることができる。
4．野菜や果物を通常に比べてより速く腐らせる結果になる。

(e) 本文で述べられている内容から判断し，下線部（ホ）の商品を購入した買い物客が述べた感想として最もふさわしいものを次の1～4の中から1つ選び，番号で答えなさい。
1．「商品棚の中央にあったので，少し高かったけど買ってしまったわ」
2．「たまたま下の商品棚に視線を向けたら，掘り出し物を発見したわ」
3．「商品棚の端のところに自然と目が行き，思わず買ってしまったわ」
4．「精肉売り場に行ったら，賞味期限が近いお肉が3割引きだったわ」

(f) 下線部（ヘ）が本文の内容に合う英文になるように，［ ］の1～6の語(句)を並べかえたとき，3番目と5番目に来るものを番号で答えなさい。

(g) 本文の内容と一致するものを次の1～6の中から2つ選び，番号で答えなさい。
1．Supermarket store managers try to prevent you from buying things you have long wanted.
2．People always forget how fast time passes when they are shopping in supermarkets.
3．Most of the people are looking forward to listening to music played in supermarkets.
4．The time spent in stores has a close relationship with the amount of money shoppers spend.
5．Products that are put at the bottom of shelves are cheaper and sell quicker than goods on end-caps.
6．When you are hungry, you may buy more things than you want.

イ　この世は無常であるからこそすばらしいのだ。
ウ　この世は決めつけないことこそが大事なのだ。
エ　この世は不定であるからこそ悲しいのだ。

問二　――線2「かげろふの―知らぬもあるぞかし」とありますが、その解釈として最も適当なものを次の中から選び、記号で答えなさい。
ア　かげろうが日中に、そして蟬が夏以外にどのようにしているのか知らない者もいるようだ。
イ　かげろうが夕方を待ち、蟬が春秋を知らないというようなことはあるまい。
ウ　かげろうが夕方を待ち、蟬が春秋を知らないのはなぜなのだろうか。
エ　かげろうは日中に命を終え、蟬は夏しか生きられないのだよ。

問三　――線3「祝 聖人 使 聖人 寿」とありますが、返り点の付け方と解釈の組み合わせとして最も適当なものを次の中から選び、記号で答えなさい。
ア　祝㆓聖人㆒使聖人寿
あなた様が聖人となられたことを祝しつつ、あやかりたいと思います。
イ　祝㆓聖人㆒使㆓聖人寿㆒
聖人であるあなた様のために祈り、長生きしていただこうと思います。
ウ　祝㆔聖人使㆓聖人寿㆒
あなた様が聖人であることに感謝しつつ、末永く使っていただくことを望んでおります。
エ　祝㆓聖人使㆑聖人寿㆒
聖人であるあなた様はもちろんのこと、あなた様の使者も優れていることに感嘆しております。

問四　――線4「辞」とありますが、これと同じ意味で用いられているものとして最も適当なものを次の中から選び、記号で答えなさい。
ア　固辞　イ　賛辞　ウ　言辞　エ　辞書

問五　――線5「寿則多㆑辱」とありますが、問題文〈甲〉においても同様の記述が見られ、その理由について述べられています。その理由として最も適当なものを次の中から選び、記号で答えなさい。
ア　生に執着するあまり情趣も感じられなくなるから。
イ　人との交際を疎ましく思うようになるから。
ウ　子の行く末を見守ることをやめるから。
エ　容貌の衰えが隠しきれなくなるから。

問六　――線6「是三者」について。
(1)「是三者」とは何か、文中から探し、過不足なく抜き出しなさい。
(2)「堯」は「是三者」についてどのように捉えていますか。最も適当なものを次の中から選び、記号で答えなさい。
ア　際限なく欲しくなってしまうもの
イ　立派な王となるための妨げになるもの
ウ　すでに手に入れてしまっているもの
エ　王の立場としては関わりのないもの

としている。

ウ　大澤くんと共に時間を過ごすことで大澤くんと小夜子との間に構築された特別な関係を実感しながら、いつまでも大澤くんに頼り切りになることをやめて、大人としての自己を形作っていこうと決意している。

エ　憧れている大澤くんと共に時間を過ごす中で気がついた、大澤くんと小夜子の間に存在する隔たりを思いながら、過ぎ去ってしまったあとは失われてしまう、まだ大人になりきらない時間を噛みしめている。

四　**問題文〈甲〉・〈乙〉を読んで、後の問いに答えなさい。なお、問題文〈乙〉については設問の都合上、送り仮名や返り点を省略した部分があります。**

〈甲〉

※1あだし野の露きゆる時なく、鳥部《とりべ》山の烟《けぶり》立ちさらでのみ住みはつるならひならば、いかにもののあはれもなからん。1世はさだめなきこそいみじけれ。

命あるものを見るに、人ばかり久しきはなし。2かげろふの夕を待ち、夏の蟬《せみ》の春秋《はるあき》を知らぬもあるぞかし。つくづくと一年《ひととせ》を暮らすほどだにも、こよなうのどけしや。あかず惜しと思はば、千年《ちとせ》を過すとも一夜の夢の心地こそせめ。住み果てぬ世に、みにくき姿を待ちえて何かはせん。命長ければ辱《はぢ》多し。長くとも四十《よそぢ》に足らぬほどにて死なんこそ、めやすかるべけれ。そのほど過ぎぬれば、かたちを恥づる心もなく、人に出でまじらはん事を思ひ、夕《ゆふべ》の陽《ひ》に子孫を愛して、栄《さか》ゆく末を見んまでの命をあらまし、ひたすら世をむさぼる心のみ深く、もののあはれも知らずなりゆくなん、あさましき。

（『徒然草』第七段より）

〈乙〉

> 古代中国の王である、「堯《ぎょう》」が出かけた際、その地の役人が敬意を表してさまざまな申し出をする。

堯観《あそブ》※2二乎※3華一。華ノ※4封人曰ハク、「嘻《ああ》、聖人ナリ。請フ3祝聖人使聖人寿。」堯曰ハク、「4辞スト。」「使メント二聖人ヲシテ富マ一。」堯曰ハク、「辞スト。」「使メント三聖人ヲシテ多カラ二男子一。」曰ハク、「辞スト。」封人曰ハク、「寿ト富ト多キトハ二男子一、人之所レ欲スル也。女《なんぢ》独リ不ルハレ欲セ、何ゾ邪《や》ト。」堯曰ハク、「多ケレバ二男子一則チ多クレ懼《おそレ》、富メバ則チ多クレ事、5寿ナレバ則チ多シレ辱《はぢ》。是ノ6三者ハ、非ザル三所以《ゆゑん》ニ二養フ一レ徳ヲ也。故ニ辞スト。」

（『荘子』外篇　天地第十二より）

※1　あだし野の〜立ちさらで…「あだし野」「鳥部山」はともに京都郊外の地名。墓地や火葬場が置かれた。

※2　観…領国を見てまわる。

※3　華…地名。

※4　封人…国境を守る者。

問一　――線1「世はさだめなきこそいみじけれ」とありますが、その解釈として最も適当なものを次の中から選び、記号で答えなさい。

ア　この世は決まりごとがないからこそ楽しいのだ。

イ　大澤くんが自分に対して隠し事をしていることに怒りを覚える一方で、もう大澤くんと同じ時間を過ごさなくていいと安心している。

ウ　大澤くんが以前から違う女性と付き合っていたという事実に驚きを隠せないでいるが、これからは大澤くんのことを気にせずにサークル活動に打ち込めると安堵している。

エ　大澤くんが自分ではない女性と付き合っていると聞いて落ち込みながらも、大澤くんが自分と似たような特徴を持つ女性を選んでいたことに安堵している。

問四　――線4「いつも頷いて〜手段だった」とありますが、その説明として最も適当なものを次の中から選び、記号で答えなさい。

ア　大澤くんが抱いている、他の人と仲間になりたいと思いつつも蔑《さげす》んでしまうという葛藤を、小夜子は大澤くんに寄り添うことで解消しようとしている。

イ　大澤くんを蔑む周囲の人々に対して小夜子が否定的な態度を取ることで、大澤くんに自分のことを味方と思ってもらい、精神的な苦痛を和らげようとしている。

ウ　周囲を蔑む態度をとることで自己を保とうとする大澤くんを支えようとするものの、小夜子は大澤くんの言動に共感を示すことしかできないでいる。

エ　小夜子は周囲を蔑む大澤くんをたしなめようと思っているものの、大澤くんが傷つくことを怖れて、大澤くんに反論できないでいる。

問五　――線5「そんな気持ち悪いことを考えてしまう自分」とありますが、この時の「小夜子」の様子の説明として最も適当なものを次の中から選び、記号で答えなさい。

ア　柵のないバルコニーの端っこから落下するかもしれないという危うさを感じたが、落ちそうになったときは大澤くんが助けてくれるだろうと期待している。

イ　周囲の騒がしい世界から切り離されたバルコニーに、月明りの下、大澤くんと二人きりでいられることを無邪気に喜んでいる。

ウ　大澤くんが月明りに照らされたバルコニーの美しさに魅了されつつも、そばにいる自分のことを忘れないでほしいと切望している。

エ　大澤くんと自分がいるバルコニーが周りの世界と徐々に混ざり合うような一体感を覚えつつ、大澤くんもその感覚に酔っているだろうと確信している。

問六　――線6「まぶしいな」・7「まぶしいね」とありますが、この場面での二人の違いを簡潔に説明しなさい。

問七　――線8「耳元で蚊の飛ぶ音がした」とありますが、本文全体の内容を踏まえながら、この時の「小夜子」の様子の説明として最も適当なものを次の中から選び、記号で答えなさい。

ア　大澤くんと共に時間を過ごす中で、小夜子にとっては大澤くんの存在がどんどん大きいものになっていく一方で、自分は大澤くんにとって蚊のようにちっぽけな存在でしかないのだ、ということもわかっている。

イ　大澤くんとの距離はいつまで経っても縮まることはないということをはっきりと実感しつつも、普通の生活では見ることのできない光景を見せてくれる大澤くんの存在の大きさを大切にしようもっとずっと深いところで結ばれているのだと思いたかった。

こんな日もいつか消えてしまうのならば、今日の月と横顔をずっとずっと覚えていよう。小夜子は息を潜めてそっと眩いものたちを見つめていた。

大澤くんはコンクリートに寝転がって、

6「まぶしいな」

と言った。小夜子も隣に寝転がった。

「ほんとだ、7まぶしいね」

8耳元で蚊の飛ぶ音がした。

（高橋久美子《たかはしくみこ》『ぐるり』所収「自販機のモスキート、宇宙のビート板」
筑摩書房より）

※1　コンバース…スニーカーのこと。

問一　――線1「コール音は三回半にしてみた」とありますが、この時の「小夜子」の様子の説明として最も適当なものを次の中から選び、記号で答えなさい。

ア　大澤くんとは頻繁に電話するほどの関係ではないので、電話に出ることが恥ずかしくなり、何度かコール音を聞きながら気持ちを落ち着かせている。

イ　大澤くんと早く話がしたかったのに、緊張のせいで電話に出ることをためらい、少ないコール数で電話を取ることができないでいる。

ウ　出ようと思えばもっと早く電話に出られるが、電話を待っていることを大澤くんに悟られないように、わざと少し時間を空けて電話に出ている。

エ　大澤くんと電話ができるのは嬉しいものの、大澤くんがおもしろいと思える話ができるかどうか不安になり、電話に出るまでに時間がかかっている。

問二　――線2「一見強い光で〜彗星のような人」とありますが、ここから「小夜子」は「大澤くん」をどのような人物として見ているとわかりますか。その説明として最も適当なものを次の中から選び、記号で答えなさい。

ア　友人と楽しんでいるときには安定しているが、孤独な状況に陥ってしまったときに自分のことをどうすれば保つことができるかがわかっていない人物。

イ　大学にいるときは常に小夜子と行動を共にしていて、小夜子には優しい笑顔を見せる一方で、今にも知らない場所に行ってしまうのではないかと思わせる人物。

ウ　友人に囲まれているときには優しく振る舞っているが、小夜子と一緒にいるときには小夜子の気持ちを尊重しようとしない、自分本位な側面のある人物。

エ　普段は多くの友人から慕われて、大学の中でも明るく振る舞っているが、自分からあえて孤独な状況に身を置こうとする人物。

問三　――線3「ひどいショックを〜ほっとしていた」とありますが、この時の「小夜子」の心情の説明として最も適当なものを次の中から選び、記号で答えなさい。

ア　大澤くんが自分とは違う女性と交際していると聞いてひどく落胆したが、孤独な状況にいる大澤くんに支えとなる存在がいることに安心もしている。

あまり小夜子が行くことのない理工棟の裏口にたどり着くと、大澤くんはドアの横についた小さな正方形の箱を慣れた手つきで開ける。

「オ、シ、ニ、ク、イ。だから覚えとくといいよ」

0、4、2、9、1と暗証番号を押すとガチャっと音がしてロックが解除される。

「ね、勝手に入って大丈夫なの？」

「大丈夫でしょ。深夜まで研究してる人もいるしね」

まだ入学して半年しか経ってないのに、こういうこと誰に教えてもらうんだろう。非常灯の明かりを頼りに、大澤くんの後について階段を上っていく。彼女とはいつもどんな話をしているのだろう。ここじゃないなら、どんな場所に行くのだろう。クーラーの切れた建物の中はサウナみたいで、汗がTシャツの中で肌をつたって流れた。

三階に到着し長い廊下を進んでいく。スイミングスクールのカルキの匂いがする。両側に並ぶ研究室のドアの隙間からときどき光がこぼれて、プールの中に差し込む木漏れ日のようだ。二人が歩く足音だけが廊下に響いた。突き当りまで行くと、大澤くんは大きなドアの取っ手をゆっくりと回した。

「ここだけ鍵が壊れてんだよね」

鈍い音がして、ドアは開いた。

ドアの向こうから白い月光が差した。二人の間を夏の風が吹きぬける。目の前には二十畳ほどのコンクリートのバルコニーが広がっていた。出入り口の丁度上の屋根のひさしの部分で、柵も壁もなくて、うっかり踏み外したら下まで落ちてしまうような所だった。まるで真っ暗なプールに浮かぶビート板みたいだと思った。

「なんか、いいだろ？」

「うん。なんか、いいね」

こんなところに、いつも一人で来ている大澤くんが心配だった。

「小夜子さんもここに案内したいなって思ってたんだよ、前から」

大澤くんの顔が月明かりの下くっきりと浮かび上がって、月を見るふりをしてずっとその横顔を眺めた。夜のプールに浮かべたビート板が二人だけを乗せて、このまま風まかせに流れていけばいいのに、とかそんな気持ち悪いことを考えてしまう自分がひどく幼くて痛々しかった。

柵のないむき出しのバルコニーを大澤くんは躊躇《ちゅうちょ》なくスタスタと歩いていく。

「ねえ、危ないよ、あんまり端っこに行かないほうがいいよ」

後ろ姿が闇に吸い込まれていきそうで怖かった。

大澤くんは、端っこまで行くとすとんと座り、足をぶらぶらさせて空を見上げた。

「大丈夫だよ。小夜子さんもおいでよ」

小夜子も恐る恐る歩いていき、隣にゆっくり腰を下ろした。そしてもうぬるくなったジャワティーを飲む。丁度、街路樹が街灯の全てと重なって人工的な光はなくなり、月明かりだけになった。ざーっと風が木々を揺らす。もはやここは別の星なのかもしれなかった。ときどき隣の星からみんなの笑い声が、衛星をつたって流れるラジオ放送のように聞こえた。

「気持ちいいね」

小夜子は心からそう言った。

この人とは結ばれないんだな、と何故かはっきりとわかった。いや、学部で一つ年上の結菜《ゆいな》と仲良くなった。結菜は底抜けに明るく、部員みんなに気配りができる姉御肌だった。はっきりと物を言うけれど嫌味がないので誰からも愛され、次期部長候補だとも聞く。飲みだしたら天体について熱く語りだす根っからの天文学オタクで、小夜子はそういう偏ったところにも惹《ひ》かれた。勇気を出して結菜に大澤くんの話をしてみたら、

「へー。小夜子も恋なんてするようになったかー」

と、目を細めてまるで母親のような顔をして、それから、

「まかせときな。彼女いないか偵察しといてあげるから！」

と言ってくれたけれど、結菜の性格上それはとても危険な気がしたので、やんわりと断っておいた。結菜がいつも集まりに引き込んでくれるようになったお陰で、小夜子はみんなと過ごす時間が増え、次第に部にとけこみ明るくなっていった。

気がつくと、潮が引いていくように大澤くんは小夜子の前から姿を消した。椚の下で待っていてくれることもなくなったし、メールや電話も途絶えた。

大澤くんが、時々しかサークルに顔を出さない大学院生と付き合っていると同級生に聞いたのは、それからしばらくしてのことだった。それも入学してすぐに付き合い出したという。全然気づかなかった。3ひどいショックを受けたはずなのに、小夜子はどこかほっとしていた。部会にその人が来たとき、さり気なく観察する。ちょうど学園祭のプラネタリウムライブの係を決めていたが、人が嫌がる仕事も引き受けてしまうような出来すぎた人で、笑うと両方のほっぺたにエクボができた。ショートカットの綺麗な首に小夜子なら絶対に選ばないような黒い糸でできた地味なネックレスをしていて、とても太刀打ちできそうになかった。

街灯の下、いまだ蝉が一匹だけ鳴いている。ジャワティーを持ったまま二人は湿気ったキャンバスを歩き続けた。なぜまた誘ってくれたのかは分からなかったが、きっとこれは彼の気まぐれだ。それでもいいやと思えるのは、夏が終わろうとしている今日だからなのだろう。相変わらずクラブ棟での飲み会は続いているらしく、騒ぎ声は定期的に聞こえた。

「大学なんて、小さな世界だってあいつら何で気づかないんだろう。すぐ腐った社会に出なきゃなんないのに、あんなはしゃいでさ」

その声はちょっとくぐもって不安気で、きっと自分に言い聞かせているのだと思った。

「そうだね」

4いつも頷いてあげることだけが、彼を救う手段だった。小夜子は悲しいふりをする。女友達と笑い合っているときだって、頭の片隅では、ばかばかしいなと思うように努力してきた。同じ種類の人間だと大澤くんに思っていてほしいから。誰よりも分かっていると思い合いたいから。

「ね、小夜子さんさ、俺、秘密の場所があるんだ。行ってみる？」

「秘密の場所？」

「うん、まだ誰にも教えてない。小夜子さんに教えてあげたいなって、ずっと思ってたんだよな」

こういうことを純粋に言えてしまう人だから、手に負えなかった。それなのに、その言葉を真に受けて、小夜子の体は沸騰しそうなほど熱くなり、それは顔にまで到達して、耳まで赤くなっているのが分かる。夜が暗くてよかったと心から思った。

きて、それが酷く幼稚なものに思えた。
「何が楽しいんだろうね？」
ふいに大澤くんが喋ったから、脳みそがキャッチしそびれて
「え？」
と聞き返してしまった。
「飲み会。ほんと馬鹿らしいよね、学生のああいうの」
「あ、うん。苦手かな、私も」
小夜子も慌てて答える。

二人は、天文学サークルで出会った。小夜子は宇宙ものの映画やプラネタリウムが好きで入部してみたが、本気で宇宙を語るのは一部のマニアな先輩だけで、多くの人は月ではなく缶チューハイと漫画ばかり見ていた。

入学してしばらくしても小夜子は大学にもサークルにも馴染めずに、やっぱり気づいたら一人でいた。部会に行くのもやめてしまったある日、大講義室での授業終わりに声をかけてくれたのが大澤くんだった。一緒に部会に行こうと言ってくれて、それから毎週、部会の日はクラブ棟の裏の椚の木の下で待っていてくれた。三階にある部室まで並んで数分歩くだけなのに、緊張して殆《ほとん》ど何も話せなかった。大澤くんは部内でもみんなの人気ものだし、普通に輪の中に入ってにぎやかにもできるのに、なぜ自分にかまってくれるのか分からなかった。

やがてメールアドレスを交換して、宇宙ものの映画について朝までメールする日もあった。メールだと饒舌《じょうぜつ》になってしまう自分がとても恥ずかしかった。何度も何度も、好きだという気持ちを打っては消して、打っては消して、誰かが間違って送信ボタンを押してくれたらいいのにと思ったけど、そんな日はついに来なかった。

梅雨が終わる頃、「小夜子さんが心配だから」と言って、メールではなくひと月に一回、深夜に電話が来るようになった。そのために、月末の夜は早めにお風呂に入って充電器に携帯をさして、紅茶を飲みながら待った。

いつも緊張と嬉しさで吐きそうになった。すぐ出るのも待っていたみたいで恥ずかしいから、1コール音は三回半にしてみた。朝方まで喋った。授業のことや宇宙映画やブラックホールのことも。これが恋ではなく友情だというなら、一生このままでもいいかと思ってしまうくらい愉しかった。

部会や講義室で、みんなの中にいる彼をちらちら追いかけてしまう。先輩とふざけ合って無邪気にプロレスの技をかけあったりしているのに、目を離すと、白けた顔をして空を見ながら一人煙草を吸っているような人だった。小夜子が馴染めないのとは違う、意志のある孤独だった。

大澤くんは東京の大学に行っていたけれど、つまらなくて地元に帰ってきて受験し直したと噂で聞いた。小夜子と一緒にいるとき、無口で優しくていつもとは別の人のようだった。自分にだけ見せてくれている姿なのだと嬉しくなる反面、一人にするのが危ないのは自分ではなく、むしろ大澤くんの方ではないのかと思うようになっていた。2一見強い光で輝いているのに、放っておくと消えてしまいそうな彗星のような人だった。

夏になり、ようやく小夜子にも女友達ができはじめた。特に同じ天文

た。これからは感染症や独裁的指導者の台頭、さらには情報の平等化を促進するSNSの技術との競争が続くのかもしれない。

エ　生徒D　コロナ危機は僕らに安全や生命の重要性を教えてくれた。でも、失業や休業で生活が脅かされるなら、安全を犠牲にしてもプライバシーや経済活動を優先しなければならない。

三　次の文章を読んで、後の問いに答えなさい。

夜のキャンバスは、湿気《しけ》ったクラッカーの上みたいだ。今日を満月にしてくれた神様に小夜子《さやこ》は心の中で「ありがとう」と言った。鈍感すぎなければ、大澤くんは小夜子が自分を好きだと気づいているだろう。

ひょろりと背の高いこの肩の隣に並んで歩くのは、椚《くぬぎ》の木の下で待ち合わせた初夏以来だから、三ヵ月ぶりか。黒いコンバース※1が自分のために動いていた。

「なんか飲む?」

大澤くんが自販機の前で立ち止まる。

「あの、でも私、部室に財布置いてきちゃった」

小夜子は小声でおまけに早口で言った。大澤くんは黙ってズボンのポケットに手を入れて開くと、掌《てのひら》には何枚かの小銭が載《の》っている。左からも、お尻のポケットからも出して、それらの中から何枚かをリズムよく自販機に入れる。

「どうぞ」

「すごいね、マジシャンみたい」

小夜子は、緊張してもう胸のあたりがひどく苦しくって、ジュースの種類なんてちっとも頭に入らなかった。

「お、大澤くん先にどうぞ」

大澤くんは、ジャワティーを押した。多分選んでない。大講義室で見かけたとき、大体いつもそれを飲んでいる。他のは目に入っていないのだと思う。子犬が階段を駆け下りるみたいにおつりが出て、それをかき集め取り出す白い細い寂しそうな腕、その先の理想的な指先、整った短い爪。そしてまた小銭を滑り込ませる。

「どうぞ」

優しくて冷たい声。小夜子も今度は迷わずにジャワティーを押した。缶の落ちる音が夜の静寂《しじま》にこだまして、無人島みたいだね、と言いたかったけど、

「ありがとう。後でお金返すね」

と、とてもつまらない言葉しか出なかった。

今日は、いつものモスキート音が聞こえない。鳴らない自販機もあるのだろうか、それとも聞こえなくなってしまったのだろうか。自動販売機は、わざと若者にしか聞こえない、蚊の飛ぶときの嫌な高音が鳴るように作られていると先輩が言っていた。夜に青少年がたむろしないようにだそうだ。その音は、年とともに聞こえなくなるというから、小夜子は気が気じゃなかった。小学校の頃から苦手だった学校生活にやっと少しだけ馴染めてきたのに、まだ大人にはなりたくなかった。

二人は、ジャワティーを飲みながら歩いた。毎日行き来している道が夜になると表情を変えて、知らない場所のようだ。どこに行くとか言い合わないで、言葉を探すこともうやめにして、並木道を呼吸するように歩く。

さっきまでいたクラブ棟の方角からは、時折どっと笑い声が聞こえて

減少させる。

ウ　安易なリーダーシップを排除しようとして議論を深めるあまり、対応の選択肢が増えすぎて、最善策を選ぶことができなくなる。

エ　リーダーは社会的弱者の負担を軽減する必要があるが、同時にリーダーシップに基づいて、さらに個人情報の把握に努めなければならない。

(2)「コロナ危機」における民主主義の問題を乗り越えるために、筆者は何が大切であると考えていますか。文中から十二字で探し、抜き出しなさい。

問五　――線5「人と人との新たな距離感」とありますが、その説明として最も適当なものを次の中から選び、記号で答えなさい。

ア　感染の拡大を防ぎながら経済を保証するために、自分が所属する国家の中で結びつきを強化するようになる。

イ　個人情報を把握されることと引き替えに、経済活動を推進するための、グローバルな繋がりを構築するようになる。

ウ　個人情報を把握する国家や企業を監視するため、SNSの技術などによって国境を越えて連帯するようになる。

エ　個人情報を国家や企業によって把握されないために、他者との交流の機会を極力減らすようになる。

問六　――線6「最終的に問われるのは～問われるのです」とありますが、そのあとに、筆者は自身の主張についてまとめています。X ～ Z にあてはまるものを次の中からそれぞれ選び、記号で答えなさい。

X　ア　匿名性の守秘
　　イ　公開による透明性
　　ウ　言葉による説得
　　エ　情報の普遍性

Y　ア　通信技術を用いた社会参画
　　イ　時代を超えた連帯意識
　　ウ　参加を通じての当事者意識
　　エ　主体化の強制

Z　ア　リーダーへの信頼
　　イ　平等化に伴う負担
　　ウ　民主化に向かう意思
　　エ　判断に伴う責任

問七　――線7「民主主義を～できるのか」とありますが、次のア～エは「民主主義」についての生徒たちの発言です。本文の内容を踏まえたものとして最も適当なものを次の中から選び、記号で答えなさい。

ア　生徒A　第四次産業革命が進み新しい技術が生まれると同時に、社会は大きく変化するものだから、一時は専制主義に逆行しても、最終的には民主主義の発展につながると信じることが大切だと思う。

イ　生徒B　コロナ危機では政府が主導して対応を進めてくれたけど、これには個人情報の独占や個々人の意見の反映などの点において民主主義を危険にさらしてしまうところに不安を感じる。

ウ　生徒C　時代の変化とともに民主主義は色々なものと対立してき

を規定しない中で、人間固有の能力を見出していくべきである。

エ　ＡＩの技術が進歩していく速度を制限することで、人間だけが持っている能力は、ＡＩに対して常に優位性を保ち続けられるだろう。

問二　――線２「多くの人々〜しまうのです」とありますが、その説明として最も適当なものを次の中から選び、記号で答えなさい。

ア　人々を隔てる存在を排除しようという意思に基づいて起こした行動ではなくても、それは結果的に平等化へ向かっていく流れを生む、ということ。

イ　たとえ権力欲が契機になったとしても、人間には無意識のうちに社会の平等化を目指したいという願望があり、結果的に権力者を排除することになる、ということ。

ウ　人々が平等化の妨げになる権力を打破すると、表面的には平等化が進むものの、社会の深部に存在する階層化が消えることはない、ということ。

エ　歴史の方向性を逆行させてしまう可能性があると承知した上で、人々は平等化を妨げる壁を打破するために協力することになる、ということ。

問三　――線３「今日のテクノロジーの発展はどうでしょうか」について、後の⑴・⑵の問いに答えなさい。

⑴「今日のテクノロジーの発展」によって実現したものとして最も適当なものを次の中から選び、記号で答えなさい。

ア　より多くの人々がアクセスできる環境。

イ　製品や作品を生み出すための巨大な資本。

ウ　個人が自ら情報を発信することが可能な社会。

エ　人間の労働をＡＩに代替させる政治。

⑵「今日のテクノロジーの発展」について筆者はどのように考えていますか。その説明として最も適当なものを次の中から選び、記号で答えなさい。

ア　市民が政治の透明化を目指すようになり、民主主義の発展のために市民が政治に関わる機会を増やしていくことが大切である。

イ　政治を透明化し、民主主義の質を高めて市民に利益を還元するためには、政治が主導してデジタル技術を管理し、進化させることが必要である。

ウ　市民の価値観の変革によって技術の変化と社会の変化の時差が縮まると、政治が身近なものとなり、理想的な民主主義の実現が可能となる。

エ　技術の独占によって民主主義を後退させるのではなく、新しい技術によって政治の意思決定のプロセスを明らかにし、市民と政治の距離を近づけるべきである。

問四　――線４「コロナ危機」について、後の⑴・⑵の問いに答えなさい。

⑴「コロナ危機」におけるリーダーの対応について筆者はどのように考えていますか。その説明として最も適当なものを次の中から選び、記号で答えなさい。

ア　独裁的なリーダーの判断に期待していても、ウィルスの感染を長期的に防ぐことができる有効な策を見いだすことはできない。

イ　コロナ危機に立ち向かうためのリーダーの判断は一時的に効果があるかもしれないが、長い目で見ると対応のバリエーションを

難しい、いわばトリレンマ※4です。いずれかを優先すれば、他のいずれかが必ず損なわれます。この難局を民主主義がいかに乗り越えていけるかが、今後の最大のテーマになるでしょう。

6最終的に問われるのは、私たちの信念ではないでしょうか。厳しい時代においてこそ、人は何を信じるかを問われるのです。

第一に、「X」です。古代ギリシアで成立した「政治」とは、公共の議論を通じて意思決定を行うことへの信念でした。力による強制でもなければ、利益による誘導でもなく、あくまで言葉を通じて説得し、納得した上で決定に従いたい。これこそが、自由な人間にとって何より大切であるとする理念を、現代に生きる私たちもまた共にしています。そのためにも、情報の公開やオープンデータはもちろん、政策決定過程をより透明度の高いものにしていく必要があります。

第二に、「Y」です。私たちは、自分と関わりのないことには、いくら強制されても力を出せません。これはまさに自分のなすべき仕事だ、自分たちにとってきわめて大切な事柄だと思えてはじめて、主体的に考え、自ら行動する動機が生じます。逆に自分に深く関わることに対して無力であり、影響を及ぼすことができないという感覚ほど、人を苛《さいな》むものはありません。私たちは身の回りのことから、環境問題など人類全体の問題にまで、生き生きした当事者意識をもちたいと願っています。民主主義とは、そのためにあるのです。

第三に、「Z」です。政治においては責任の問題が不可避《ふかひ》です。一つひとつの判断が社会や人類の将来に影響を与え、場合によっては多くの人々の暮らしや生死にかかわるだけに、政治的決定には責任が伴います。といっても、責任を問われるのは、特別なリーダーだけではありません。ごく普通の人々が、自らの可能な範囲で公共の任務に携《たずさ》わり、責任を分《わか》ちもつことが、民主主義にとって重要です。責任を負担として捉《とら》えるのではなく、自分たちにとって大切なものを預かり、担っているという感覚として理解するならば、それはむしろ人間に生きがいと勇気を与えるのではないでしょうか。

個人は相互に自由かつ平等であり、それを可能にする政治・経済・社会の秩序を模索《もさく》し続けるのが人間の存在理由です。7民主主義をどこまで信じることができるのか、それがいま、問われています。

（宇野《うの》重規《しげき》『民主主義とは何か』講談社より）

※1　カースト化…身分によって序列が形成されること。

※2　トクヴィル…フランスの政治思想家・法律家・政治家。

※3　第四の…筆者はこれより前の文章で、民主主義の危機について三つの視点から論じている。

※4　トリレンマ…ここでは、三つの目標を同時に達成することができないという意味。

問一　――線1「人類の未来は～ないでしょうか」とありますが、その説明として最も適当なものを次の中から選び、記号で答えなさい。

ア　AIとの関係を断ち切り、人と人との繋がりを重要視することで、失われてしまった人間固有の能力を復活させることが必要である。

イ　AIの技術が発展する中で、人間だけが持っている能力をあらためて考え直して明確にすることが、人類の未来を大きく左右する。

ウ　AIの技術と人間の能力をあえて同じものとして共存させて限界

の把握《はあく》や予測の能力を高めるという意味では、人間の能力を補完し、強化するものといえます。

　そのようなテクノロジー進化の果実を独占することで、デジタル専制主義が実現するのか、あるいはＡＩによる民主主義のバージョンアップが達成されるかは予断を許しません。しかしながら、長期的には人々は新たな技術を通じて、政治の透明化を実現し、市民のアイディアをより直接的に政治や行政へと結びつける可能性を拡大していくことに、私たちは賭《か》けるしかないと思われます。

　いずれにせよ、これまでの産業革命がそうであったように、技術の変化と社会の変化の間には時差があります。第四次産業革命によって、民主主義を含め、さまざまな政治や社会のあり方が変化し、人々の生活や価値観がそれに適応するまで、あと数十年を要するものと思われます。二〇世紀前半に自由民主主義が社会主義とファシズムの挑戦を受けたように、二一世紀前半も、自由民主主義とそのチャレンジャーの競争が続くのかもしれません。

　最後に、※3[4]第四のコロナ危機です。これは現在進行中であり、予断を許しません。ただし、危機が続くことで、安易にリーダーシップに期待するだけでは問題が解決しないことに人々は気づき始めています。ウィルス感染の確実な防止策がまだない以上、今後も試行錯誤《しこうさくご》を続けていくしかありません。独裁的な対応は一時的には有効にみえても、自由で多様なアイディアの表出や実験を許さない以上、長期的には選択肢《せんたくし》を狭《せば》める結果になります。より重要なのは、一人ひとりの市民による自覚的な取り組みの強化であり、政府への信頼《しんらい》を高めることで、有効な取り組みを社会的に共有していくことではないでしょうか。

　パンデミックを通じた国家権力の拡大、とくに追跡アプリを通じた個人情報の把握や、それに基づく個人の生の管理については、今後も慎重に監視していく必要があります。大量の個人情報を掌握《しょうあく》する国家や、グローバルなプラットフォーム企業による情報独占をチェックしていくためには、国境を超えた市民社会の強化が不可欠です。自由と民主主義にとっての鍵《かぎ》は国家と社会の緊張ある関係です。二一世紀において、社会とはグローバルに連帯した市民社会を指すはずです。いまは国境の壁が閉ざされ、人々の自由な交流が妨げられ、自国中心的なメンタリティが横行していますが、いずれこれを乗り越える動きが生まれてくるでしょう。そのためにも、[5]人と人との新たな距離感に基づいて、人と人とを結びつける民主主義の技術を磨《みが》くべきです。

　コロナ危機は、私たちに大切なものは何か、あらためて問い直すきっかけとなりました。何より大切なのは人々の安全でしょう。多くの生命が失われる危険に全力で立ち向かわなければならないことは明らかです。その一方、危機が長期化するとともに経済活動の停滞による影響も深刻化していきました。日々の生産や流通、消費の活動が大きく損なわれるなか、失業や休業によって生活を脅《おびや》かされる人も増加していきます。安全を優先すれば経済活動にとっての障害となりますが、安易に経済活動を再開すれば感染の再拡大は免《まぬが》れないでしょう。人々の自由や社会的公正も、安全や経済とは独立した、そしてそれに劣らない重要な価値です。安全を重視するあまり、個人のプライバシーを侵害《しんがい》することには最大限、警戒的《けいかいてき》であるべきです。同時に、感染のダメージは、社会のなかでより弱い立場の人に大きなものとなります。負担をいかに社会的に共有していくかも重要な課題です。安全、経済、自由は同時に実現が

【国語】（五〇分）〈満点：一〇〇点〉

一　――線あ～おのひらがなを漢字に直しなさい。

1　図書館に展示場を[あ]へいせつする。
2　[い]ひょうしょう状の授与。
3　この度は[う]かんだいなご配慮を頂きありがとうございます。
4　こみあげる感情を[え]せいぎょできない。
5　失敗の責任を[お]てんかする。

二　次の文章を読んで、後の問いに答えなさい。

この文章は二〇二〇年に書かれたもので、二〇二〇年に起きたトランプ前大統領選挙における民主主義の危機について、「AI（人工知能）技術」や「コロナ禍」の視点から述べたものである。

第四次産業革命とも呼ばれる技術革新とそれに対応する民主主義の構想は、本書の射程を大きく超えています。AIによって人間の仕事が奪われ、無用となった多くの人々はデジタル専制に屈《くっ》するのではないかという暗鬱《あんうつ》な未来予想が語られるなか、あらためて「人間とは何か」が問い直されるべきでしょう。人間は言葉の論理だけでなく、その文脈や意味について考えることができます。他の人間を、その感情を含めて理解しようとし、意見を交わし、ケアすることができるのも人間固有の能力でしょう。そのような人間固有の能力をいかに見定め、発展させられるか。[1]人類の未来は、そこにかかっているのではないでしょうか。

民主主義を基軸《きじく》に人類の歴史を振り返ってきた本書の視座からすれば、平等化のメカニズムは停滞《ていたい》したり、一時的に逆行したりすることがあっても、最終的には平等化を隔てるさまざまな障壁《しょうへき》を破壊して前進していくはずだ、という前提がまず基本になるべきです。もちろん、このような流れを逆転するような大転換が現在起きている可能性を、完全に否定することは難しいでしょう。とはいえ、人間を階層化し、あるいはカースト化する仕組み※1を一つひとつ打破してきた歴史の方向性をひっくり返し、人々を隔てる構造を新たに打ち立てることはけっして容易ではないはずです。

※2トクヴィルが指摘したように、そのような平等化は、必ずしも人々の善意によって実現するわけではありません。自らの権力欲から貴族を打倒し、結果的に平等化への道を開いた国王のように、[2]多くの人々は、それと自覚することなしに、平等化に貢献《こうけん》してしまうのです。火器や戦争もまた、これまでの社会のあり方を突き崩《くず》すことで、社会の変化を加速させました。

トクヴィルは印刷術や郵便もまた平等化を促進《そくしん》したといいます。これらの発達は、それまで特定の集団に独占されていた知や情報へのアクセスを、より多くの人々へと開放するチャンネルとなったからです。そうだとすれば、[3]今日のテクノロジーの発展はどうでしょうか。より多くの人々が情報やデータにアクセスするのみならず、自ら発信することを可能にするSNSの技術は、文字通り、人々を「デモクラタイズ（民主化）」します。巨大な資本や設備がなくても、人々が製品や作品を容易につくることを可能にする3Dプリンターのような機械は、大組織中心の社会をより「フラット」なものにするでしょう。AIは多くの人間の労働を代替《だいたい》し、あるいはより効率的なものとし、さらに人間

2024年度

解　答　と　解　説

《2024年度の配点は解答欄に掲載してあります。》

＜数学解答＞

1　(1)　5400　　(2)　$7+2\sqrt{10}$　　(3)　$x=-3$，$y=1$　　(4)　$x=-2$，3
(5)　$4-\sqrt{15}$

2　(1)　7(個)　　(2)　($n=$)187　　(3)　20(個)　　(4)　$\frac{72}{25}\pi$(cm²)　　(5)　$\frac{39}{5}$(cm)
(6)　(間違っている値)　87　　(正しい値)　85　　(7)　解説参照

3　(1)　$y=\frac{3}{4}x+\frac{1}{4}$　　(2)　$\frac{5}{4}$　　(3)　$\left(-\frac{11}{25},\ \frac{71}{50}\right)$

4　(1)　$\frac{1}{2}$　　(2)　$\frac{1}{8}$　　(3)　$\frac{53}{64}$

5　(1)　$8-\frac{4}{3}\pi$(cm³)　　(2)　$24-\frac{16}{3}\pi$(cm³)　　(3)　$64-\frac{40}{3}\pi$(cm³)

○配点○
1　各4点×5　　2　各5点×7　　3　(1)　4点　　(2)　5点　　(3)　6点
4　(1)　4点　　(2)　5点　　(3)　6点　　5　(1)　4点　　(2)　5点　　(3)　6点
計100点

＜数学解説＞

1　(数・式の計算，平方根の計算，連立方程式・二次方程式の計算，数の性質)

(1)　まず，$5\times51^2=5\times(3\times17)^2=5\times3^2\times17^2=45\times17^2$として，$5\times51^2-45\times13^2=45\times17^2-45\times13^2=45\times(17^2-13^2)=45\times(17+13)(17-13)=45\times30\times4=5400$

基本　(2)　$\frac{(30-10\sqrt{10})}{\sqrt{40}}=\frac{30-10\sqrt{10}}{2\sqrt{10}}=\frac{15}{\sqrt{10}}-5=\frac{3}{2}\sqrt{10}-5$…①　　$\sqrt{3}\left(2\sqrt{12}+\sqrt{\frac{5}{6}}\right)=2\sqrt{36}+\frac{\sqrt{5}}{\sqrt{2}}=12+\frac{\sqrt{10}}{2}$…②　　(与式)＝①＋②＝$\frac{3}{2}\sqrt{10}-5+12+\frac{\sqrt{10}}{2}=7+2\sqrt{10}$

基本　(3)　$3x+2y$…①，$5x+8$…②，$7x+10y+4$…③とする。①＝②より，$3x+2y=5x+8$　　$-2x+2y=8$　　両辺を2で割って，$-x+y=4$…④　　②＝③より，$5x+8=7x+10y+4$　　$2x+10y=4$　両辺を2で割って，$x+5y=2$…⑤　　④＋⑤より，$6y=6$　　$y=1$　　これを④に代入して，$-x+1=4$　　$x=-3$

基本　(4)　$2(x-1)(x-3)-(x-5)^2=3x-13$　　$2(x^2-4x+3)-(x^2-10x+25)=3x-13$　　$x^2-x-6=0$　$(x+2)(x-3)=0$　　$x=-2$，3

(5)　$\mathrm{A}=\frac{(\sqrt{15}-1)^2}{2}=8-\sqrt{15}$とおく。ここで，$3<\sqrt{15}<4$である。辺々に$-1$を掛けて，$-4<-\sqrt{15}<-3$　　辺々に8を足して，$8-4<8-\sqrt{15}<8-3$　　$4<8-\sqrt{15}<5$となるから，Aの整数部分は4となる。よって，Aの小数部分は，$(8-\sqrt{15})-4=4-\sqrt{15}$

2　(数の性質，正十二面体，平面図形の計量，データの活用，合同の証明)

(1)　$\mathrm{N}=30\times29\times28\times27\times\cdots\times3\times2\times1$とおく。求める個数は，Nに掛けられている10の個数であ

る。ここで，10＝2×5であり，素因数2の個数より素因数5の個数の方が少ないので，素因数5の個数を求めればよい。1から30までの正の整数のうち，5の倍数の個数は30÷5＝6(個)，5^2の倍数の個数は1 (個)あるから，Nは素因数5を6＋1＝7(個)もつ。よって，Nは一の位から0が連続して7(個)並ぶ。

(2)　まず，$\sqrt{\dfrac{833n}{11}}=\sqrt{\dfrac{7^2\times17\times n}{11}}=7\sqrt{\dfrac{17\times n}{11}}$とする。ある正の整数を$k$として，$\sqrt{\dfrac{17\times n}{11}}=k$を満たす最小の正の整数$n$を求める。両辺を2乗して，$\dfrac{17\times n}{11}=k^2$　$n=\dfrac{11}{17}k^2$　$k=17$のとき，nは最小の正の整数$n=\dfrac{11}{17}\times17^2=187$となる。

基本　(3)　正十二面体は右図のように，正五角形を12個貼り合わせた立体であり，1つの頂点に3個の正五角形が集まっている。よって，頂点の個数は，$\dfrac{5\times12}{3}=$20(個)ある。

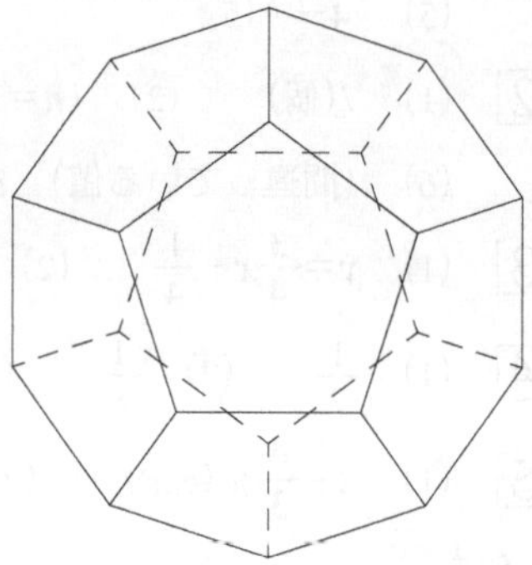

(4)　ABの中点をOとおく。線分DEと半円の交点をFとおく。DとOを結ぶ。△DOAと△DOFにおいて，DOは共通，OA＝OF(半径)，∠DAO＝∠DFO＝90°より，直角三角形の斜辺と他の1辺がそれぞれ等しいので，△DOA≡△DOFとなる。よって，DA＝DFとなる。ここで，半円の半径をrとおくと，DA＝DF＝2rと表せる。同様にして，△EOB≡△EOFとなり，EB＝EF＝6−2rと表せる。さらに，CE＝BC−BE＝2r−(6−2r)＝4r−6と表せる。△CDEで三平方の定理より，$CD^2+CE^2=DE^2$　$(2r)^2+(4r-6)^2=6^2$

$5r^2-12r=0$　$r(5r-12)=0$　$r>0$より，$r=\dfrac{12}{5}$

以上より，半円の面積は，$\dfrac{1}{2}\times\pi\times\left(\dfrac{12}{5}\right)^2=\dfrac{72}{25}\pi$

(cm^2)

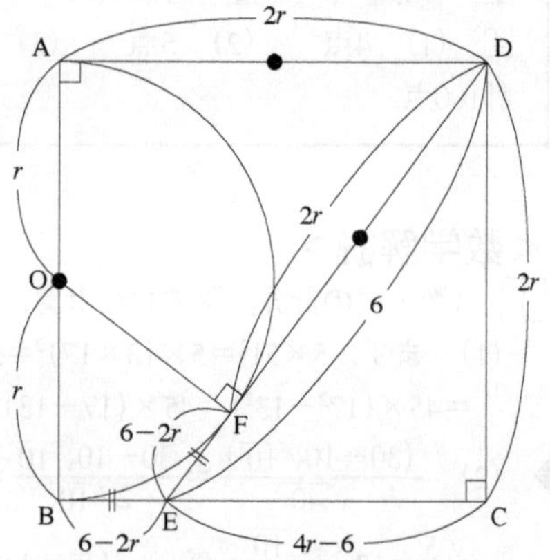

やや難　(5)　右図のように，∠Cの二等分線と辺ABとの交点をDとする。△ABCと△CBDで，∠Bは共通…①

∠A＝∠ACD＝∠BCD＝x°(仮定)…②　①，②より，2組の角がそれぞれ等しいので，△ABC∽△CBDである。よって，AB：CB＝BC：BDが成り立つ。

8：5＝5：BD　BD＝$\dfrac{25}{8}$　次に，∠DAC＝∠DCAより，DA＝DC＝8−$\dfrac{25}{8}$＝$\dfrac{39}{8}$　ゆえに，AB：CB＝AC：CDより，8：5＝AC：$\dfrac{39}{8}$　これを解いて，

AC＝$\dfrac{39}{5}$(cm)

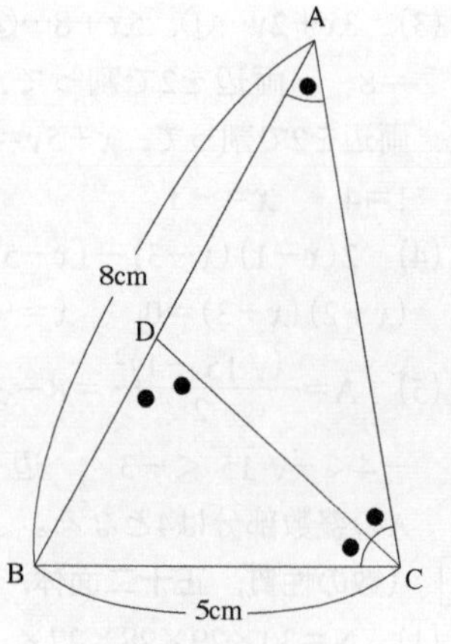

基本 (6)　与えられた5個のデータの中央値は，値が小さい方から3番目の87(分)であり，間違っている。正しい値をx(分)として，平均値について立式すると，$80+85+x+88+96=5\times86.8$　$x+349=434$　$x=85$(分)

基本 (7)　$\ell \mathbin{/\mkern-5mu/} m$より，平行線の錯角は等しいから　$\angle\mathrm{OAP}=\angle\mathrm{OBQ}$…③　①，②，③より，1組の辺とその両端の角がそれぞれ等しいので

3　(図形と関数・グラフの融合問題)

(1)　$\mathrm{P}(1,\ 1)$，$\mathrm{Q}\left(1,\ -\dfrac{1}{2}\right)$である。QとRは$y$軸に関して対称だから，$\mathrm{R}\left(-1,\ -\dfrac{1}{2}\right)$である。直線PRの式を$y=ax+b$とおく。傾き$a=(y$の増加量$)\div(x$の増加量$)=\left\{1-\left(-\dfrac{1}{2}\right)\right\}\div\{1-(-1)\}=\dfrac{3}{2}\div2=\dfrac{3}{4}$より，$y=\dfrac{3}{4}x+b$に，$x=1$，$y=1$を代入して，$1=\dfrac{3}{4}+b$　$b=\dfrac{1}{4}$　よって，$y=\dfrac{3}{4}x+\dfrac{1}{4}$

(2)　$\angle\mathrm{PQR}=90°$であるから，線分PRは円Cの直径である。2点間距離の公式より，$\mathrm{PR}=\sqrt{\{1-(-1)\}^2+\left\{1-\left(-\dfrac{1}{2}\right)\right\}^2}=\sqrt{\dfrac{25}{4}}=\dfrac{5}{2}$となるから，円Cの半径は，$\dfrac{5}{2}\times\dfrac{1}{2}=\dfrac{5}{4}$

やや難 (3)　点$\mathrm{S}(-1,\ 1)$とする。$\triangle\mathrm{PQR}=\triangle\mathrm{PAR}$となる点Aは，点Sを通り直線PRに平行な直線($\ell$とする)と，円Cとの交点となる。ここで，線分PRの中点を$\mathrm{C}\left(0,\ \dfrac{1}{4}\right)$とすると，点Cは円Cの中心であり，線分ACの長さが円Cの半径と等しいことから立式する。まず，直線ℓの式は，$y=\dfrac{3}{4}x+c$として，$x=-1$，$y=1$を代入して，$1=-\dfrac{3}{4}+c$　$c=\dfrac{7}{4}$　よって，$y=\dfrac{3}{4}x+\dfrac{7}{4}$となる。ゆえに，$\mathrm{A}\left(a,\ \dfrac{3}{4}a+\dfrac{7}{4}\right)$とおける。2点間距離の公式より，$\mathrm{AC}^2=(a-0)^2+\left\{\left(\dfrac{3}{4}a+\dfrac{7}{4}\right)-\dfrac{1}{4}\right\}^2=\dfrac{25}{16}a^2+\dfrac{9}{4}a+\dfrac{9}{4}$　この値が，$\left(\dfrac{5}{4}\right)^2=\dfrac{25}{16}$と等しいから，$\dfrac{25}{16}a^2+\dfrac{9}{4}a+\dfrac{9}{4}=\dfrac{25}{16}$　$\dfrac{25}{16}a^2+\dfrac{9}{4}a+\dfrac{11}{16}=0$　両辺に16を掛けて，$25a^2+36a+11=0$　$(25a+11)(a+1)=0$　$a\neq-1$より，$a=-\dfrac{11}{25}$　$y=\dfrac{3}{4}x+\dfrac{7}{4}$に，$x=-\dfrac{11}{25}$を代入して，$y=\dfrac{3}{4}\times\left(-\dfrac{11}{25}\right)+\dfrac{7}{4}=\dfrac{71}{50}$　以上より，$\mathrm{A}\left(-\dfrac{11}{25},\ \dfrac{71}{50}\right)$

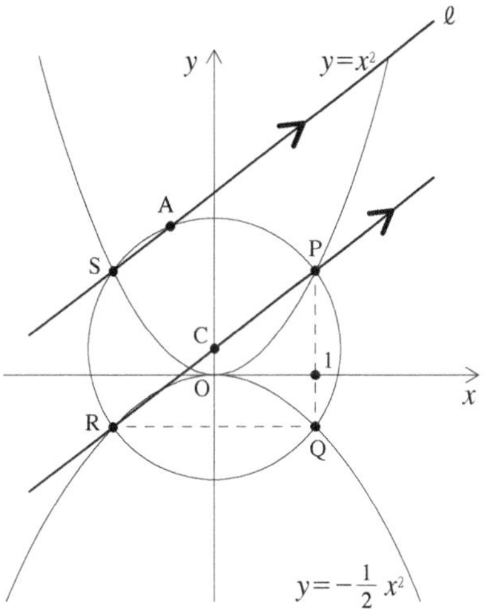

4　(確率)

基本 (1)　コインを2回投げるとき，表，裏の出方の総数は$2^2=4$通りある。PとQが同じ頂点にあるのは，(1回目，2回目)=(表，裏)，(裏，表)の2通りある。よって，求める確率は，$\dfrac{2}{4}=\dfrac{1}{2}$

重要 (2)　コインを3回投げるとき，表，裏の出方の総数は$2^3=8$通りある。PとQが同じ頂点にあるのは，

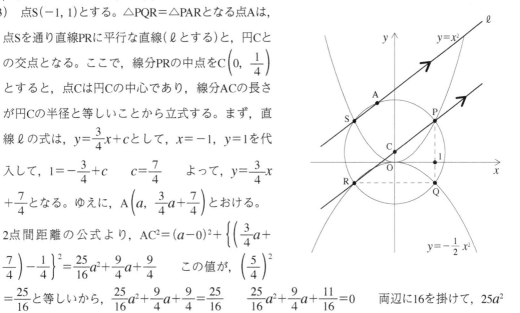

(1回目，2回目，3回目)＝(裏，裏，裏)の1通りある。よって，求める確率は，$\frac{1}{8}$

やや難 (3) コインを6回投げるとき，表，裏の出方の総数は$2^6=64$通りある。PとQが少なくとも1回は同じ頂点にあるのは，(1)より，(1回目，2回目)＝(表，裏)で，3～6回目は表，裏のどちらでもよい場合が$1\times1\times2^4=16$通り…① (1回目，2回目)＝(裏，表)で，3～6回目は表，裏のどちらでもよい場合が$1\times1\times2^4=16$通り…② (2)より，(1回目，2回目，3回目)＝(裏，裏，裏)で，4～6回目は表，裏のどちらでもよいとなる場合が$1\times1\times1\times2^3=8$通り…③ また，(1回目，2回目，3回目)＝(表，表，裏)で，4～6回目に表1回，裏2回出る3通り…④ (1回目，2回目，3回目)＝(裏，裏，表)で，4～6回目に表2回，裏1回出る3通り…⑤ (1回目，2回目)＝(表，表)で，3～5回目に表2回，裏1回出て，6回目は表，裏のどちらでもよい場合が$1\times1\times3\times2=6$通り…⑥ (1回目，2回目，3回目，4回目，5回目，6回目)＝(表，表，表，裏，裏，裏)の1通り…⑦ 以上より，求める確率は，$\frac{16+16+8+3+3+6+1}{64}=\frac{53}{64}$

5 (立体図形の計量－球の通過部分)

基本 (1) (立方体の体積)－(球の体積)$=2^3-\frac{4}{3}\times1\times\pi=8-\frac{4}{3}\pi$(cm³)

重要 (2) まず，直方体の左右の2(cm)×1(cm)×2(cm)の直方体を合わせると，図1のようになる。球が通過しない部分の体積は(1)より，$8-\frac{4}{3}\pi$(cm³)となる。次に，直方体の中央の2(cm)×4(cm)×2(cm)の直方体から内部にある円柱を取り除いて，$(2\times4\times2)-(\pi\times1^2\times4)=16-4\pi$(cm³)となる。以上より，$\left(8-\frac{4}{3}\pi\right)+(16-4\pi)=24-\frac{16}{3}\pi$(cm³)となる。

やや難 (3) まず，球が立方体の3つの面に接する8箇所を1つに合わせると，図1のようになる。球が通過しない部分の体積は(1)より，$8-\frac{4}{3}\pi$(cm³)となる。次に，球が立方体の2つの面に接する4箇所を1つに合わせると，図2のようになる。ただし，横の長さは4(cm)である。球が通過しない部分の体積は，直方体から内部にある円柱を取り除いて，$(2\times4\times2)-(\pi\times1^2\times4)=16-4\pi$(cm³)となる。この図形は全部で3個できるから，$3\times(16-4\pi)=48-12\pi$(cm³)となる。最後に，立方体の中央内部にある1辺2(cm)の立方体の体積が，$2\times2\times2=8$(cm³)となる。以上より，$\left(8-\frac{4}{3}\pi\right)+(48-12\pi)+8=64-\frac{40}{3}\pi$(cm³)となる。

★ワンポイントアドバイス★

[3][4][5]の最後の小問がやや難しく，時間を要する。試験時間に注意しながら，基本問題や典型的な問題を確実に得点に結び付けていくことを心がけよう。

＜英語解答＞

[1] ① born ② family ③ different ④ travel(l)ed[toured] ⑤ queens

[2] (a) 2 (b) 4 (c) 2 (d) 3 (e) 1

[3] (a) 2 (b) 4 (c) 4 (d) 1 (e) 4

[4] (a) イ All ロ alone (b) イ part ロ twice
(c) イ caught ロ way

5 (a) イ 5　ロ 4　(b) イ 4　ロ 3　(c) イ 7　ロ 3

6 If I had more time, I would [could] help you (to) make dinner.

7 (a) 2　(b) 4　(c) 1番目 4　5番目 2　(d) 3

(e) 神が，アフメットを通して最後の一枚(千枚)のコインを届けてくれたこと。

(f) 1　(g) 2，5

8 (a) (私たちのほとんどは)買い物をするとき，色，音，においさえ注意を払っていること。

(b) 3　(c) 2　(d) 4　(e) 3　(f) 3番目 3　5番目 4　(g) 4，6

○配点○

1～3 各2点×15　4 各1点×6　5 各3点×3(各完答)　6 4点　7 (e) 5点
他 各3点×7((c)完答)　8 (a) 4点　他 各3点×7((f)完答)　計100点

＜英語解説＞

基本 **1** (語い：単語・熟語・慣用句)

(全訳) ヴォルフガング・アマデウス・モーツアルトは，オーストリアで1756年に①生まれた。彼は彼の②家族の中で7番目の子供だったが，1人の姉を除いて，モーツアルトの兄弟，姉妹の全てが亡くなった。彼の父は作曲をして，ヴァイオリンを弾いた。／当初より，若かりし頃のモーツアルトは他の子供達と③違うということを，人々は見て取った。彼はわずか4歳の時に，ピアノで何でも演奏することができた。また，5歳の時に，自分自身の音楽を作曲し始めて，同時に，ヴァイオリンの演奏を学んだ。ヴォルフガングの父は，自身の音楽好きな子供たちの助けを得て，お金を余分に稼ぐ方法を考え始めた。6歳までには，モーツアルトは彼の姉と一緒に，ヨーロッパ④を巡回して，王様や⑤女王に対してコンサートを開いた。 ① 「生まれる」<be動詞 ＋ born> ← bear「(子を)もうける」 ② 「家族」family ③ 「～とは異なる」<be動詞 ＋ different from> ④ 「～を巡って旅をする」travel／tour 過去形にする。 ⑤ 「女王」queen kings に合わせて，複数形にする。

重要 **2** (語句問題・単語・熟語・慣用句，語句補充・選択，受動態，不定詞)

(a) 「突然，彼は自分の椅子から立ち上がり，部屋を出た」 rise「のぼる，上がる」の過去形 2. rose が正解。rise up「立ち上がる」rise – rose – risen　3. risen は rise の過去分詞形。1. raised は 4. raise「～を持ち上げる」(規則変化動詞)の過去・過去分詞形。

(b) 「この川にはほとんど魚がいない」 fishは「魚」の意味では数えられる名詞扱い(「魚肉」の意では数えられない名詞扱い)だが，通常，単複同形[fish]で使われる(種類の違いを表す場合は fishes という形を使うことがある)。正解の4. very fewは，数えられる名詞に使われて，「ごく少数」の意。 1. so much「とても多い」と3. only a little「ほんの少し」は，数えられない名詞に使われるので，不可。 2の lot of は誤った形で，正しくは，a lot of A／lots of A「沢山のA」で，数えられる名詞と数えられない名詞の両方に使うことができる。

(c) 「本日1組の靴を買いたい」片方だけではなく，左右両方の靴を購入することになるので，2.「1組の～」a pair of ～が正解。 1. は a pair で，ofが必要。 3. another「もう1つの，もう1人の」 4. の正しい形は，two pairs of「2組の～」。

(d) 「何名の人々がパーティーに招かれたか」「人々は招かれる」で，受動態<be動詞 ＋ 過去分詞>を用い，時制が過去，かつ，主語は複数形なので，正解は3. were invited。<How many ＋ 複数名詞 ～ ?>数を尋ねる表現 1. invite は能動態の現在形／原形。 2. invited は過去形／

過去分詞形(be動詞がないので，受動態にならない)。 4. will invite は未来形の能動態。

(e) 「グリーン先生は彼女の生徒達に月曜までに宿題を提出するように言った」＜tell ＋ 人 ＋ 不定詞[to ＋ 原形]＞「人に～するように言う」 hand in「～を提出する」従って，正解は 1. to hand。 2. handing は動名詞。 3. hand は原形／現在形。 4. be hand は＜be動詞の原形 ＋ hand の原形＞だが，この形は文法的にありえない。

基本 3 **(文の挿入：動名詞，不定詞，前置詞，接続詞，比較，助動詞，現在完了)**

(a) A：ブラウンさん，どうしたのですか。／B：私の息子を探しています。ちょっと前には，私と一緒でした。／A：では，彼を探し出しましょう。彼はどのような外見ですか。／B：2.彼は小柄で，髪の毛は茶色です。 直前に What does he look like ? という疑問文があるので，外観を答えるのにふさわしい応答文を選ぶこと。 1.「彼はまもなく戻って来るでしょう」 3.「彼は絵を見るのが好きです」likes looking at ～ 動名詞＜原形 ＋ -ing＞「～すること」 look at「～を見る」 4.「彼は野球選手です」

(b) A：トム，今晩，私達はあなたをレストランへ連れていくことになっています。何を食べたいですか。／B：そうですね…，海産物は好みではなくて，赤身の肉は食べません。／A：では，クリキ・レストランはどうですか。4.鶏のラーメンで有名です。／B：それは良い考えですね。 I'm not fond of seafood and I don't eat red meat. というせりふから，Bが食べられない食品を把握すること。＜be動詞 ＋ fond of＞「～を好む」 1.「そこは肉愛好家の間で人気があります」 2.「そこには，新鮮で美味しい海産食品があります」 3.「来月，開店することになっています」＜be動詞 ＋ going ＋ 不定詞[to ＋ 原形]＞「～しようとしている，するつもりである」

(c) A：今週末，サッカーの試合を見たいと考えています。／B：えっ，本当ですか？ 4.私も同じように考えています。／A：良いですね。一緒に行きましょう。 空所のせりふを受けて，一緒に行くことを提案していることから考える。＜Let's ＋ 原形＞「～しましょう」 1.「そのことを知りませんでした」 2.「先週末，スタジアムへ行きました」 3.「私はサッカーをするのが上手くありません」 ＜be動詞 ＋ good at ＋ 動名詞[原形 ＋ -ing]＞「～することが上手い」

(d) A：すみませんが，上野ロイヤル博物館はどこですか。／B：上野ロイヤル博物館ですか？ここからは，少し離れています。／A：なるほど。1.タクシーに乗るべきですか？／B：いいえ。高くて，道が混んでいるので，歩いたほうが良いです。 Aの空所を含む発言に対して，Bは No. It's expensive and the roads are crowded, so it would be better to walk. と応じていることに注目。 should「～すべきである」 crowded「混んでいて」 ～, so …「～，だから…」＜It is ＋ 形容詞 ＋ 不定詞[to ＋ 原形]＞「～［不定詞］することは…［形容詞］だ」 would 仮定法「仮に歩いたとしたら，その方が良いだろう」 better ← good／well の比較級「もっとよい，もっとよく」 2.「電車ではどのくらい時間がかかりますか」 How long ～ ？ ①時間や期間の長さを尋ねる。／②物の長さを尋ねる。 ＜by ＋ 乗り物＞「乗り物で」(交通手段) 3.「そこまで歩けますか」 4.「以前，そこへ行ったことがありますか」Have you been there before ? ← ＜have[has] ＋ been to＞「～へ行ったことがある／行ってきたところだ」

(e) A：キャシー，今晩，夕食に何が欲しい［何を食べたい］？／B：お母さん，4.昼食に中華を食べたので，他のものであれば何でも良いわ。／A：わかったわ。ピザを一緒に作りましょう。 空所直後で , so anything else is fine と述べられているので，空所では，「特定の食べ物を食べた」という趣旨のせりふが当てはまることが推測される。～ , so …「～，だから…」肯定文の anything は「何でも」の意。 1.「お母さんは料理するのが上手です」 ＜be動詞 ＋ good at ＋ 動名詞[原形 ＋ -ing]＞「～することが上手い」 2.「私はお母さんと一緒にピザを作りたいです」 3.「今晩は出かける予定です」I'm going out tonight. ← 進行形＜be動詞 ＋ -ing＞進行形の確

定的未来・予定を表す用法

重要 **4** （和文英訳，語句補充・記述，語い・単語・熟語，関係代名詞，不定詞，受動態）

(a)　All(I want is for you to leave me)alone(.)<all[先行詞]（＋ 目的格の関係代名詞 that）＋ 主語 ＋ 動詞>「主語が動詞する全て」目的格の関係代名詞 that の省略(先行詞が all の場合は which よりも that が好んで使われる)　不定詞の意味上の主語は直前に <for ＋ S>で示す。leave O C「OをCのままにしておく」

(b)　(I take)part(in online meetings)twice(a week.)「～に参加する」take part in 「2回」twice　不定冠詞a[an]「～につき」

(c)　(The students were)caught(in the rain on their)way(home.)<be動詞 ＋ caught in>「(にわか雨等)にあう，～に巻き込まれる，につかまる」 on one's[the]way to「～への途中で」

重要 **5** （語句整序，現在完了，関係代名詞，不定詞）

(a)　How long has that student been waiting for(the teacher in front of the teachers' room ?)疑問詞付きの現在完了進行形の疑問文<疑問詞 ＋ have[has]＋ 主語 ＋ been ＋ -ing ?>　現在進行形<have[has]been -ing> ← 動作動詞の継続(現在完了形<have[has]＋ 過去完了>の継続 ← 状態動詞)　How long ～ ?　①時間や期間の長さを尋ねる。／②物の長さを尋ねる。wait for「～を待つ」 in front of「～の前で」

(b)　(When)will the dress that(my)mother ordered for me arrive(?)未来時制の疑問詞付きの一般動詞の疑問文<疑問詞 ＋ will ＋ 主語 ＋ 原形 ?>　<先行詞(もの)＋ 目的格の関係代名詞 that ＋ 主語 ＋ 動詞>「主語が動詞する先行詞」

(c)　(I)have no idea which places to visit(during the Golden Week because there are too many people everywhere.)have no idea(of)＋ wh節「わからない」(ofは省略可)　<which ＋ 名詞 ＋ 不定詞[to ＋ 原形]>「どちらの／どの名詞を ～したらよいか／すべきか」

やや難 **6** （和文英訳，仮定法，比較）

「もし～ならば…のに」と，現在の事実に反することを仮定する内容なので，仮定法過去[If ＋ S ＋ 過去形 ～ , S ＋ 過去の助動詞[would／could／might]＋ 原形]を使うこと。「もっと時間があれば」なので，more time と much の比較級を使うこと。「(Oが) ～するのを手伝う」<help ＋ O[目的格]＋(to)do>(toは省略可)

7 （長文読解問題・物語文：語句補充，語句の解釈，語句整序，内容吟味，指示語，要旨把握，進行形，不定詞，接続詞，助動詞，前置詞）

（全訳） ナスレディンはトルコで暮らしていた。彼は善良な男だったが，それほど金持ちではなく，彼の妻はそのことに$_{A}{}^{2}$満足していたわけではなかった。「あなたは神に対して毎日祈りをささげているけれど，何も変わりはしない。私達はいつだって貧しいの」と彼女は言った。「おそらく神は私達のことが好きではないのよ」

「もちろん，神様は私達のことが好きさ」ナスレディンは答えた。「彼は誰だって愛しているよ」

それでも，彼の妻はお金について話すことを決してやめなかった。結局，ナスレディンは神に祈りをささげた。「どうか，私に1000枚の金貨を送ってください。そうすれば，私の妻は満足することができます。でも，覚えておいてください。私は，999枚や1001枚を望んでいません。ちょうど1000枚の硬貨が欲しいのです」

毎朝，ナスレディンは金貨を求めて神に祈願した。彼の隣人で金持ちのアフメットは，毎日，庭の壁越しに，ナスレディンの祈りを耳にした。彼は微笑み，彼の妻に言った。「聞いてごらん！ナスレディンは999枚の金貨を欲しくない，と言っているよ。彼のことが理解できないなあ。壁を越えて彼の庭へと，999枚の金貨を投げ込むことにしよう。その際，彼はどう振舞うだろうか。見てみることにしよう」

翌朝，ナスレディンが祈りを始めると，突然，金貨の詰まった袋が庭の壁を越えて投げ込まれ，ナスレディンの頭に当たった。

ナスレディンは袋を開けて，微笑んだ。

「ここにおいで，妻よ」彼は呼びかけた。「見てごらん！　神様は私の言うことを聞いてくれているよ」彼の妻は笑って，歌い上げた。

1時間後，アフメットが扉までやって来た。

「ナスレディン，機嫌はどうだい」と彼は尋ねた。「君の家で，笑い声や歌うのが聞こえたよ」

「僕らは$_{B}^{2}$幸福さ」ナスレディンが答えた。「神様が僕らに親切なので。ごらん」と彼は言うと，手にした袋を開けた。「神様に金をお願いして，この通りだよ」

アフメットは微笑んだ。

「(イ)袋の中に，正確には何枚の金貨があるのかな？」と彼は尋ねた。「君は1000枚を要求したと思うけれど。一緒に数えてみよう」「なぜだい」とナスレディンが尋ねた。「わかっていると思うけれど，神様は数えることぐらいできる」

でも，アフメットは聞き入れなかった。彼は注意深く数え始めた。そして，彼は言った。「ナスレディン，君はこれを手に入れることはできない。ここにあるのは999枚の硬貨で，1000枚ではない」

「本当かい？」とナスレディンは尋ねた。「それじゃあ，神様はそのことを知っていて，もう1枚の硬貨は，今日，後から，来るのだろう。きっとそうさ」

「いいかい，ナスレディン」とアフメットは言った。「それは僕の金貨なんだ。僕が壁越しに投げたので，君はそれを返さなければならないんだ」

「それはできないよ」とナスレディンは答えた。「君にはわからないんだ。神様の力が君を通じて働いているのさ」

今度は，アフメットが$_{C}^{1}$腹を立てた。「君を裁判所へ突き出そうと思う。自分の金を取り戻したいから」

「わかったよ」とナスレディンは言った。「このことに関しては，裁判官へ話そう。でも，これらの貧相で汚い服では，僕は裁判所へ行けないよ。君の上着を借りることはできるかな？」

その日のうちに自分の金を取り戻したかったので，アフメットは直ちに裁判所へ行きたいと思った。そこで，彼は自分の上着をナスレディンへ渡した。

「さあ，行こう」とアフメットは言い，彼は扉から外へ歩き出した。

「ちょっと待って」とナスレディンは言った。「僕は年老いているし，裁判所はここから遠い」

アフメットは立ち止まった。「遠くないよ」と彼は$_{D}^{3}$怒って言った。

「僕にとっては，遠いさ」とナスレディンは答えた。「自分は片足が悪いので」

「わかったよ」とアフメットは言った。「1日僕の馬を君に貸そう。ちょっと待って」

(ロ)そこで，ナスレディンが乗るための(アフメット自身の)馬を彼[アフメット]は持ってきた。

「さあ，僕らは裁判所へ行けるよ」とアフメットは言った。「僕は歩いて行く」

ナスレディンとアフメットは裁判所へ到着した。

裁判官が彼らを見ると，彼は「なぜあなた達はここにいるのですか」と尋ねた。「というのは」アフメットは答えた。「この男，ナスレディンが，私の金貨999枚を所持しています。彼はそれらを私に返さなければなりません」

「それは真実ですか」裁判官はナスレディンに尋ねた。

「いいえ，違います」とナスレディンは答えた。「私がそれを求めて祈ったので，このお金は神様から私へと授けられたのです」

彼は裁判官へ近づき，そっと彼に言った。「すみませんが，私の隣人であるこの哀れな男は，気が触れています。私のものは全て自分のものだ，と彼は考えています。この上着について彼に尋ねてみてください」

「これはあなたの上着ですか」裁判官はアフメットに尋ねた。

「もちろん，そうです」アフメットは答えた。「私がナスレディンへ与えたものです」「おわかりでしょう！」ナスレディンはこっそりと裁判官に言った。「今度は，馬について彼に尋ねてみて下さい」

「これもあなたの馬ですか」と裁判官は尋ねた。

「はい，そうです」とアフメットは答えた。

「気の毒な人ですね」と裁判官は言った。「裁判所は不要です。(ハ)あなたには医師が必要です。あなたはナスレディンに謝罪して，彼に1枚の金貨を渡さなければなりません，すぐにです！」

ナスレディンはアフメットから金貨を受け取った。

「(ニ)このことに対して，神様に感謝します」彼はE4喜んで言った。「今，私の1000枚の硬貨の最後の1枚を手に入れました」

ナスレディンとアフメットは裁判所を後にして，帰宅した。

後に，ナスレディンは，上着，馬，1000枚の金貨をアフメットに返却した。

「これらは君のものです」とナスレディンは言って，(ホ)微笑んだ。「でも，覚えておくといい。決して神様と人間のじゃまをしないように」

重要 (a) (A)・(B)に happy「幸福な，楽しい」，(C)には angry「怒った」，(D) angrily「怒って」，(E)に happily「幸福に，幸せに，楽しく，ゆかいに」が当てはまる。従って，2度使われるものは 2. happy ということになる。全訳参照。

やや難 (b) 直前のナスレディンの I asked God for gold and here it is. という発言に対して，「本当に神からの贈り物であるかどうか，硬貨の枚数を数えて確認しよう」という意図で，アフメットは下線部(イ)のせりふ(「袋には何枚の金貨があるか」)を述べたことになる。正解は4.「それは本当に神からの贈り物か」。Here it is.[Here they are.]「ここにありますよ／さあ，どうぞ」 <How many ＋ 複数名詞 ～ ?>数を尋ねる表現　1.「なぜあなたはそんなに歌っているのか」 are singing ← 現在進行形<is／am／are ＋ 現在分詞[原形 ＋ -ing]>「～しているところだ」 2.「いくらか私にお金をくれますか」<Will you ＋ 原形 ～ ?>「～してくれませんか／しませんか」　3.「毎日，あなたは本当に祈ったのか」

基本 (c) (So)Ahmet brought his horse for Nasreddin(to ride.) ～ .　So …「～である。だから[それで] …」　<for ＋ S ＋ 不定詞[to ＋ 原形]>不定詞の意味上の主語は，不定詞の前に<for ＋ S[目的格]>で表す。

基本 (d) ナスレディンの耳打ちの内容(I'm sorry but this poor man, my neighbor, is mad.　All of my things are his things, he thinks.)を確認し，アフメットは気が触れているという判断の元で，裁判官は(ハ)の発言をしたことを踏まえる。

やや難 (e) 下線部(ニ)を含む英文は「このことに対して私は神に感謝している」の意。つまり，神への感謝の内容を答えることになる。直前で Nasreddin took the gold coin from Ahmet. とあり，直後で，Now I have the last my thousand coins. と述べているので，999枚しか袋に入っていなかった金貨が，最後の1枚が加わったことで，神に願った1000枚が揃ったことになる。thank A for B「Bに対してAに感謝する」

やや難 (f) 直前の These are your things というせりふから，ナスレディンは，上着，馬，金貨をアフメットへ返却するつもりであることが明らかである。併せて，直後の「決して神と人間の仲をじゃましないように」というせりふも踏まえて，考えること。<Never[Not]＋ 原形>命令文の否定形(禁止)「～するな」 come between A and B「AとBの仲を裂く／のじゃまをする／の関係をこじらせる」

重要 (g) 1.「ナスレディンと彼の妻は神を信じていて，毎日，祈った」(×) You[Nasreddin] pray to God every day, but nothing changes.(ナスレディンの妻の発言)／Every morning Nasreddin prayed to God for his gold coins. という記述はあるが，この件について彼の妻に対する言及はない。believe in「～の存在を信じる」 2.「自分の妻に神は万人を愛しているということを示すために，ナスレディンは神にお金を求めた」(○) ナスレディンは妻に God likes us. He loves everyone. と述べており，Nasreddin prayed to God:“Please send me a thousand gold coins. Then my wife can be happy.”とも書かれているので，一致している。ask A for B「AにBを頼む，求める」to show ～ 不定詞の副詞用法(目的)「～するために」 3.「ナスレディンはできるだけ速く裁判所へ行きたかったので，馬を借りた」(×) Ahmet wanted to go to court at once because he wanted to get his gold back that day. とあり，急いで裁判所へ向かいたかったのはアフメットの方である。as quickly as possible ← as ～ as possible「できるだけ～」 ～, so …「～である，それで／だから…」 at once「すぐに／同時に」 get ～ back「～を取り戻す」 4.「裁判所では，アフメットはナスレディンにすぐに千枚の硬貨を支払った」(×) 裁判官がアフメットに命じたのは You must say sorry to Nasreddin, and give him one gold coin – at once！ で，それに応じて，Nasreddin took the gold coin from Ahmet. という記述がある。二人の間で取り交わした金貨は1枚(単数形に注目)である。at once「すぐに／同時に」 must「～しなければならない／にちがいない」 5.「ナスレディンは物語の最後まで，神を信じ続けた」(○) 冒頭で，彼の妻が彼に対して，You pray to God every day, ～ と述べており，結末でも，彼自身が never come between God and man again. と発言しており，終始，ナスレディンは神を信じていることが分かる。keep -ing「～し続ける」 believe in「～の存在を信じる」 until「～まで(ずっと)」 <Never[Not]＋ 原形>命令文の否定形(禁止)「～するな」 6.「最後に，アフメットは神がいないと思った」(×) 記述ナシ。途中，ナスレディンが God is working through you. と言うと，アフメットは腹を立てて，裁判所に訴えると述べているが，最終盤におけるナスレディンの「神と人間の仲を裂かないように」という発言に対しては，アフメットの反応は描かれていない。in the end「ついに，最後は，最終的に」 ～ there was no god. ← <no ＋ 名詞>「1つ[1人]の～もない」 <be動詞 ＋ 現在分詞[原形 ＋ -ing]>進行形

8 **(長文読解問題・論説文：内容吟味，語句解釈，語句補充・選択，語句整序，要旨把握，接続詞，助動詞，比較，受動態，不定詞，間接疑問文，関係代名詞，分詞・動名詞，現在完了，進行形)**

(全訳) スーパーマーケットで買い物をしている際に，背後で音楽が流れているのを認識しているだろうか。どのように野菜や果物が配列されているかが，気がかりとはならないだろうか。(イ)そのことを認識していないかもしれないが，買い物をしている時に，私達の多くは，色，音，そして，匂いといった項目にさえ，注意を払っている。スーパーマーケットで生活雑貨を求めて買い物をすることは，売り上げを促進して，購買欲求の認識がなかった商品の購入を促すために，いかに買い物体験を店側が統制しているかの好例と言える。

スーパーマーケットは，来客に店内でできるだけ多くの時間を費やして欲しいと願っている。ロ3長く滞在すれば，より多くの商品を見て，もっと買いたくなる，ということを店側は認識しているので，客が店内にとどまっている間は，もう少し多くのお金を消費させるべく，気をそらそうとする。どのようにして，そのことが実現されているのだろうか。一つには，スーパーマーケット

へ入店すると，再び退店することは必ずしも容易ではないが，このことは偶然ではない。ほとんどのスーパーマーケットには，入口は1つしかない。出口を見つけるには，特売品の誘惑的商品陳列のそばを通り過ぎて，ハ2店のほぼ全域を通って歩くことを余儀なくされる。

扉の所に立ち，ほとんどのスーパーマーケットで最初に目に飛び込んでくるものは，空腹感を感じさせる匂い，色彩，質感を有する果物や野菜の区画であろう。このことで，スーパーマーケットは，新鮮で消費者にとって良質の自然の食べ物で満たされた色彩に富んだ場所となり，言い換えると，人々を歓迎するイメージを帯びるようになる。実は，ここはいくつかの注意深く整えられた区画の最初の空間となっている。陳列された果物や野菜が明るく，はなやかに見えるように，特別の照明が使われている。スーパーマーケットによっては，果物や野菜にしばしば水を散布することがあるが，その(ニ)霧でさえも，ある種の効果を得ようという目的のみにて，そこに存在しているのである。霧により果物や野菜は新鮮に見えるが，実際には，通常よりも速く商品の劣化を引き起こすことになる。

買い物客が商品をぶらぶら見て歩き続けるうえで，音楽も手助けとなっている。ある研究によると，音楽が流れる店舗では，人々が買い物するのに最大34%より長く時間を費やす，ということが判明した。このことは重要である。およそ40分後に，人々は理性的で慎重に買い物をしなくなるということも，研究により明らかになっている。代わりに，人々は感情的に買い物をして，買う予定がなかった商品を購入することになる。

別の巧妙な策は，特売品の配置である。大部分のスーパーマーケットにおいて，より高価な商品は，容易に見て，手が届くように，目線の高さの棚に継続して配置される。より安価な商品は床に近づいて置かれるので，それらを手にするには，かがまなければならない。通路の端の陳列は(ホ)エンドキャップとして知られていて，人々の目を引き付けて，そこに置かれた商品の購入を促すようにも設計されている。店舗のエンドキャップに商品が置かれると，8倍迅速に売れるということが，専門家により明らかにされている。

(ヘ)欲しくない商品を購入して，午後全ての時間を空費するのを避けるために，何ができるのだろうか。効率的に買い物をしたいのならば，リストを作って，それにこだわると良い。空腹時，あるいは，暇な時に，買い物へ行かないようにするべきだ。そして，目や耳を全開に保つと良い。必要のないものを購入してはいけない。

重要 (a) 指示語は前出箇所を指すことが多いが，ここでは it は後続部分(most of us pay attention to things like colors, sounds, and even smells when we shop.)を指しているので注意。though「～けれども」 may「～してもよい，かもしれない」 pay attention to「～に注意を払う」

重要 (b) 「スーパーマーケットは来客に店内でできるだけ多くの時間を費やして欲しいと願っている」→「ロ3長く滞在すれば，より多くの商品を見て，もっと買いたくなる，ということを店側は認識しているので，客が店内にとどまっている間は，もう少し多くのお金を消費させるべく，気をそらそうとする」as ～ as possible「できるだけ～」 longer ← long「長く」の比較級 more「もっと多く(の)」← many／much の比較級 ～, so …「～である，だから[それで]…」make you spend ← <make + O + 原形>「Oに～させる」 1.「より速く歩き回れば，疲れが増して，もっと長く休みたくなるだろう」faster ← fast「速く」の比較級 2.「より多額のお金があれば，もっと健康であるために，より高価な野菜を食べることになるだろう」more expensive ← expensive「高価な」の比較級 healthier ← healthy「健康な」の比較級 4.「より遅い時間に買い物へ行けば，商品が少なくなっていることに気づき，来店する頻度が減るだろう」later ← late「遅い」の比較級 fewer「もっと少数の」← few「2，3の／少数の」の比較級 less often「より頻度が少なく」← often「しばしば」の比較級

やや難 (c)　第2段落のトピックセンテンスとして，第1文にSupermarkets want you to spend as much time as possible in the store. と書かれているのを参考にすること。「出口を見つけるには，特売品の誘惑的商品陳列のそばを通り過ぎて，ハ2店のほぼ全域を通って歩くことを余儀なくされる」 as ~ as possible「できるだけ~」 way out「出口／解決策」 <be動詞 + forced + 不定詞[to + 原形]>「~することを余儀なくされる」 1.「どこにいるのかを知るために，案内所へ行く必要がある」~ to know where you are ← 疑問文が他の文に組み込まれる[間接疑問文]と，<(疑問詞 +)主語 + 動詞>の語順になる。 3.「案内してくれる人を探さなければならない」have to find ← <have[has]+不定詞[to + 原形]>「~しなければならない／するにちがいない」someone who shows you around ← 人を先行詞とする主格の関係代名詞 who／show O around「Oを案内する」 4.「店で商品の支払いをするために，列を作って待つことになる」<be動詞 + ready + 不定詞[to + 原形]>「喜んで~する／進んで~する／~しがち[そう]である」

基本 (d)　下線部(ニ)を含む文の次に続く英文(Though the spray makes fruit and vegetables look fresh, it actually causes them to go bad more quickly than normal.)の意味をしっかりと把握すること。though「~けれども」 <make + O + 原形>「Oに~[原形]させる」 <cause + O + 不定詞[to + 原形]>「Oに~[不定詞]させる」 more quickly ← quickly「速い」の比較級

基本 (e)　end-caps を含む英文(The displays at the ends of aisles, known as end-caps, are also designed to catch your eye and persuade you to buy the goods put there.)から，end-caps とは何か(通路端の陳列商品)，店側の end-caps を利用する際の意図(興味関心の喚起／販売促進)を読み取ること。the displays ~, known as ~／the goods put there ← <名詞 + 過去分詞 + 他の語句>「~された名詞」過去分詞の形容詞的用法 are designed ← 受動態<be動詞 + 過去分詞>「~される，されている」

重要 (f)　(What can you do to avoid) spending all afternoon buying things you didn't (want ?) to avoid ← 不定詞の副詞用法(目的)「~するために」 <avoid + 動名詞[-ing]>「~することを避ける」<spend + 時間(+ in) + -ing>「~して時間を費やす」 things▼you didn't want ← 目的格の関係代名詞の省略

重要 (g)　1.「スーパーマーケットの経営者は，長らく欲しかった商品を買うことを妨げようとする」(×) 第1段落最終文に Shopping for groceries in a supermarket is a good example of how stores control your shopping experience in order to persuade you to buy more or to buy something you didn't know you wanted. とある。下線部は「より多く買うこと，あるいは，欲しいということを認識していなかったものを購入することを促すために」という内容で，選択肢1のような意味ではないので注意。<prevent + O + from + 動名詞[-ing]>「Oが~[動名詞]することを妨げる」 things▼you have long wanted ← 目的格の関係代名詞の省略／<have[has] + 過去分詞>現在完了(完了・結果・継続・経験) a good example of how stores control your shopping experience ~ ← 間接疑問文(疑問文が他の文に組み込まれた形)<(疑問詞 +)主語 + 動詞>の語順に注意。 <in order + 不定詞[to + 原形]>「~するために」 something▼you didn't know you wanted ← 目的格の関係代名詞の省略 2.「スーパーマーケットで買い物をしていると，いかに時間が早く経過するかを人々は常に忘れてしまう」(×) 記述ナシ。are shopping ← <be動詞 + 現在分詞[-ing]>進行形 3.「ほとんどの人々はスーパーマーケットでかけられた音楽を聴くことを楽しみにしている」(×) 第4段落に，店舗で流れる音楽について言及されているが，人々が楽しみにしているという記述はない。are looking forward to listening ～ ← 進行形＜be動詞 ＋ -ing＞／look forward to「～を期待する，楽しみにして待つ」／前置詞の後ろに動詞を持ってくる時には動名詞にする。 music played in ～ ← ＜名詞 ＋ 過去分詞 ＋ 他の語句＞「～された名詞」過去分詞の形容詞的用法　4.「店で費やされる時間は，買い物客が使うお金の額と密接な関係がある」(○)　空所ロに当てはまる選択肢3(if you stay longer, you'll see more and want to buy more)に一致。the time spent in stores ← ＜名詞 ＋ 過去分詞 ＋ 他の語句＞「～された名詞」過去分詞の形容詞的用法 the amount of money▼shopper spend ← 目的格の関係代名詞の省略　longer ← long「長く」の比較級　5.「棚の底に置かれた商品はより安くて，エンドキャップの品よりも速く売れる」(×)　Cheaper goods are put closer to the floor「より安価な商品は床近くに置かれる」(第5段落第3文)と述べられているが，products sell eight times faster when they are put on end-caps「キャップエンドに置かれると8倍速く売れる」(第5段落最終文)とあるので，不可。products that are put ～ ← 主格の関係代名詞 that／＜be動詞 ＋ 過去分詞＞受動態　put – put – put　cheaper ← cheap「安い」の比較級　quicker ← quick「速い」の比較級　closer ← close「近く」の比較級　＜X times ＋ 比較級＞「X倍より～」　faster ← fast「速く」の比較級　6.「お腹が空くと，欲しい以上のものを買うかもしれない」(○)　第6段落第2・3文に If you want to shop efficiently, ～ .　Don't go shopping when you're hungry ～ とあり，一致している。may「～かもしれない／してもよい」＜Don't ＋ 原形＞(禁止)「～するな」

★ワンポイントアドバイス★

[1]・[4]の空所補充問題を取り上げる。特徴的なのは共に記述式になっている点である。他にも英訳が出題されており，本校を受験する際には，基本語句(熟語も含めて)を正しく書けるようにしておく必要がある。

＜国語解答＞

一　あ 併設　い 表彰　う 寛大　え 制御　お 転嫁

二　問一 イ　問二 ア　問三 (1) ウ　(2) エ　問四 (1) イ　(2) 国家と社会の緊張ある関係　問五 ウ　問六 X イ　Y ウ　Z エ　問七 イ

三　問一 ウ　問二 エ　問三 ア　問四 ウ　問五 イ　問六 (例) 大澤くんは月の光を見ているが，小夜子は月とともに大澤くんの横顔を見つめている。
問七 エ

四　問一 イ　問二 エ　問三 イ　問四 ア　問五 エ
問六 (1) 多男子・寿・富　(2) イ

○配点○

一 各2点×5　二 各3点×9　三 問六 15点　他 各3点×6　四 問六 各5点×2
他 各4点×5　計100点

＜国語解説＞

一 (漢字の書き取り)

あ「併設」とは，他のものと一緒に設置すること。　い「表彰状」とは，企業・法人や公的機関・団体から，社員や職員等の部内関係者への功績・実績を讃える場合に授与する賞状のこと。

㋒「寛大」とは度量が大きく，思いやりがあり，むやみに人を責めないこと。㋓「制御」とは，相手の行動や気持などを勝手にさせずに，自分の思うままに支配すること。㋔「転嫁」とは，自分の罪・責任などを他になすりつけること。

二（論説文－内容吟味，指示語の問題，脱語補充，大意）

問一　傍線部の前に「人間は言葉の論理だけでなく，その文脈や意味について考えることができます。他の人間を，その感情を含めて理解しようとし，意見を交わし，ケアすることができるのも人間固有の能力」とあり，その「人間固有の能力をいかに見定め，発展させられるか」という点について，傍線部では「そこ」と表している。

問二　傍線部の前に，トクヴィルが人々の善意によって平等化が実現したわけではない，と指摘したことに着目する。

問三　(1)　傍線部の後に，「より多くの人々が情報やデータにアクセスするのみならず，自ら発信することを可能にするSNSの技術」と，今日のテクノロジーの発展の一例を挙げている。

(2)　傍線部の後に，「テクノロジー進化の果実を独占することで，デジタル専制主義が実現するのか，あるいはAIによる民主主義のバージョンアップが達成されるかは予断を許しません。しかしながら，長期的には人々は新たな技術を通じて，政治の透明化を実現し，市民のアイディアをより直背的に政治や行政へと結びつける可能性を拡大していくことに，私たちは賭けるしかない」と今日のテクノロジーの発展が人々に何をもたらすのかを説明している。

問四　(1)　傍線部の後に，「独裁的な対応は一時的には有効にみえても，自由で多様なアイディアの表出や実験を許さない以上，長期的には選択肢を狭める結果になります」と，コロナ対応においてリーダーシップを取り続けることに対してのデメリットを述べている。(2)　コロナ禍において，追跡アプリなどを用いた感染拡大防止は必要だとしつつも，それを利用した個人情報の把握や独占には注意がいるとして，「市民社会の強化が不可欠で」あると述べる。また，その上で「自由と民主主義にとっての鍵は国家と社会の緊張ある関係」と，内容をまとめている部分に着目する。

問五　傍線部の前に，「大量の個人情報を掌握する国家や，グローバルなプラットフォーム企業による情報独占をチェックしていくためには，国境を超えた市民社会の強化が不可欠」とあり，その上で，「人と人との新たな距離感に基づいて，人と人とを結びつける民主主義の技術を磨くべき」と指摘している。「人と人とを結びつける民主主義の技術」とは，以前の文章に「自ら発信することを可能にするSNSの技術は，文字通り，人々を「デモクラタイズ(民主化)します」とあることから，SNSに技術による国境を超えた市民社会のつながりを筆者は述べている。

問六　X　空欄の後に，古代ギリシアの政治は公共の議論を通じた意思決定であったことを述べた後，「情報の公開やオープンデータはもちろん，政策決定過程をより透明度の高いものにしていく必要があります」と述べている部分に着目する。　Y　空欄の後に，「自分のなすべき仕事だ，自分たちにとってきわめて大切な事柄だと思えてはじめて，主体的に考え，自ら行動する動機が生じます」とあり，政治への参加を通じてはじめて自分のことだという意識が芽生えるとしている。　Z　空欄の後に「一つひとつの判断が社会や人類の将来に影響を与え，場合によっては多くの人々の暮らしや生死にかかわるだけに，政治的決定には責任が伴います」と，何かを決定した際にはそれに対する責任が必ず付き纏うことを指摘している。

重要　問七　「パンデミックを通じた国家権力の拡大，とくに追跡アプリを通じた個人情報の把握，それに基づく個人の生の管理については，今後も慎重に監視していく必要があります」と国家主導による市民の管理に警鐘を鳴らしている。また，それ以前の文章に「自由で多様なアイディアの表出や実験を許さない以上，長期的には選択肢を狭める結果になります」と，コロナウィルス感染の影響によって自由民主主義が脅かされていると指摘している部分にも着目する。

三 （小説文－心情，内容吟味，文脈把握，大意）

問一　大澤が小夜子を心配だと言って，月に一回，メールから電話に切り替えて話すようになった。小夜子は「そのために，月末の夜は早めにお風呂に入って充電器に携帯をさして，紅茶を飲みながら待った」とあるので，いつでも大澤からの電話に出られるように待機していた。しかし「すぐ出るのも待っていたみたいで恥ずかしい」という気持ちがあったので，大澤にそれを気づかれないようにあえてコール音を三回半聞いてから電話に出ていたのである。

問二　傍線部の前に，「先輩とふざけ合って無邪気にプロレスの技をかけあったりしているのに，目を離すと，白けた顔をして空を見ながら一人煙草を吸っているような人だった。（中略）意志のある孤独だった」とあることから，大澤は皆と馴染めるような人物にもかかわらず，あえて自分を孤独の身に置くような面もあった。

問三　小夜子はショックを受けた内容は，大澤が同じサークルの大学院生と入学当初から付き合っているという事実である。しかし，「小夜子と一緒にいるとき，無口で優しくていつもとは別の人のようだった。自分にだけ見せてくれている姿なのだと嬉しくなる反面，一人にするのが危ないのは自分ではなく，むしろ大澤くんの方ではないのかと思うようなっていた」とあるため，自分（小夜子）ではないものの，他の誰かが大澤を支えてくれていることに安心感を覚えている。

問四　傍線部の前に，「大学なんて，小さな世界だってあいつら何で気づかないんだろう。すぐ腐った社会に出なきゃなんないのに，あんなはしゃいでさ」と周囲を卑下する大澤の発言に対して，小夜子は反論するわけでもなく，「そうだね」と言うことしかできない場面を読み取る。

問五　理工棟の誰も来ないバルコニーに，大澤と二人きりで誘われて行った小夜子は，「真っ暗なプールに浮かぶビート板」のように感じ，このビート板が「二人だけを乗せて，このまま風まかせに流れていけばいいのに」と感じている。つまり，大澤と一緒にいられることがとても嬉しく，いつまでも一緒にいたいと思っている。

重要 問六　大澤は真っ暗な場所に月明かりがあたっていることで，まぶしさを感じている。対して，小夜子は「こんな日もいつか消えてしまうのならば，今日の月と横顔をずっとずっと覚えていよう」と月だけではなく，大澤の横顔にもまぶしさを感じている。

問七　傍線部の「耳元で飛ぶ蚊の音」とは，「今日は，」から始まる段落に「自動販売機は，わざと若者にしか聞こえない，蚊の飛ぶときの嫌な高音が鳴るように作られている」とある内容に関連している。つまり，蚊の飛ぶ音が聞こえるということは小夜子はまだ大人ではなく，子どもであることを示している。またその中で，好意を抱く大澤だけが知っている秘密の場所で大澤と一緒に過ごす内に，「この人とは結ばれないんだな，と何故かはっきりとわかった。（中略）こんな日もいつか消えてしまうのならば，今日の月と横顔をずっとずっと覚えていよう」と大澤との距離感を感じながらも，今日という日を忘れずに覚えていたいという小夜子の心情に着目する。

四 （古文，漢文－口語訳，その他，語句の意味，文脈把握，内容吟味）

〈口語訳〉〈甲〉　あだし野の露は消える時がなく，鳥部山の煙が立ち去らないでいるように（この世に）住み続ける習わしであるのならば，どんなに物の情緒というものがないことでしょう。この世は無常であるからこそ素晴らしいのです。

命がある者を見るにつけても，人間ほど長生きするものはありません。かげろうが夕べを待ち（死ぬこともあれば），蝉が春や秋を知らずに（死んでしまう）こともあるのです。しみじみと一年を暮らすだけでさえも，この上なくゆったりとしていることです。（それでも人生に）満足せず命が惜しいと思うのであれば，千年を生きようとも一晩の夢のようなはかない気持ちがするでしょう。住み続けることのできないこの世で，醜い姿を待ち迎えてそれが何になるでしょうか(，いや何にもなりません)。命が長いと恥をかくことも多くなります。長くても40歳に足りないくらいで死ぬのが，見苦しくないでしょう。それ(年齢)を過ぎてしまうと，(自分の)容姿を恥じる心もなく，人の前に出て付き合おうということを思い，夕日のような(残りわずかな命で)子や孫をかわいがり，(彼らが)繁栄してゆく将来を見届けるまでの命を期待し，ただただこの世の利益や欲望に執着する心だけ強く，物の情緒さも分からなくなっていくのは全く嘆かわしいことです。

〈口語訳〉〈乙〉 尭が，華の領国を見てまわった。華の国境を守る者が言った，「ああ，聖人さまだ。聖人であるあなた様のために祈り，長生きしていただこうと思います。」と。堯が言った，「遠慮する。」「富さかえるように」と言うと，(また)堯が言った，「遠慮する。」「男の子を多く授かるように」と言うと，(さらに)堯が言った，「遠慮する。」と。役人は言った，「寿命，富，男子の多いことは，誰でも欲する所だ。いらぬと申されるのはあなた様だけだ，なぜか。」と。堯が言った，「男子が多ければ心配が多く，富めば争いが多く，長生きすれば恥が多い。この三つは，徳を求める道に反する。だから遠慮する。」と。

問一　傍線部の前に，「あだし野の露は消える時がなく，鳥部山の煙が立ち去らないでいるように(この世に)住み続ける習わしであるのならば，どんなに物の情緒というものがないことでしょう」とあるように，生まれた者は必ず亡くなるという定め(無常)こそが「いみじ」(素晴らしい)と筆者は主張している。

問二　かげろうが夕方で死んだり，夏しか生きることのできない蝉は春や秋を知らずに死んでしまうのに比べれば，人は長生きするものであるとしている。

問三「聖人」と二回出てくることから，「聖人を祝うこと」「聖人の長生きを願うこと」の二つに内容が分かれる。よって，一つ目の「人」の下に一点，「祝」の下に二点，また「寿」の下に一点，「使」の下に二点をつける。

問四「辞」とは言葉や言語，またやめる，ことわる，別れを告げるという意味。「聖人であるあなた様のために祈り，長生きしていただこうと思います」という華の国境を守る者の申し出に対し，尭は固く辞退している。

問五　問題文〈甲〉に，「(人生に)満足せず命が惜しいと思うのであれば，千年を生きようとも一晩の夢のようなはかない気持ちがするでしょう。住み続けることのできないこの世で，醜い姿を待ち迎えてそれが何になるでしょうか」と長く生き続ければ，それだけ容姿が醜く変化するとしている。

問六　(1)「男子が多ければ心配が多く，富めば争いが多く，長生きすれば恥が多い」と「多男子・富・寿」の三つを挙げている。(2)「多男子・富・寿」の三つを「徳を求める道に反する」と古代中国の王である尭は発言しているので，王には似つかわしくないものととらえている。

★ワンポイントアドバイス★

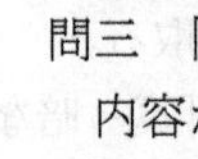

現代文は，記述問題にも対応できるよう，要約やあらすじなどをまとめる練習をしておこう。古文・漢文は，頻出語句や助動詞の意味を確実に身につけておこう。

2023年度
★★★★★★★★★★★★★★★★★★★★★★★★
入　試　問　題

2023年度

桐光学園高等学校入試問題

【数　学】（60分）　＜満点：100点＞

【注意】　1．定規とコンパスは使用してはいけません。

　2．分数は最も簡単な分数で答えなさい。

　3．根号を用いた数は，最も簡単な式で答えなさい。

　4．円周率はπとします。

1　次の問いに答えなさい。

⑴　$\frac{27}{4}x^4y^3 \times \left(-\frac{3}{2}xy^2\right)^2 \div \left(-\frac{3}{4}xy^2\right)^3$を計算せよ。

⑵　$\frac{3x+y+1}{3}+\frac{x+y-5}{6}-\frac{x-2y-1}{4}$を計算せよ。

⑶　$9x^2-y^2+4y-4$を因数分解せよ。

⑷　$(\sqrt{2}+3)(2\sqrt{2}-5)-(3+\sqrt{2})^2$を計算せよ。

⑸　2次方程式$x^2+ax+b=0$の2つの解にそれぞれ1を加えた数が，2次方程式$x^2+x-12=0$の解となるとき，定数a，bの値を求めよ。

2　次の問いに答えなさい。

⑴　$x^2-y^2=105$を満たす自然数x，yの組（x，y）において，すべての組のxの値の和を求めよ。

⑵　1次関数$y=-4x+2$と2次関数$y=2x^2$において，xの値がaから$a+3$まで増加するときの変化の割合が等しいとき，定数aの値を求めよ。

⑶　aは6で割ると5余る正の整数のとき，$9a$を27で割ったときの余りを求めよ。

⑷　あるクラスの生徒9人に数学のテストを行い，点数の低い順に並べると

　35，42，56，58，62，65，78，84，98　（点）

となった。このとき，四分位範囲を求めよ。

⑸　底面は直径ABの円でAB＝2，母線の長さが4，頂点をOとする円錐があり，母線OA上にOC：OA＝1：$\sqrt{2}$となる点Cをとる。図のように，この円錐の側面に点Aから反時計回りに点Cを通り点Bまでひもをかけるとき，ひもの最短の長さを求めよ。

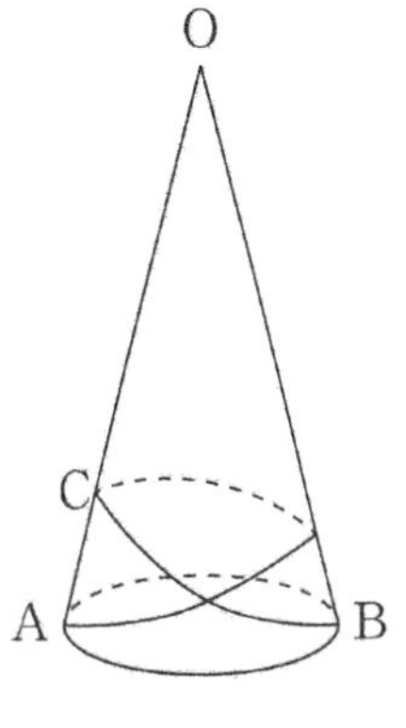

⑹　１辺の長さが４の立方体ABCD－EFGHがある。点Ｂから３点Ｄ，Ｅ，Ｇを通る平面に下ろした垂線の長さを求めよ。

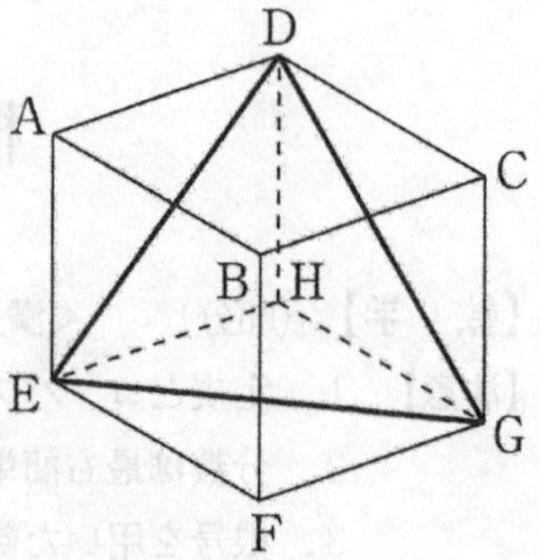

3　次のような３つの袋Ａ，Ｂ，Ｃがある。

袋Ａには0，1，2，3，4，5が書かれたカードが１枚ずつ合計６枚入っている。

袋Ｂには演算記号＋，－，×，÷が書かれたカードが１枚ずつ合計４枚入っている。

袋Ｃには1，2，3，4が書かれたカードが１枚ずつ合計４枚入っている。

袋Ａ，Ｂ，Ｃから１枚ずつ取り出し，下の空欄のように数字または演算記号のカードを並べる。その計算を行い，その値をdとする。例えば，Ａから５，Ｂから＋，Ｃから３が出たとき，$5+3=8$で$d=8$である。

A	B	C		
			＝	d

このとき，次の問いに答えなさい。

⑴　$d<0$になる確率を求めよ。

⑵　$d=0$になる確率を求めよ。

⑶　dが素数になる確率を求めよ。

4　図のように放物線$y=ax^2$（$a>0$）と直線ℓがあり，その交点をＡ，Ｂとする。

直線ℓとy軸の交点をＣとする。点Ａの座標が（6，12）で，AC：BC＝２：１であるとき，次の問いに答えなさい。

⑴　aの値を求めよ。

⑵　△OABの面積を求めよ。

⑶　原点Ｏから直線ℓに下ろした垂線の長さを求めよ。

⑷　△OACを直線ℓを軸に１回転させてできた立体の体積を求めよ。

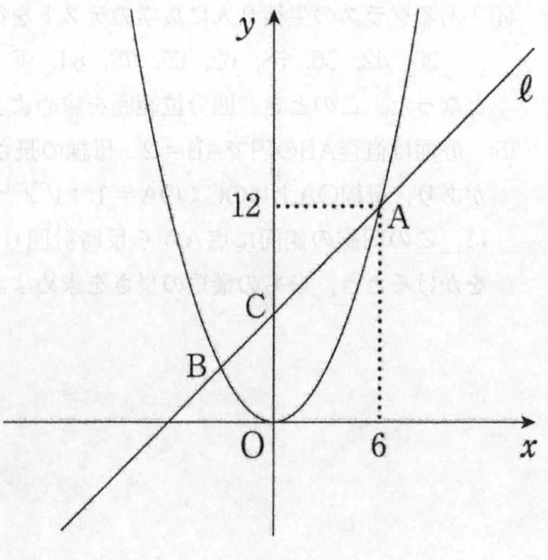

5 図のように，円Oの直径ABに垂直な弦CDとABの交点をEとする。弧CB上に∠BAF＝∠CBAとなる点Fをとり，AFとCDの交点をGとする。AB＝10，AC＝6のとき，次の問いに答えなさい。

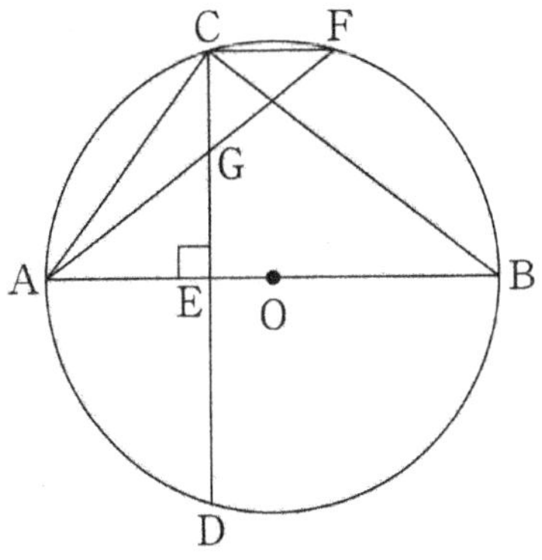

(1) △ABC∽△ACEを証明せよ。

(2) 線分AEの長さを求めよ。

(3) △CGFの面積を求めよ。

【英　語】（50分）　＜満点：100点＞

1　以下の英文の下線部①～⑤の（　）に入れるのに最も適切な語を答えなさい。ただし，与えられた文字で始まる語を書くこと。

First, I always wake up at 7:30. Then I get up and get dressed. I go to the bathroom and wash my face and ①(b　　) my teeth. I always have bread for ②(b　　).

After that, I usually walk to school. If I wake up late, I sometimes take the bus. My favorite ③(s　　) is history. After class, I usually eat lunch in the school cafeteria. The food there is okay but it's not delicious. I like ④(W　　) and Friday because we have pizza on those days. Pizza is my favorite.

When we finish lunch, we all play outside. We usually play basketball. It is a lot of fun. My best friend is Pamela. We are always on the same team...but we don't always win the games.

After school my mum ⑤(p　　) me up and we drive home. I have dinner with my family. Everyone tells the story of their day. It is the best part of the day. I love my family more than I love pizza.

2　次の(a)～(e)の文で，（　）に入れるのに最もふさわしいものを１～４の中から１つずつ選び，番号で答えなさい。

(a)　A：Are you looking for (　　　) special?
　　B：Yes, a nice shirt for my father.
　　１．very　　２．someone　　３．anything　　４．one

(b)　A：Do you know the girl (　　　) to Ms. Smith over there?
　　B：Yes, she is a new student from California.
　　１．speak　　２．speaking　　３．is speaking　　４．speaks

(c)　They finally met again, so they had many things (　　　).
　　１．that should talk of　　２．which they talk
　　３．they talk to　　４．to talk about

(d)　I have (　　　) seen him since I left school ten years ago.
　　１．never　　２．yet　　３．always　　４．already

(e)　A：Could you tell me (　　　) to take the medicine?
　　B：Three times a day, after every meal.
　　１．what　　２．when　　３．something　　４．often

3　あとの(a)～(e)の会話文で，（　）に入れるのに最もふさわしいものを１～４の中から１つずつ選び，番号で答えなさい。

(a)　A：When do you have to return these books?
　　B：I forgot. (　　　　　　　)
　　A：Oh, yeah. She works in the library.

1．Next Monday, I think.　2．Ms. Brown might know.
3．No, two weeks isn't enough.　4．My sister has visited the town.

(b) A：Hello. Blue Ocean Hotel. How can I help you?
B：Hi. I have a question about your hotel. (　　　　　)
A：No, I'm afraid not. You must pay $10 for any guest under 7 years old.
1．Can children stay for free?　2．Do you have a shuttle bus?
3．Can we check in late at night?　4．When does your restaurant close?

(c) A：Do you want me to clean out the closet today?
B：(　　　　　)
A：I see. Tell me if you need my help.
1．Yes, please. I need your help.
2．You can use the bathroom first.
3．I'll do it myself.
4．It's behind the shelf.

(d) A：How was your speech yesterday?
B：(　　　　　)
A：I'm glad to hear that
1．I'm very excited but a little nervous.
2．It took long for me.
3．I thought it was successful.
4．He was a good speaker.

(e) A：Hey, Katie. I heard that you have joined a volunteer activity.
B：You're right. (　　　　　)
A：Oh, that sounds interesting.
B：I usually make snacks for the children there.
1．I play basketball with the children.
2．I help the children with their study.
3．I read stories to the children.
4．I work in the cafeteria at an elementary school.

4 次の(a)～(c)の日本文の意味に合うように英文をつくるとき，(イ)(ロ) に入れるのに最もふさわしい語をそれぞれ答えなさい。

(a) 明日の朝はいつもより早く起きないと，バスに乗り遅れるよ。
Get up earlier tomorrow morning, (イ) you'll (ロ) the bus.

(b) 今日はとても寒くて上着を脱げない。
It is (イ) cold to (ロ) off my coat today.

(c) 彼の考えは僕とは異なったが，最終的には彼に賛成した。
His idea was different from (イ), but (ロ) the end I agreed with him.

5 次の(a)~(c)の日本語に合うように1~7を並べかえたとき，(イ)(ロ)に入れるものをそれぞれ番号で答えなさい。ただし，文頭に来る語(句)も小文字にしてあります。

(a) ここから最寄り駅まで歩いて約30分かかります。

(　　)(　　)(　　)(イ)(　　)(ロ)(　　) from here to the nearest station.

1. about　2. to　3. an hour　4. it　5. half　6. walk　7. takes

(b) ポケットに手を入れたまま走らないで。

(　　)(　　)(イ)(　　)(　　)(ロ)(　　).

1. your pockets　2. with　3. hands　4. run

5. your　6. don't　7. in

(c) 誰がテニス部のキャプテンに選ばれたのですか。

(　　)(イ)(　　)(ロ)(　　)(　　)(　　)?

1. captain　2. club　3. the tennis　4. of

5. was　6. chosen　7. who

6 次の日本文を英語に直しなさい。なお，(　)内に与えられた語をそのままの形で順番通りに用いること。

3月は2月ほどたくさん雪が降りません。(We / as / March)

7 次の英文を読み，設問に答えなさい。

"Ben, stop playing on the computer and come here! You must go to Sherry's house and take care of the baby. She's got toothache and I can't take care of baby Sherman as I've got to go to work now. OK?"

It was not okay. Ben wanted to play 'Enemy Invader' on his computer and baby Sherman was the most boring person in the world although (イ)maybe his sister Sherry was a very close second.

"Oh no, not Sherman, Mum. All he does is to drink milk, *scream and drop his toys on the floor. He's *horrible."

"Exactly. Now, go to your sister Sherry's house now. The poor girl is in great pain and must go to the dentist."

Baby Sherman was screaming when he arrived at Sherry's house. She gave the baby to him and left. Ben looked at the baby's red face and closed his eyes as the noise from the baby's mouth was very loud.

(A)

(B)

(C)

(D)

"Shall we play cars Sherman?"

Ben sat on the carpet and began to get toy cars out of a box, but when he looked around, the baby was not there.

"Oh no! Sherman!" He completely forgot that Sherman could *crawl now. He looked everywhere. He thought Sherry would be very angry if he lost her baby. She only had him for eight months and he was the centre of her life. He heard a laugh. He looked through the kitchen window. Sherman was in the garden and it was raining too. The very dirty and *muddy baby was putting *soil from the garden into his mouth.

"Are you eating soil, silly baby?"

He thought Sherry would be *furious and that Sherman might get ill. He took Sherman to the bathroom and put water in the bath. He put his elbow in the water to check it was not too hot. Sherry always did that. He put the baby's dirty clothes in the washing basket and hoped Sherry would not notice they were muddy.

Sherman seemed to like his bath. Ben threw a little water at him. The little boy laughed and he copied Ben and shook his wet hand in Ben's face. Ben made an angry face and Sherman laughed even more. They played like this for a long time until Ben noticed that the bathroom carpet was wet. He thought Sherry would wonder why it was wet.

He dressed the baby then tried to dry the bathroom floor and watch Sherman at the same time. He looked round. Sherman was playing with his jacket.

"Oh no! Leave it alone Sherman!"

But the baby was holding something. It was a *twenty-pound note.

"(ロ) Heh! Clever baby!"

He lost the money a week before and he couldn't find it. But somehow Sherman found it. It probably slipped into the *lining of his jacket. It was lucky as he had no money at all and it was mum's birthday soon.

He was thirsty so Sherman must be too. He found some fruit juice in the fridge and gave some to Sherman in his baby cup and had some himself. They both had a biscuit too although the baby only *sucked on his as he had no teeth.

"Well this is a nice peaceful scene. (ハ) You must [1. at 2. looking 3. be 4. good 5. babies 6. after], Ben."

Sherry was back and she seemed happier.

"Hope it wasn't too boring for you."

Ben looked at his watch. It was 5 pm. He spent three and a half hours with Sherman.

"No. The time went (ニ). It wasn't boring at all."

He looked at Sherman. He began to laugh again.

"If you need a *babysitter, Sherry, I'll do it anytime."

"Thanks Uncle Ben."

"Uncle?"

Of course he was Sherman's uncle. Suddenly he felt (ホ) and knew he would visit Sherman again soon.

【注】scream 泣き叫ぶ horrible 最悪な crawl ハイハイをする muddy 泥だらけの
soil 土 furious 怒り狂う twenty-pound note 20ポンド札 lining 内側
suck on ～をしゃぶる babysitter ベビーシッター

［設問］

(a) 下線部(イ)の内容を表すものとして最もふさわしいものを次の１～４の中から１つ選び，番号で答えなさい。

１．シェリーとベンは兄弟姉妹の中で２番目に仲が良い。

２．シェリーはベンにとってシャーマンと同じくらい退屈な人間だ。

３．シェリーはベンのことをシャーマンの次にかわいがっている。

４．シェリーはベンにとって母親のような存在だ。

(b) 空所(A)～(D)に入れる英文の順序として最もふさわしいものを次の１～４の中から１つ選び，番号で答えなさい。

ア．Then he began to laugh.

イ．For a minute, Ben almost liked Sherman.

ウ．Like magic, he stopped screaming and looked at Ben with round blue eyes.

エ．"Shut up Sherman."

１．ウ→エ→ア→イ　２．ア→イ→エ→ウ　３．エ→ウ→ア→イ　４．ウ→イ→ア→エ

(c) 下線部(ロ)のようにベンが言った理由を25字以上35字以内の日本語で説明しなさい。

(d) 下線部(ハ)が本文の内容に合う英文になるように，［　］の１～６の語を並べかえたとき，３番目と５番目に来るものを番号で答えなさい。

(e) 空所（ニ）に入れるのに最もふさわしいものを次の１～４の中から１つ選び，番号で答えなさい。

１．slowly　２．early　３．late　４．fast

(f) 空所（ホ）に入れるのに最もふさわしいものを次の１～４の中から１つ選び，番号で答えなさい。

１．old and proud　２．sick and tired

３．strict and careful　４．serious and nervous

(g) 本文の内容と一致するものを次の１～６の中から２つ選び，番号で答えなさい。

１．Sherry's mother had to go to the dentist because of toothache.

２．Sherman and Ben enjoyed playing with toy cars for a long time.

３．Sherman moved outside in the rain by himself.

４．Because Ben was angry, he threw water at Sherman in the bathroom.

５．Ben thought he could do something for his mother's birthday with the twenty pounds.

６．Ben thought he would never be a babysitter in the future.

8 次の英文を読み，設問に答えなさい。

(イ) There are candy bars, cakes, ice cream, hearts for Valentine's Day, and even giant chocolate rabbits for Easter. People who really love chocolate are sometimes called "chocoholics." Many people don't know chocolate was first enjoyed almost 4,000 years ago in Central America. In fact, the word "chocolate" comes from the word "xocoatl" in the *Aztec language. The Aztecs controlled much of *present-day Mexico during the 1400s and early 1500s.

Recently, scientists found small amounts of chocolate on jars made in Mexico around 1900 BC. People first made chocolate from the beans of the cacao tree in Central America. But the first chocoholics did not eat chocolate. Instead, they drank it. Early chocolate drinks were not *sweetened like hot chocolate or chocolate milk. So they were bitterer than most chocolate drinks today. In fact, the word "xocoatl" means "(ロ)." Sometimes, these drinks were *fermented like wine and beer.

The *Toltec, *Maya, and Aztec peoples all loved chocolate. They believed chocolate was the food of the gods. So they used it for *religious purposes. Powerful Mayans were buried with bowls of chocolate to use after death. Cacao beans were also (ハ). According to an Aztec document, one bean could be exchanged for a tamale, a Mexican food. One hundred beans could be exchanged for a *turkey. According to some stories, an Aztec king served chocolate to the Spanish *explorer, Hernando Cortes, in 1519.

At first, Spanish explorers did not like the taste of chocolate. But some tried mixing it with sugar or honey. This made the drink sweet and less bitter. By the late 1500s, chocolate drinks were popular with Spanish kings, queens, and *royalty.

(A)
(B)
(C)
(D)

At the time, this was enough money to buy more than 100 regular dinners.

Today, chocolate is much easier to find. It is grown in Central and South America. It is also grown in Southeast Asia and West African countries like the Ivory Coast. Each year, the world produces close to 4 billion kilograms of chocolate. So people eat more of it. Europeans eat the most chocolate per person. For years, the world's top chocolate eating country has been Switzerland. In 2012, the average Swiss person ate 12 kilograms of chocolate.

But tastes are changing. People in the United States and many European countries are now eating less chocolate than they did 10 years ago. However, (ホ)dark chocolate is more popular. Dark chocolate is stronger tasting, since it has less milk and sugar. It is also healthy. Several studies have shown eating small amounts of dark chocolate can lower your blood pressure, reduce stress, and stop some diseases.

People in Brazil, China, India, Russia, and Turkey are eating more chocolate than they did 10 years ago. Chocolate lovers in these countries will probably invent new *treats and uses for chocolate. This is similar to (ヘ) the thing Spanish explorers did to Aztec chocolate drinks. The 4,000-year history of chocolate shows chocoholics always want to try new things.

【注】 Aztec アステカ族の　present-day 現在の　sweeten ～を甘くする
ferment ～を発酵させる　Toltec トルテック族の　Maya マヤ族の　religious 宗教上の
turkey 七面鳥　explorer 探検家　royalty 王族　treats 調理法

［設問］

(a) 空所（イ）に入れるのに最もふさわしいものを次の１～４の中から１つ選び，番号で答えなさい。

１．Chocolate comes in all shapes and sizes.
２．Chocolate has been known for its good taste.
３．Chocolate can be a special snack between meals.
４．Chocolate is used to celebrate holidays.

(b) 空所（ロ）に入れるのに最もふさわしいものを次の１～４の中から１つ選び，番号で答えなさい。

１．sweet juice　２．sweet cream　３．bitter water　４．bitter butter

(c) 空所（ハ）に入れるのに最もふさわしいものを次の１～４の中から１つ選び，番号で答えなさい。

１．fed to animals　２．used as money
３．given from the gods　４．discovered by the Aztec

(d) 空所(A)～(D)に入れる英文の順序として最もふさわしいものを次の１～４の中から１つ選び，番号で答えなさい。

ア．It sold a pound of chocolate for 10 to 15 shillings.
イ．But chocolate remained very expensive until the 1800s.
ウ．For example, a chocolate store opened in London, England, in 1657.
エ．By the late 1600s, businesses in many European cities sold chocolate drinks.

１．イ→ア→ウ→エ　２．ア→エ→ウ→イ　３．エ→ウ→イ→ア　４．エ→イ→ウ→ア

(e) 下線部(ホ)について本文中で述べられている内容と一致するものを次の１～４の中から１つ選び，番号で答えなさい。

１．ダークチョコレートには砂糖とミルクが加えられているので抗ストレス作用があるということ。
２．ダークチョコレートと砂糖とミルクの摂取量を減らせば血圧が下がり，健康でいられるということ。
３．ダークチョコレートを少量摂取することによって発症を抑えられる病気もあるということ。
４．ダークチョコレートはカカオの含有量が多いため，大量に摂取しても体に悪影響はないということ。

(f) 下線部(ヘ)について，具体的な内容を15字以上30字以内の日本語で説明しなさい。

(g) 本文の内容と一致するものを次の１～６の中から２つ選び，番号で答えなさい。

1. People who ate chocolate 4,000 years ago were called “chocoholics.”
2. Mexican scientists discovered old jars made of chocolate.
3. In Spain chocolate drinks were enjoyed by rich and important people in the 1500s.
4. Getting chocolate is not difficult today because it is made in many places.
5. People in China and India are planning to start a new chocolate business.
6. Chocolate lovers always fail to try something new.

ウ　敵は必ず思いを遂げられるはずだと信じていたが、大昌里人の警戒心は強かった。

エ　敵は大昌里人を殺す機会を狙っていたが、思い通りにはいかなかった。

問四　――線2「不　孝　不　義～欲　以　身　当　之」について。

(1)「不　孝　不　義」とありますが、その内容は問題文〈甲〉ではどのように表現されていますか。その一文を探し、最初の五字を抜き出しなさい。

(2)「欲　以　身　当　之」は「身を以て之に当たらんと欲す」と訓読します。これを参考にして、解答欄に返り点を付けなさい。

問五　問題文〈甲〉・〈乙〉の説明として適当なものを次の中から二つ選び、記号で答えなさい。

ア　大昌里人の敵は、仇《あだ》討ちをするに際して大昌里人の父を人質に取ることを思いつき、それを実行に移した。

イ　節女の父は、親である自分の命と夫である大昌里人の命とのどちらを取るか、節女に対して選択を迫った。

ウ　節女は、実父の命を救うために大昌里人の首を敵に差し出す約束をしたことを恥じ、自ら命を絶とうと思った。

エ　実父に対しても夫に対しても忠孝忠義を果たし、身をもって夫を守ったことが、「節女」と称される所以《ゆえん》である。

オ　大昌里人の敵は、節女を身代わりとして生き延びた大昌里人を憎み、長きにわたって骨肉の争いを続けた。

カ　実父や大昌里人に対する節女の思いやりの心は、大昌里人の敵の心をも動かし、仇討ちは実行されずに済んだ。

〈乙〉

京師節女者《は》、長安大昌里ノ人之妻也。其ノ夫有リ㆓※5仇《きう》人《じん》㆒。欲スレドモ㆑報イント㆓其ノ夫ニ㆒而1無シ㆑道。径《こみち》ニ聞ク㆓其ノ妻之仁孝ニシテ有ル㆑義ヲ。乃チ劫《さら》ヒ㆓其ノ妻之父ヲ㆒、使メントス㆘要《せま》リテ㆓其ノ女《むすめ》ニ㆒為《な》サ㆗※6中《ちゅう》詗《けい》ヲ㆖。父呼ビテ㆓其ノ女ヲ㆒告グ㆑之ヲ。女計リ念《おも》フニ、「不レバ㆑聴カ㆑之ヲ則チ殺シテ㆑父ヲ、不孝ナリ。聴カバ㆑之ヲ則チ殺シテ㆑夫ヲ、不義ナリ。2不孝不義ナレバ、雖《いへど》モ㆑生クルト不ト㆑可カラ㆔以テ行フ㆓於世ニ㆒。欲以身当之。乃チ且《かりそめ》ニ許諾シテ夜在リテ㆓樓上ニ㆒新タニ※7沐シテ、東首シテ臥スハ則チ是レナリ矣。妾請フ、開キテ㆓※8戸《こ》牖《いう》ヲ㆒待タント㆑之ヲ。」還リ㆓其ノ家ニ㆒、乃チ譎《たばか》リテ㆓其ノ夫ヲ㆒、使ム㆑臥サ㆓他所ニ㆒。因《より》テ自ラ沐シテ居リ㆓樓上ニ㆒、東首シテ開キテ㆓戸牖ヲ㆒而臥ス。夜半、仇家果タシテ至リ、断チ㆑頭ヲ持チ去ル。明ケテ而視レバ㆑之ヲ、乃チ其ノ妻之頭也。仇人哀㆓痛シ之ヲ㆒、以テ為シ㆑有リト㆑義、遂ニ釈《ゆる》シテ不㆑殺サ㆓其ノ夫ヲ㆒。

（『古列女伝《これつじょでん》』巻五）

※1 東帰《とうき》の節女《せつぢょ》…「東帰」は、問題文〈乙〉「京師（＝都）」に同じ。「節女」とは、孝心が篤《あつ》く、夫に尽くす女性のこと。
※2 妾《せう》…女性が自身をへりくだっていう表現。
※3 楼…二階。あるいは見晴らしの良い部屋。問題文〈乙〉の「樓」も同じ。
※4 偕老…夫婦が年をとっても仲良く暮らすこと。
※5 仇人《きうじん》…「仇」は、敵に同じ。「仇家」も、仇人と同じ。
※6 中詗《ちゅうけい》…中の様子を探る。
※7 沐…髪または体を洗う。
※8 戸牖《こいう》…入口。

問一 ――線a「すべからく」・b「いかがせん」とありますが、その解釈として最も適当なものを次の中からそれぞれ選び、記号で答えなさい。

a すべからく

ア かならず　イ まもなく　ウ すばやく　エ すかさず

b いかがせん

ア どうすればいいのだろうか
イ どうにかなってしまいそうだ
ウ 何のために生きてきたのだろう
エ 何もしていなかったというのに

問二 X～Zに入る言葉の組み合わせとして最も適当なものを次の中から選び、記号で答えなさい。

ア X＝西　Y＝東　Z＝東
イ X＝東　Y＝西　Z＝西
ウ X＝東　Y＝西　Z＝東
エ X＝西　Y＝東　Z＝西

問三 ――線1「無　道」とありますが、その説明として最も適当なものを後の中から選び、記号で答えなさい。

ア 節女は大昌里人の様子を伺っていたが、人を殺して恨まれるような人物には見えなかった。
イ 大昌里人は日ごろ敵と接していたが、命を奪われることはあるまいと思っていた。

ウ　菜緒が昨晩叱られたことを根に持ち、こちらを試すような行動をとり続けていることに腹を立て、菜緒の嘘をどうすれば暴くことができるだろうかと思案している。

エ　自分の言う通りにしない菜緒を遠回しにたしなめたが、急に感情的に反発してきたことに驚き、頭が真っ白になっている。

問六　――線5『ごはん食べな……』さい～に戻った」とありますが、その理由として最も適当なものを次の中から選び、記号で答えなさい。

ア　遊び盛りの年頃にもかかわらず、夜遅くまで勉強して疲れている菜緒の嘘を許すことのできなかった自身の大人気なさを反省し、菜緒に許してもらおうとしたが、それも叶わないことを態度で示されたから。

イ　一方的に菜緒を責め立てた自身の至らなさに気づき、落ち着きを取り戻して声をかけに行ったが、自分を拒絶する菜緒の幼稚な態度を見て、勝手にすればいいと再び怒りが込み上げてきたから。

ウ　久しぶりに満足のいく料理を作れたものの、菜緒が口にしなかったことで自分が否定されたように思い、そんな自分の不安を見透かしたかのように振る舞う菜緒の姿を見て、これ以上声をかけても無駄だと悟ったから。

エ　頑なに自身の非を認めようとしない菜緒の態度に我を失ったものの、娘を気遣ってご飯を食べさせようと部屋を訪ねたが、今声をかけても同じやり取りを繰り返してしまうと思い、時間を置いて落ち着こうとしたから。

問七　――線X「黒い川に飲み込まれて」・Y「真っ黒い川にこぽりと沈む」とありますが、この二つはそれぞれ「茅乃」のどのような様子を表現したものですか。説明しなさい。

四　問題文〈甲〉・〈乙〉を読んで、後の問いに答えなさい。なお、問題文〈乙〉については設問の都合上、送り仮名や返り点を省略した部分があります。

〈甲〉

昔、唐《もろこし》に※1東帰《とうき》の節女《せつぢょ》と言ひけるは、長安の大昌《だいしやう》里人《りじん》といふ者が妻なりけり。その夫に敵《かたき》あり。常に伺ひけれども殺す事叶はず。敵、節女が父を縛って女を呼びていはく、「汝が夫は我が大なる敵なり。その夫を我に与へずば汝が父を殺さん」と言ひければ、女答へていはく、「妾《せう》※2、夫を助けんために、いかでか生育《しやういく》の父を殺させん。速やかに汝がために妾が夫を殺さしめん。妾常に楼上※3に寝《い》ぬる。夫はX首に臥《ふ》し、妾はYを枕とす。aすべからく来《きた》つてZ首を切れ」と教へて、家に帰つて思はく、父に恩愛の慈悲深し、夫に偕老※4の情の浅からず。夫の命を助けんとすれば父の命危し、父が身を育まんとすれば夫の身亡びなんとす。しかじ、父を助けんがために夫を敵に与へつ、我《われ》また夫が命に替はらんとて、自ら東首に臥して夫を西に枕せり。敵伺ひ入つて、忽《たちま》ちに東首を切つて家に帰りて、朝《あした》にこれを見れば、夫の首にあらず、妻が頭なり。敵大きに悲しみて、「この女父のために孝あり、夫がために忠あり。我bいかがせん」と言ふ。終《つひ》に節女が夫を招きて、長く骨肉の昵《むつ》びをなしけり。

（『源平盛衰記《げんぺいじやうすいき》』巻十九）

イ　母の容体がすぐに生死に関わるものではないことを告げられ、過剰な心配をしてしまったと思う一方で、持病のことを告げずにいた母に対して、不信感を隠すことができないでいる。

ウ　自分が想定していたよりも母の病気は深刻で、ふさぎ込んでしまったが、そんな自分を気遣ってくれる母の言葉を素直に受け入れ、落ち込んでいる姿を見せまいとあえて陽気に振る舞っている。

エ　母から受けた病気の説明は、幼い自分にとって理解できない部分も多く、現実に起きている出来事とは思えなかったものの、正直に伝えてくれたことに感謝し、残りわずかな母との生活を充実したものにしようと決意している。

問三　――線2「漠然と～歩いていく」とありますが、この表現について述べたものとして最も適当なものを次の中から選び、記号で答えなさい。

ア　菜の花の主張しない美しさに夢中になっている茅乃と、そのような美しい菜の花とは対照的な、せわしなく通り過ぎるだけの人々を表現している。

イ　病気で苦しんでいる自分を誰も助けてくれないという事実から目をそらそうとして菜の花を見ている茅乃と、そんな茅乃の思いを知るよしもない人々を表現している。

ウ　病に侵されて望んだ生活を送ることができていない茅乃と、そんな茅乃とは違い、咲いたばかりの菜の花の向こう側にいる他愛もない日常を送る人々を表現している。

エ　咲いたばかりの菜の花の生命力を感じさせる姿に生きる希望を見出し始めた茅乃と、そのような花の力強さに気づくことがない人々を表現している。

問四　――線3「おばあちゃん～苦く笑う」とありますが、この時の「茅乃」の心情の説明として最も適当なものを次の中から選び、記号で答えなさい。

ア　偶然好みに合うお茶を見つけたように、日々を懸命に生きてさえいれば、新薬が開発されるかもしれないという希望を抱いている。

イ　今は余命など意識することのない人でも、先のことなど分からないという点においては自分と同じだということに気づいて、落ち着きを取り戻している。

ウ　将来への漠然とした不安を感じてその場を急いで離れようとしたが、意図せずふらついてしまったことが恥ずかしくなり、羞恥心を紛らわそうとしている。

エ　立ち上がるという、ごく普通の動作さえも身体を労わって行わなければならないということを受け容れざるを得ず、自嘲気味になっている。

問五　――線4「怒りが～痺れさせる」とありますが、この時の「茅乃」についての説明として最も適当なものを後の中から選び、記号で答えなさい。

ア　菜緒が嘘をついているのではないかと指摘したところ、強く反抗してきたことに突発的に憤慨《ふんがい》しており、冷静な対応ができなくなっている。

イ　菜緒のことを思って料理を作ったにもかかわらず、いつまでも食べようとしない娘の態度を目にして、誰も自分のことを心配してくれない事実から目を背けようとしている。

ずるさが染みついている。

「手が洗えないならもう食べなくていい！自分の部屋に行きなさい！」

「や、やだ！やだあ！」

「行きなさい！」

菜緒はうつむきがちに席を立ち、自分の部屋に入っていった。耳に障るテレビを消し、茅乃はソファに腰を下ろした。ふ、ふ、と弾む呼吸が次第に落ち着いていく。

体を取り巻く嵐のような怒りが急速に霧散《むさん》し、愕然《がくぜん》とした。テーブルには手つかずの料理が残っている。どうしてだ。私はあれを、菜緒に食べてもらいたかったのに。菜緒も、食べようとしていたのに。苦労をして出かけ、好物を買って、用意したのに。

泣き出した菜緒は、ずるいのではなくかわいそうだった。遅くまで勉強して、お腹を空かせて帰ってきたのだ。頭がずきずきする。深呼吸をして、痛み止めを飲んだ。b居たたまれない気分で廊下を歩き、菜緒の部屋へ向かう。扉越しに、すすり泣く声が漏れ出ている。

ノックをして、扉を開ける。菜緒はベッドに入り、こちらに背を向けて蛹《さなぎ》のように掛け布団を自分の体に巻き付けていた。

「ごはん食べな……」

さい、と続けられず、茅乃は布団のふくらみを見つめてリビングに戻った。痛み止めが効くまで、とにかく休むことにする。落ち着かなければ、菜緒が出てきてもまた口論になって終わりだ。ソファに横たわり、目をつむる。

そのまま、短く意識を失っていた。小さな話し声で目を覚ます。どうやら良輔が帰宅したようだ。玄関の方で、菜緒となにかを話し合っている。良輔は少し呆れたような、うんざりした口調で言った。

「そんなこと言ったってしょうがないだろ、病気なんだから」

良輔は病気という言葉を、ビョーキ、とまるで違う言葉のように発音した。これは聞かない方がいい。茅乃は目をつむった。どうして生きているんだろう。わざわざ苦しい思いをしながら命を引き延ばして、菜緒を打ちのめして、今日もなにもできなくて、どうして。

私が早く死んだ方が、夫も娘も楽になれるんじゃないか。

踏み出した足が深みにはまり、頭のてっぺんまでY真っ黒い川にこぽりと沈む。

（彩瀬《あやせ》まる『新しい星』所収「月がふたつ」文藝春秋より）

問一　——線a「わななく」・b「居たたまれない」とありますが、本文における意味として最も適当なものを次の中からそれぞれ選び、記号で答えなさい。

a　わななく

ア　抵抗する　イ　静止する　ウ　震える　エ　力を失う

b　居たたまれない

ア　申し訳ない　イ　気の毒な

ウ　落ち着かない　エ　憂鬱な

問二　——線1「菜緒は〜頷いた」とありますが、この時の「菜緒」の説明として最も適当なものを後の中から選び、記号で答えなさい。

ア　母が大病を患い、死んでしまうかもしれないという事実を受け入れられず恐れていたが、遠い未来にも母がそばにいてくれることを聞いてその思いが和らぎ、自らの不安な気持ちを何とかしてこらえようとしている。

だ。自分だって、このお茶みたいに素晴らしく自分に合って、劇的に癌を小さくし、菜緒の結婚式どころか天寿を全うさせてくれる新薬が開発される期待を捨てずにいる。てのひらの一番深い位置で握り続けている。それを捨てたら、圧倒的なX黒い川に飲み込まれて、自分が自分ではなくなってしまう気がする。

　水圧を感じ、ふらりと体が揺らいだ。もう行こう。ベンチの背に片手を当て、茅乃は腰痛に障らないよう慎重に立ち上がった。3おばあちゃんみたい、と苦く笑う。おばあちゃんになれないかもしれないのに、おばあちゃんみたい。私は、おばあちゃんになりたい。

　菜緒を守らなければ。ともかく菜緒を、できるだけ偏差値が高くて荒れていない私立の中高一貫校に入れてやりたい。就活であまり苦労をせずに済む大学に入って、公務員になるといい。社会はしばらく不安定だろう。ずっと困らないでいてほしい。

　花粉が辛いので洗濯物は室内に干し、休み休み夕飯を作った。塾を終えた菜緒が十九時半に帰ってくる。疲れているのだろう、顔が青い。表情が硬いのは、昨晩強く叱られたことを根に持っているのだろうか。

「早く手を洗ってきなさい」

「うんー……」

　炊きたてのごはん。アサリと大根と葱の味噌汁。春キャベツとエリンギと豚肉の甘味噌炒め。さらに、公園で見た菜の花が美しかったので、甘めの炒り卵も作った。体調が悪いときは袋麺を使ったラーメンや、冷凍の餃子やチャーハンに頼りがちだ。今日は色どりもいいし、栄養もたっぷりある。頑張って買い出しに行ったかいがあった。久しぶりに自分がきちんと機能できた気がして、嬉しくなる。

　菜緒がぼーっとした顔でダイニングチェアに座った。かわいい動物の動画を紹介するバラエティ番組を観ながら、箸をとろうとする。

「待って、手を洗ってないでしょう」

「……洗った」

　どうして菜緒はつまらない嘘をつくのだろう。キッチンとダイニングを行き来していたとはいえ、水音がしていなかったのはなんとなくわかる。目を合わせようとすると、拗《す》ねた顔で横を向いた。

「ちゃんと洗ってきなさい。まだ感染予防は続けなきゃいけないんだよ。早く、ごはん冷めちゃうから」

「洗った！」

　4怒りがじくりとこめかみを這いあがり、脳を痺れさせる。乱暴に席を立ち、洗い場のタオルをにぎった。

「ぜんぜん濡れてない。なんでそんな嘘つくの！」

「端っこで拭いたの！」

「もういい、なんで手もまともに洗えないの！　お母さんが風邪ひいたら大変なの知ってるでしょう！」

　つらい、と胸の内側で喘《あえ》ぐ声があった。川の水位が上がる。水圧が増して、流されかけた膝がaわななく。つかめるものを探す手が水面に沈む。私は元気じゃないんだ。元気じゃないけど、頑張っている。

「あんたお母さんのこと殺したいの！」

　こんなに冷え冷えとした憎しみを孕《はら》んだ自分の声を、聞いたことがない。菜緒は目を見開き、ふと、指がめり込んで割れてしまった卵みたいにくしゃりと顔を歪めて泣き始めた。――この子はすぐに泣く。自分が悪いくせに泣く。謝罪も反省もせず、泣けばいいと思っている。いやな

「でも、ママは菜緒の結婚式を見るまで死なないから。心配しないで大丈夫」

大人になって、私よりもあなたを愛する人が現れるまで死なない。あなたは生涯を通じてけっして一人にはならない。そう伝えたかった。結婚式、なんて遥か先のことだと思ったのだろう。1菜緒はいくらか頬のこわばりをゆるめ、小さな唇をへの字にして頷いた。

長く生きよう、と思った。菜緒が恐ろしい思いをしないで済むように、彼女が自分を必要としなくなるまで、長く。

正しくて理性的な、そうありたい自分の像を握りしめているのは大切なことだ。

でも、それだけでは毎日を望む姿で越えていけない。

近所のスーパーで半割の春キャベツとエリンギと豚バラを買い、夕飯は甘い味噌炒めを作ることにした。朝によく飲まれるコーヒー牛乳とりんごジュースもカートに入れる。そうだ、卵も切れていた。豆腐とひき肉も買って、近いうちに菜緒が好きな麻婆豆腐を作ろう。旬のアサリもいいな。そうこう考えるうちに買い物かごの中身は増えていく。

重いキャリーを引くのに疲れ、帰りは公園のベンチでひと休みした。自販機でお茶を買い、呼吸が整うのを待って喉を潤す。そばの花壇に、菜の花が咲いていた。発光しているみたいな、底抜けに明るい黄色。咲いたばかりなのだろう。花弁がとてもみずみずしい。子供の頃は雑草だと思っていたのに、大人になってからはこうしたなにげない花が好きになった。あと何度、とよせばいいのに考えてしまう。自分はあと何度、真新しい咲きたての菜の花を見られるだろう。そんな風に思った途端、あからさまに美しく見えてきていやになる。どんどん病人らしくなる。日野原茅乃――もしくは大橋茅乃？――という個人が病にのっとられ、社会から遠ざかっていく気分だ。悲しみが水のように湧き出し、胸に溜まる。重くて、苦しい。

2漠然と眺めた黄色い花の向こう側を、周辺の住民が歩いていく。帰宅途中なのだろう制服姿の学生たち。自分と同じ、買い物帰りの中高年。スーツを着た勤め人。おそろいの帽子をかぶって集団下校をする小学生たち。このなかに、余命を意識するような大病をしている人はどれだけいるだろう。

この中で、やっぱり私が一番初めに死ぬのかなあ。

いやだなあ、と胸で呟《つぶや》き、茅乃はもう一口お茶を飲んだ。舌の奥で、思いがけず華やかな香りが咲いた。一口目は喉が渇いていたので、勢いよく飲んでしまって気がつかなかった。フルーティだけど甘くない、ずいぶん美味しいお茶だ。ラベルを見ると、南国を思わせる果物やヤシの木のイラストの中央に『スーパーフレッシュトロピカルティー無糖』と印刷されていた。もう一口。ちょっとびっくりするくらい嗜好《しこう》に合う。今度から、見かけたらこのお茶を買おう。体調が辛いときに少しずつ飲んだら、吐き気をなだめてくれるかもしれない。効く効かないはともかくとして、心理的なお守りになる。

ふ、と良い香りのする息が唇から漏れる。

視野が狭くなっていたなと思う。余命は誰にもわからない。目の前を通り過ぎた見知らぬ人々がどんな人生を抱えているかなんて知らない。大学の頃から付き合いのある友人の娘は、生まれてたった二ヶ月で亡くなってしまった。どんな命も、先はわからないということだけが平等

問八　――線８「痛みと不感症は一体なのである」とありますが、その具体的な事例として適当なものを次の中から二つ選び、それぞれ記号で答えなさい。

ア　高性能な地図アプリを使うことで、これまでよりも容易にたどり着けるようになった一方で、目的地以外の場所に対する意識は遮断され、予定になかった新たな気づきに至るという現象が生じにくくなる。

イ　メッセージアプリを使うことで、手紙や電話よりも容易に他者と連絡を取り合うことができるようになった一方で、安易な言葉遣いや想像力の欠如によって意図せず相手を傷つけ、その結果他者とのつながりが遮断されるという恐れがある。

ウ　検索エンジンを使用して自分が欲しい情報を手に入れようとする際に、検索上位の情報をすぐに選ぶ一方で、それが本当に正しい情報なのか、あるいは検索下位に含まれるサイトにより有効な情報がないか、ということを考慮しなくなる。

エ　ＳＮＳを利用することで、国内にいながら海外の最先端の流行を手に入れることができたり、海外で起きている事件をリアルタイムで知ることができたりする一方で、誤った情報や悪意が含まれる情報を拡散する主体になる可能性もある。

オ　動画サイトを使用する際に、自分の趣味に合致した動画が次々と紹介されることで、次にどの動画を見ればいいかを考える必要がなくなる一方で、動画を見ることに没頭するあまり、動画視聴を中断するタイミングを逃してしまう。

三　次の文章を読んで、後の問いに答えなさい。

「茅乃《かやの》」（＝大橋茅乃、旧姓、日野原茅乃）は夫の「良輔《りょうすけ》」と中学受験を控えた娘「菜緒《なお》」と三人で暮らしている。茅乃は乳癌の再発に伴って処方された薬の副作用で、身体が思うように動かないことに苦悩している。

再発と骨への転移が判明したのは、乳癌の手術から四年後のことだった。

新種のウイルスの蔓延に伴うイベントの中止で事業の継続が難しくなり、茅乃が勤めていた会社は大幅な人員削減を発表した。仕事と子育て、そして自分の体力との兼ね合いを鑑《かんが》みて、この機会に働き方を少し変えよう。夫の良輔とも相談して早期退職制度に応募し、転職活動を始めた矢先、半年ぶりの検診でそれが伝えられた。

ショックが深く、告知を受けた直後の記憶はずいぶん曖昧だ。転職活動をひとまず取りやめて、主治医と長期的な治療の計画を話し合った。

その時、菜緒は九歳だった。知らない誰かに曖昧な説明を受けるよりはと、茅乃は休日に二人きりになる時間を設けた。ママのおっぱいが片方ないのは、昔そこが病気になって、手術でとっちゃったから。そんな大雑把な理解をしていた娘に、癌という病気の仕組みについて、再発という現象について、なるべく噛み砕いて説明した。

話し始めて三分も経たないうちに菜緒の表情が曇り、彼女の意識がみるみる内に閉じていくのがわかった。怖いのだ。母親が大病をしているなんて、子供は怖がって当たり前だろう。あまり理解できていないと承知でなんとか用意した内容を伝え、最後に、少しでも怯《おび》えを和らげたくて付け足した。

イ　刃物を使用する者が持つ実力以上に対象物を綺麗に切り分けられることと、批判された者が今まで考えていなかった発想を手にすることができるということ。

ウ　刃物を使用する者が適切に切断できるか不安に思うことなく、必要な部分だけを切断できることと、批判された者が説明するために不要な思慮を重ねる必要がないということ。

エ　刃物を使用する者が切断したくない部分までも切断するということと、批判された者が本来はする必要のない説明を批判した者に対してしなければならなくなるということ。

問四　――線5「スマートなものの『賢さ』」とありますが、その述べたものとして適当でないものを次の中から一つ選び、記号で答えなさい。

ア　スマートデバイスの「賢さ」は、ユーザーとの余計な関係性を排除するというものであり、それは痛みが根源的に持っている、「それ以外のものが何もない」という特徴と類似している。

イ　ユーザーに対して余計なことを考えさせないということにスマートデバイスの「賢さ」は発揮され、デバイスの性能が向上すればするほど、排除される余計なことは比例して増加する。

ウ　ユーザーは多くの機能を持つスマートデバイスを一つ所持することによって、その他の雑多なデバイスを持つ必要がなくなり、同時にそれらを持つことに伴う煩わしさからも解放される。

エ　スマートデバイスの「賢さ」の本質はユーザーに対して様々なことを考える煩わしさを除去することにあり、それができなければ、たとえスペックが高かったとしてもデバイスはその本質から逸脱する。

問五　――線6「少なくとも～反響が聴き取れる」とありますが、その説明として最も適当なものを次の中から選び、記号で答えなさい。

ア　社会の中から不必要なものを排除して、本当に必要なものだけで満たそうとする行為には、人間を受動的な存在にするテクノロジーを「スマート」という言葉で表現する感受性が反映されている。

イ　必要性を最重視して、人々がより質の高いサービスを享受できる社会を作ることには、人々がテクノロジーを利用することによって自分自身で考えを巡らせながら、人生を構築していきたいという願望がある。

ウ　社会には必要なものだけではなく、不必要なものも残さなければならないという考え方の背景には、テクノロジーの利用によって人々が受動的な存在になることに対する恐怖感がある。

エ　本当に必要なサービスだけで満たされている社会を築こうとする計画には、テクノロジーを利用することによって受動的な存在になるという事態に対する人々の抵抗の意志が表れている。

問六　――線7「『世界』」とありますが、ここでの「世界」とはどのようなものですか。文中の言葉を使って六〇字以内で説明しなさい。

問七　［X］に入る言葉として最も適当なものを次の中から選び、記号で答えなさい。

ア　悲観

イ　合理

ウ　必然

エ　逆説

もてないという事態を、「不感症」と呼ぶ。

スマートさの本質を考えようとするとき、その語源にある「痛み」と、アンダースがいう不感症は、表裏をなしている。痛みは人間を世界から切断する。それによって人間は痛み以外には何も感じられなくなる。同様に、スマートなテクノロジーは人間を様々な物とのかかわりから切断する。それによって人間は、自分が享受しているサービス以外には、何も感じることができなくなるのだ。この意味において、どれほど X 的に聞こえようとも、8痛みと不感症は一体なのである。

（戸谷洋志《とやひろし》『スマートな悪　技術と暴力について』講談社より）

※1　軌《き》を一《いつ》にしている…同じである様子。

問一　――線1「痛みが一挙に全身を支配する」とありますが、それはどのようなことですか。最も適当なものを次の中から選び、記号で答えなさい。

ア　部分的に与えられた激痛が痛みを受容する自分自身と「私」との関係以外のものを放棄させて、その後に部分的だった痛みが徐々に全身に広がっていき、やがて体中を痛みが侵食していくということ。

イ　一瞬にして体を占拠する痛みは、時間をかけて体に広がる痛みとは違って、痛みを与えた他者との関係すらも忘れさせ、痛みを認識する自分自身と「私」が関係するよう強要するということ。

ウ　一瞬で全身に広がる痛みは、痛みを与えた他者との関係はおろか、痛みを感じている主体としての「私」の存在すらも忘れさせ、最後には痛みという感覚だけが強調され続けるということ。

エ　時間を要することなく体中を駆け巡る痛みは、痛みという感覚以外のすべての現象、事実を「私」に捨てさせ、「私」の体を苦しめる激しい痛みを与えた他者との関係のみを強調するということ。

問二　――線2「痛みを感じていない～感じている状態の違い」とありますが、「違い」を説明したものとして最も適当なものを次の中から選び、記号で答えなさい。

ア　痛みを感じていないときは、外部から様々な感覚が体に流入することによって集中力を欠くが、痛みを感じているときは、意識がすべて痛みに注がれて、その他の感覚とは無縁となる。

イ　痛みを感じていないときは、その空間の中で認識できるさまざまな感覚をうまく統一することができるが、痛みを感じているときは、痛み以外の感覚を統一することが難しくなる。

ウ　痛みを感じていないときは、その空間の中で認識することができる感覚全てに集中することができるが、痛みを感じているときは、痛み以外のことを何も考えられないくらいに意識が散漫になる。

エ　痛みを感じていないときは、痛みから逃れる必要がないために自分が集中したいと思う対象に集中力を注ぐことができるが、痛みを感じているときは、痛みから逃れるために強制的に他の感覚への意識が生じる。

問三　――線3「刃物が鋭い」、――線4「鋭い批判」とあるが、両者の「鋭い」という意味の類似点について述べたものとして最も適当なものを後の中から選び、記号で答えなさい。

ア　刃物を使用する者がよく注意すれば、切断する必要のないものを傷つけることなく対象物を切り分けられることと、批判された者が熟慮すれば、明確に反論できるということ。

スマートさの本質を、余計なことからの解放として解釈することは、第5期科学技術基本計画の理念とも整合する。そこで超スマート社会は「必要なもの・サービスを、必要な人に、必要な時に、必要なだけ提供し、社会の様々なニーズにきめ細かに対応でき、あらゆる人が質の高いサービスを受けられ、年齢、性別、地域、言語といった様々な違いを乗り越え、活き活きと快適に暮らすことのできる社会」と定義されている。ここで畳みかけられるように語られる「必要な」という言葉には、人間が「不必要な」ものと関わる機会を徹底して排除しようとする意志が示されている。それがよいか悪いかはここでは問題ではない。しかし、6少なくともこのような必要性への執念のうちに、スマートさという言葉が抱える「痛み」の反響が聴き取れる。

注目するべきは、この超スマート社会の定義において、人間は「サービスを受けられ」る存在としてしか位置づけられていない、ということだ。こうした人間の受動性もスマートさの語源である「痛み」と連続しているように思える。言うまでもなく、痛みは受動的である。痛みによって感覚が占拠されることを、私たちは自分で望んでいるわけではない。足を痛打したとき、「あ、これは足の痛みのほうが重要だから、他の感覚のことは無視しよう」と思考して、痛みに集中するわけではない。痛みは自動的に他の感覚を排除するのであり、その際に私たちはただ痛みを受け取るだけの存在になる。

スマートなテクノロジーも同様である。私たちがあるテクノロジーをスマートだと感じるのは、そのテクノロジーを使用する際に、そもそも私たちが何も考えなくてもよいときである。自分で何かを思案したり、選択したりしなければならないものは、スマートではない。自分が望むだろう事柄を、先回りして達成したり、提案したりしてくれるテクノロジーこそが、スマートなのである。そのとき人間は文字通りただ受動的なだけの存在になる。

二〇世紀の哲学者であるギュンター・アンダースは、科学技術文明におけるこうした人間の受動性を、次のように説明している。

> 提供される製品の世界が拘束力を持っているのは、その世界が、われわれの行なうこと、われわれが行なわねばならぬこと、行ないうることも行ないえないことも――要するに、われわれの生活スタイル全体を徹底的に規定し、われわれは規定されている状態を逃れようとする意志を失っているだけではなく(意志を有するためには、絶えず目覚めていなければならない)、自分が規定されている状態に気づくことも、それとして認めることもできないからである。

アンダースによれば、そもそも製品とは、私たちが自由に使ったり、使い方を変えたりできるようなものではない。むしろそれは、特定の文脈においては使わざるをえないものであり、そしてその使い方はすでに決定されているものである。7「世界」とはそうした製品がネットワークを織りなす空間に他ならない。アンダースによれば、そうした「提供される製品の世界」は私たちの「生活スタイル全体を徹底的に規定」している。しかし、それだけではなく、そのようにライフスタイルが製品によって規定されていることに対して、私たちが「気づくことも、それとして認めることもできない」という点に、製品の世界の脅威がある。

アンダースは、このように私たちが製品の世界に対して正常な感覚を

という意味への転化を引き起こしたのではないか。

「3刃物が鋭い」という表現において意図されているのは、刃物が物体を切断しようとするとき、何にも引っかからないということ、あるいは狙っていないものを傷つけないということであろう。たとえばトマトのヘタを実から切断するために、刃の摩耗した鉈《なた》を使ったら、ヘタと実の境を精確にヒットすることができず、両者を潰してしまう。その場合には、本来は食べられるはずだった実の部分を、余計に損耗してしまうことになる。これに対して、刃の鋭い包丁であれば、ヘタと実を精確に切り分けることができる。余計なものを傷つけることなく、目的を達成することができるのだ。だからこそ、鋭い刃を使っていれば、私たちは「実を潰してしまったらどうしよう」などと余計なことを考えなくて済むのである。

こうした物体の形状の特徴としての「鋭い」が、人間のコミュニケーションに関わる事象に転用されるのも、同じ発想から説明できる。「4鋭い批判」とは何だろうか。それは核心を突いた批判だ。では核心を突いた批判とは何だろうか。それは、批判者の理解不足や誤解のために生じた批判ではなく、批判者が相手を十分に理解したうえでなされる批判である。もし、理解不足や誤解に基づいて批判がなされるなら、批判された者は、まずはもう一度同じことを説明しなければならなくなる。しかしそれはその議論にとって時間の無駄である。また、そうした説明をするとき、説明者は、どこから何を説明しなければならないのかを、あれこれ思案しなければならない。批判された者はそのときに、しっかりと説明を聞いてくれていれば話す必要がなかったこと、つまり余計なことを話さなければならなくなる。「鋭い批判」は、そうした余計な説明を省略させるからこそ、「鋭い」のである。

ここから「賢い」が立ち現れてくるのは、もはや何も不可解ではないだろう。スマートフォンが「賢い」のは、それ以外に時計、カメラ、ウォークマン、メモ帳、ボイスレコーダーといった、余計なものをもたなくて済むからだ。スマートウォッチが「賢い」のは、それ以外に、万歩計、心拍数メーター、財布といった、余計なものをもたなくて済むからだ。スマートデバイスの本質は、余計なものと関わらなくて済む、という点にある。そしてそれは、痛みが私たちを他者との関係から切断することと連続している。スマホをポケットにいれさえすれば、私たちは、時計はもったか、カメラはもったか、ウォークマンはもったか、メモ帳はもったか、ボイスレコーダーはもったか、という心労から解放される。スマートフォンさえあれば何もいらないのであり、それ以外の道具についてあれこれ考えることは必要なくなるのだ。そしてそれは、激痛に襲われるとき、私たちがそれ以外の感覚を失うことと、軌《き》※1を一《いつ》にしているのだ。

5スマートなものの「賢さ」は、痛みによる感覚の占拠がそうであるように、余計なことを感じたり、考えたりする必要がなくなることである。したがってその賢さは、たとえば、計算速度の速さや、データ容量の大きさとは本質的に関係ない。そうしたスペックがどれだけ高かったとしても、人間に対してその使い方をあれこれ考えさせるのであれば、そのプロダクトはまったくスマートではない。反対に、たとえ低スペックであるのだとしても、それによって人間の生活から思い煩《わずら》いを除去するなら、それはスマートなのである。

【国語】（五〇分）〈満点：一〇〇点〉

一 ――線（あ）～（お）のひらがなを漢字に直しなさい。

1 害虫を（あ）くちくする。
2 彼は（い）とくいな才能の持ち主だ。
3 知性を（う）かくとくする。
4 飛行機の（え）とうじょう口に向かう。
5 問題の解法が（お）かいもく見当もつかない。

二 次の文章を読んで、後の問いに答えなさい。

smartの語源である「痛み」は、その所在が肉体的苦痛から精神的苦痛に変わり、そしてそれが「刺すような」というニュアンスを帯び、「鋭い」という意味をもつことで、「賢さ」へと変化した。このような変遷を辿るとき、そこで意図されている痛みは、じわじわと蝕《むしば》まれるような痛みではなく、一挙に全身を支配する痛みである、と推察することができる。それはたとえば、刃物によってもたらされる痛み、神経を切断されることによる痛みである。

[1]痛みが一挙に全身を支配する、ということは、言い換えるならそれが「私」の感覚を占拠し、痛み以外に何も感じなくなる、ということである。何かを感じる、ということは、外からの何らかの刺激を受容することであり、その意味で外界との関係を前提としている。何かを感じるとき、それによって私たちは、その感覚を与えた他者との関係を感じることになる。しかし痛みは、他の感覚を排除することによって、そうした感覚に伴う他者との関係も排除する。この意味においてそれは、現在「私」が置かれている他者との関係を「私」に放棄させ、「私」を自分自身とだけ関係させるよう強いるのである。

[2]痛みを感じていない状態と、痛みを感じている状態の違いは、散逸と集中の対比によっても理解できる。痛みを感じていないとき、私たちは雑多な感覚に包まれている。たとえば私たちが映画館にいるとき、目ではスクリーンの映像を感じ、耳ではその音声を感じ、舌ではポップコーンの塩気を感じている。しかしこれらは必ずしも統一されていない。たとえば隣の席でスマートフォンをいじっている観客がいれば、スクリーンに集中できなくなる。耳元で大きな音でポテトチップスを食べている人がいれば、登場人物のセリフが理解できなくなる。うっかりきつすぎる服を着てきたら、苦しくて映画に集中できなくなる。これが感覚の散逸した状態である。一つの感覚に集中しようとしても、そこに別の余計な感覚が介在し、そのために集中したいと思っているものに集中できない状態だ。だからこそ映画鑑賞を趣味として極めるためには、自分の集中力を鍛えることが必要なのである。

それに対して、痛みによって感覚が占拠されている状態とは、感覚が痛みに集中しており、痛みを遮る別の感覚が存在しない状態である。だからこそ、痛みに支配されているとき、人間は余計なことを感じることから解放されている。痛みは強制的に人間を痛みだけへと集中させるのである。

このように考えるなら、それ以外のものが何もない、ということのうちに、痛みが認識に対して及ぼす独自の特徴を洞察することができるかも知れない。こうした意味合いが、「それ以外」＝「余計なこと」を配慮する必要がない、という形に理解されるようになり、ここから「鋭い」

2023年度

解　答　と　解　説

《2023年度の配点は解答欄に掲載してあります。》

＜数学解答＞

1　(1)　$-36x^3y$　(2)　$\dfrac{11x+12y-3}{12}$　(3)　$(3x+y-2)(3x-y+2)$

(4)　$-22-5\sqrt{2}$　(5)　$a=3$，$b=-10$

2　(1)　96　(2)　$-\dfrac{5}{2}$　(3)　18　(4)　32　(5)　$2\sqrt{6}+2\sqrt{2}$　(6)　$\dfrac{8\sqrt{3}}{3}$

3　(1)　$\dfrac{5}{48}$　(2)　$\dfrac{1}{8}$　(3)　$\dfrac{13}{48}$

4　(1)　$\dfrac{1}{3}$　(2)　27　(3)　$3\sqrt{2}$　(4)　$36\sqrt{2}\pi$

5　(1)　解説参照　(2)　$\dfrac{18}{5}$　(3)　$\dfrac{147}{50}$

○配点○

1　各4点×5　2　各5点×6　3　(1)　4点　(2)　5点　(3)　6点　4　(1)　4点　(4)　6点　他　各5点×2　5　(1)　5点　(2)　4点　(3)　6点　計100点

＜数学解説＞

基本　1　(数・式・平方根の計算，因数分解，二次方程式の解)

(1)　$\dfrac{27}{4}x^4y^3\times\left(-\dfrac{3}{2}xy^2\right)^2\div\left(-\dfrac{3}{4}xy^2\right)^3=\dfrac{3^3x^4y^3}{2^2}\times\dfrac{3^2x^2y^4}{2^2}\div\left(-\dfrac{3^3x^3y^6}{2^6}\right)=\dfrac{3^3x^4y^3}{2^2}\times\dfrac{3^2x^2y^4}{2^2}\times$ $\left(-\dfrac{2^6}{3^3x^3y^6}\right)=-\dfrac{2^6\times3^5x^6y^7}{2^4\times3^3x^3y^6}=-2^2\times3^2x^3y=-36x^3y$

(2)　$\dfrac{3x+y+1}{3}+\dfrac{x+y-5}{6}-\dfrac{x-2y-1}{4}=\dfrac{1}{12}\{4(3x+y+1)+2(x+y-5)-3(x-2y-1)\}=$ $\dfrac{1}{12}\{(12+2-3)x+(4+2+6)y+(4-10+3)\}=\dfrac{11x+12y-3}{12}$

(3)　$9x^2-y^2+4y-4=9x^2-(y^2-4y+4)=(3x)^2-(y-2)^2=\{3x+(y-2)\}\{3x-(y-2)\}=$

$(3x+y-2)(3x-y+2)$

(4)　$(\sqrt{2}+3)(2\sqrt{2}-5)-(3+\sqrt{2})^2=4-5\sqrt{2}+6\sqrt{2}-15-(9+6\sqrt{2}+2)=-22-5\sqrt{2}$

(5)　$x^2+ax+b=0$の2つの解をp，qとする。解と係数の関係より，$p+q=-a$…①，$pq=b$…②　一方，$x^2+x-12=(x+4)(x-3)=0$の2つの解は，$p+1=-4$，$q+1=3$　よって，$p=-5$，$q=2$　したがって，①，②から，$a=-(p+q)=3$，$b=pq=-10$

2　(数の性質，変化の割合，四分位範囲，立体図形の計量)

(1)　$x^2-y^2=105$　$(x+y)(x-y)=3\times5\times7$…①　x，yは自然数より，$x+y>0$　これと①の右辺が105(>0)より，$x+y>x-y>0$である。①を満たす$x+y$，$x-y$の組は，$(x+y,\ x-y)=$

(3×5×7, 1), (5×7, 3), (3×7, 5), (3×5, 7)　よって, $(x, y)=(53, 52), (19, 16), (13, 8), (11, 4)$　したがって, 求める和は53＋19＋13＋11＝96

(2)　$y=-4x+2$の変化の割合は－4　$y=2x^2$の変化の割合は$2\{a+(a+3)\}=4a+6$

これらが等しいことより, $4a+6=-4$　$a=-\frac{5}{2}$

(3)　$a=6b+5$(bは0以上の整数)　$9a=9(6b+5)=54b+45=27(2b+1)+18$より, 余りは18

(4)　第一四分位数は$\frac{1}{2}(42+56)=49$　第三四分位数は$\frac{1}{2}(78+84)=81$　よって, 四分位範囲は81－49＝32

重要　(5)　側面のおうぎ形の中心角は90°, $OC=4\times\frac{1}{\sqrt{2}}=2\sqrt{2}$である。右図は側面の展開図を2つ並べたものであり, ひもの最短の長さは右図で, AC＋CBになる。$AC=\sqrt{4^2+(2\sqrt{2})^2}=2\sqrt{6}$　$CB=\sqrt{4^2-(2\sqrt{2})^2}=2\sqrt{2}$　よって, $AC+CB=2\sqrt{6}+2\sqrt{2}$

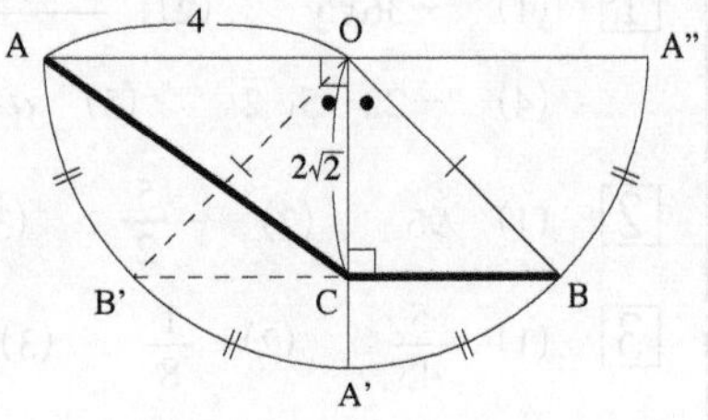

重要　(6)　右図のような平面BFHDを考える。FHの中点をIとすると, 求める長さは, Bから線分DIにひいた垂線BJである。△BJD∽△DHIより, BJ：DH＝BD：DIが成り立つ。　$BJ:4=4\sqrt{2}:2\sqrt{6}$　$BJ=\frac{8\sqrt{3}}{3}$

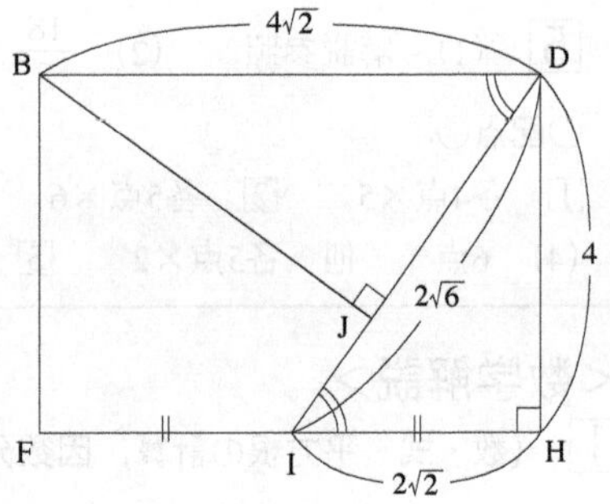

3 (確率)

(1)　取り出し方の総数は, 6×4×4通り　$d<0$になるのは, 袋Bから－を取り出し, 袋A, Cから次の10組を取り出せばよい。(袋A, 袋C)＝(0, 1), (0, 2), (0, 3), (0, 4), (1, 2), (1, 3), (1, 4), (2, 3), (2, 4), (3, 4)　よって, $\frac{10}{6\times4\times4}=\frac{5}{48}$

(2)　袋Bから－を取り出すとき, (袋A, 袋C)＝(1, 1), (2, 2), (3, 3), (4, 4)　袋Bから×を取り出すとき, (袋A, 袋C)＝(0, 1), (0, 2), (0, 3), (0, 4)　袋Bから÷を取り出すとき, (袋A, 袋C)＝(0, 1), (0, 2), (0, 3), (0, 4)　以上から, $\frac{12}{6\times4\times4}=\frac{1}{8}$

(3)　袋Bから＋を取り出すとき, (袋A, 袋C)＝(0, 2), (0, 3), (1, 1), (1, 2), (1, 4), (2, 1), (2, 3), (3, 2), (3, 4), (4, 1), (4, 3), (5, 2)　袋Bから－を取り出すとき, (袋A, 袋C)＝(3, 1), (4, 1), (4, 2), (5, 2), (5, 3)　袋Bから×を取り出すとき, (袋A, 袋C)＝(1, 2), (1, 3), (2, 1), (3, 1), (5, 1)　袋Bから÷を取り出すとき, (袋A, 袋C)＝(2, 1), (3, 1), (4, 2), (5, 1)　以上から, $\frac{26}{6\times4\times4}=\frac{13}{48}$

4 (図形と関数・グラフの融合問題)

(1)　$y=ax^2$に点Aの座標を代入して, $12=a\times6^2$　$a=\frac{1}{3}$

(2)　点A, Bからx軸にそれぞれ垂線AA', BB'をひく。平行線と線分比の定理より, AC：CB＝

A'O：OB'＝2：1であるから，点Bのx座標は-3である。よって，点Bの座標はB$(-3,\ 3)$　直線ℓの傾きは$\frac{12-3}{6-(-3)}=1$　直線ℓの式を$y=x+b$として点Bの座標を代入すると，$3=-3+b$　$b=6$　$y=x+6$　したがって，$\triangle OAB=\frac{1}{2}\times6\times\{6-(-3)\}=27$

(3)　直線ℓとx軸との交点をDとすると，△OCDは$1:1:\sqrt{2}$の直角三角形である。よって，原点Oから直線ℓに下ろした垂線の長さOHは，$OH=\frac{1}{\sqrt{2}}\times OC=\frac{1}{\sqrt{2}}\times6=3\sqrt{2}$

(4)　$\frac{1}{3}\times\pi\times OH^2\times AC=\frac{1}{3}\times\pi\times(3\sqrt{2})^2\times6\sqrt{2}=36\sqrt{2}\,\pi$

5　**(平面図形の計量)**

(1)　△ABCと△ACEにおいて，半円の弧に対する円周角は90°なので，∠ACB＝90°　仮定より，∠AEC＝90°なので，∠ACB＝∠AEC…①　また，共通な角なので，∠BAC＝∠CAE…②

①，②より，2組の角がそれぞれ等しいので，△ABC∽△ACE

(2)　(1)より，AC：AE＝AB：AC　6：AE＝10：6　$AE=\frac{18}{5}$

(3)　$CE=AC\times\frac{4}{5}=\frac{24}{5}$　△ACE∽△GAE(注1)より，$GE=AE\times\frac{3}{4}=\frac{27}{10}$

$CG=CE-GE=\frac{24}{5}-\frac{27}{10}=\frac{21}{10}$　CF∥AB(注2)より，△CGF∽△EGA

相似比はCG：EG＝7：9　面積比は49：81　したがって，$\triangle CGF=\triangle EGA\times\frac{49}{81}=\frac{1}{2}\times\frac{18}{5}\times\frac{27}{10}\times\frac{49}{81}=\frac{147}{50}$　(注1)△ACEと△GAEにおいて，(1)より，∠ABC＝∠ACE…③　仮定より∠ABC＝∠BAF…④　③，④より，∠ACE＝∠BAF…⑤　共通な角なので，∠AEC＝∠GEA…⑥　⑤，⑥より，2組の角がそれぞれ等しいので，△ACE∽△GAE　(注2)$\overset{\frown}{AC}$の円周角より，∠ABC＝∠AFC…⑦　④，⑦より，∠AFC＝∠BAF　錯角が等しいので，CF∥AB

★ワンポイントアドバイス★

基本～標準問題が出題されている。基本問題や典型的な問題を，確実に得点に結び付けていくことを心がけよう。

＜英語解答＞

1　①　brush　②　breakfast　③　subject　④　Wednesday　⑤　picks

2　(a)　3　(b)　2　(c)　4　(d)　1　(e)　2

3　(a)　2　(b)　1　(c)　3　(d)　3　(e)　4

4　(a)　イ　or　ロ　miss　(b)　イ　too　ロ　take

(c)　イ　mine　ロ　in

5　(a)　イ　5　ロ　2　(b)　イ　2　ロ　7　(c)　イ　5　ロ　1

6 We don’t have as much snow in March as [we do] in February.

7 (a) 2 (b) 3 (c) ベンがなくした20ポンド札を，シャーマンが見つけたから。
(d) 3番目 1 5番目 6 (e) 4 (f) 1 (g) 3，5

8 (a) 1 (b) 3 (c) 2 (d) 4 (e) 3 (f) チョコレートドリンクにハチミツや砂糖を加えて甘くしたこと。 (g) 3，4

○配点○
1～3 各2点×15 4 各1点×6 5 各3点×3(各完答) 6 5点
7 (c) 4点 他 各3点×7((d)完答) 8 (f) 4点 他 各3点×7 計100点

＜英語解説＞

基本 1 (語彙)

(全訳) まず，私はいつも7時30分に目覚めます。そして，起き上がり，服を着ます。風呂場に行き，顔を洗い，歯①を磨きます。②朝食にはいつもパンを食べます。／その後，通常，学校まで歩いて行きます。遅く起きた時は，時にはバスに乗ります。私の好きな③教科は歴史です。授業後，通常，学食で昼食を食べます。そこでの食事はまあまあですが，美味しくはありません。私は④水曜日と金曜日が好きです。というのは，それらの日にはピザが食べられるからです。ピザは私の好物です。／昼食を終えると，私たちはみんな外で遊びます。通常，バスケットボールをします。とても面白いです。私の一番の友人はパメラです。私たちはいつも同じチームです…でも，いつも試合に勝てるとは限りません。／放課後，私の母が私を⑤車で迎えに来てくれて，私たちは車で家まで帰ります。私は家族と一緒に夕食を食べます。各自が自らその日にあったことを話します。この時が，1日の最良の時間です。私はピザよりも私の家族の方がより好きです。 ① 「歯を磨く」brush one’s teeth ② 「朝食」breakfast ③ 「教科」subject ④ 「水曜日」Wednesday
⑤ 「～を車で迎えに行く」pick up＋人(人が代名詞の場合は pick 人 up の語順となる)

基本 2 (文法：語句補充・選択，進行形，分詞，接続詞，不定詞，現在完了，助動詞)

(a) A：「何か特別なものをお探しですか」／B：「はい，父に素敵なシャツを探しています」Are you looking for ～？進行形 ← ＜be動詞＋-ing＞「～しているところだ」look for「探す」something は疑問文では anything を使う。anything special ← ＜something [anything]＋形容詞＞「～な何か」 1 very special ＜副詞＋形容詞＞で名詞相当語句にならず，前置詞の for の後ろに置くことはできない。 2・4 somene／one だと，Bの返答に合わない。

(b) A：「むこうでスミス先生[さん]に話しかけている少女を知っていますか」／B：「はい，彼女はカルフォルニアからの新入生です」the girl speaking to ～ ← ＜名詞＋現在分詞＋他の語句＞「～している名詞」現在分詞の名詞的用法

(c) 「ようやく彼らは再会したので，話すべきことが多くあった」～，so…「～，だから…」many things to talk about ← ＜名詞＋不定詞＞ 不定詞の形容詞的用法「～するための／するべき名詞」

(d) 「10年前に卒業してから，彼に一度も会っていない」have never seen ← 現在完了＜have [has]＋過去分詞＞(完了・経験・継続・結果) 2 「すでに，まだ～ない」 3 「常に」 4 「すでに」

(e) A：「いつ薬を飲んだらよいか教えていただけませんか」／B：「食事後，1日に3回です」Could you ～？「～してくださいませんか」when to take the medicine ← ＜when＋不定

詞>「いつ～するか」 1 「何を～したらよいか」 3 「何か」 3 「しばしば」

基本 **3** (会話文問題；文の挿入，助動詞，現在完了，不定詞，受動態)

(a) A：これらの本をいつあなたは返却しなければなりませんか。／B：忘れていました。2 ブラウン先生[さん]が知っているかもしれません。／A。あっ，そうですね。彼女は図書館で勤務しているので。 <have + 不定詞>「～しなければならない／にちがいない」Ms. Brown might know. ← ここでの might は現在の実現性の低い推量を示し，「～かもしれない」の意。 1 「次の月曜日だと思います」 3 「いいえ，2週間は十分ではありません」 4 「私の姉[妹]はその町を訪れました」has visited ← <have[has]+ 過去分詞> 現在完了(完了・経験・結果・継続)

(b) A：「もしもし。ブルー・オーシャン・ホテルです。ご用件は何でしょうか」／B：「こんにちは。お宅のホテルに関して質問があります。1 子供は無料で滞在できますか」／A：いいえ，残念ですが，できません。7歳未満のいかなるゲストも10ドル払わなければなりません。How can I help you ?「いらっしゃいませ，何かご用でしょうか」for free「無料で」 2 「定期往復バスはありますか」 3 「夜遅くチェックインできますか」 4 「いつレストランは閉店しますか」

(c) A：今日，収納室を私が清掃することをお望みですか。／B：3 自分でやります。／A：わかりました。手助けが必要ならば，おしゃって下さい。 1 「はい，お願いします。あなたの手助けが必要です」 2 「まず風呂場[トイレ]を使うことが出来ます」 4 「それは棚の背後にあります」

(d) A：昨日のスピーチはどうでしたか。／B：3 上手くいったと思いました。／A：それをお聞きしてうれしいです。 I'm glad to hear that. ← <感情を表す語 + 不定詞>「～して，ある感情がわきあがる」 1 「非常に興奮していますが，少し緊張しています」<主語[人]+ be excited>「主語[人]が興奮[うきうき／わくわく]している」← <excite + 人>「(人を)興奮させる，刺激する」a little「少しだけ」 2 「私にとって長く時間がかかりました」 4 「彼は良い話し手でした」

(e) A：こんにちは，ケイティー。あなたがボランティア活動に参加したということを聞きました。／B：その通りです。4 小学校のカフェテリアで働いています。／A：あっ，それはおもしろそうですね。／B：通常，そこで子供たちに軽食を作っています。 have joined ← <have + 過去分詞>(完了・経験・結果・継続)現在完了 1 「子供達とバスケットボールをします」 2 「子供達の勉強を手伝っています」<help + 人 + with ～>「人が～するのを手伝う」 3 「物語を子供たちに読んでいます」

重要 **4** (文法：語句補充・記述，比較)

(a) <命令文，or…>「～しなさい，さもなければ…」「乗り遅れる」miss earlier ← early の比較級

(b) <too ～ + 不定詞>「～しすぎて… [不定詞]できない／… [不定詞]するにはあまりにも～」take off「～を脱ぐ」

(c) my idea → mine「私のもの」in the end「ついに，結局」agree with「～に同意する」

重要 **5** (語句整序：不定詞，比較，受動態)

(a) It takes about half an hour to walk(from here to the nearest station.) <It takes + 時間+ 不定詞>「～ [不定詞]するのに… [時間]かかる」「30分」half an hour nearest ← near「近い」の最上級

(b) Don't run with your hands in your pockets(.) <Don't + 原形> 命令文の否定形「～するな」(禁止)with A B「AがBの状態で」

(c) Who was chosen captain of the tennis club(?) choose A B「AをBに選ぶ」⇔ <A + be動詞 + chosen B>「AがBに選ばれる」本設問ではAが疑問詞 who の位置にある。

重要 **6** （文法・作文：和文英訳，比較，前置詞）

「雪が降る」have snow「AはBほど～でない」<A + not + as + 原級[+ 名詞]+ as + B>「～月に」<in + 月>

7 （長文読解問題・物語文：語句解釈，内容吟味，文整序，語句整序，語句補充・選択，要旨把握，比較，動名詞，不定詞，助動詞，前置詞，現在完了，進行形）

（全訳）「ベン，コンピューターで遊ぶのを止めて，ここに来て！　あなたはシェリーの家に行き，赤ちゃんの面倒を見なければならないの。彼女は歯痛で，私は今仕事に行かなければならないので，赤ちゃんであるシャーマンの面倒を見ることはできないの。いいこと？」

良くはなかった。ベンは“エネミー・インベーダー”を彼のコンピューターで続けたかったし，赤ちゃんであるシャーマンは世界で最も退屈な人物だった。(イ)おそらくは，彼の姉シェリーは(赤ちゃんシャーマンに)非常に近い2番手だったが。

「えっ，ダメ，シャーマンはダメだよ，お母さん。彼がするのは，ミルクを飲み，泣き叫び，床におもちゃを落とすだけ。彼は最悪さ」

「その通りね。さあ，すぐにあなたのお姉さんのシェリーのところへ行きなさい。かわいそうに，彼女はとても痛くて，歯医者に行かなければならないわ」

彼がシェリーの家に着いた時に，赤ちゃんであるシャーマンは泣き叫んでいた。彼女は赤ちゃんを彼に預けると，立ち去った。ベンは赤ちゃんの赤い顔を見ると，赤ちゃんの口から発せられる音が非常にやかましかったので，両目を閉じた。

(A)エ「シャーマン，黙って」(B)ウまるで魔法が効いたかのように，彼は泣き止み，丸い青い目でベンを見つめた。(C)アそして，彼は笑い始めた。(D)イ一瞬，ベンはもう少しで，シャーマンのことが好きになりそうだった。

「シャーマン，車遊びをしようか」

ベンはカーペットに座り，箱からおもちゃの車を取り出し始めたが，周囲を見回すと，赤ちゃんはそこにはいなかった。

「あっ，何てことだ！　シャーマン！」その時，彼はシャーマンがハイハイできるということを完全に忘れていた。彼はいたるところを見回した。彼女の赤ちゃんが行方不明になれば，シェリーは非常に腹を立てるであろうと彼は思った。彼女が彼を手にしてわずか8か月しか経過しておらず，彼は彼女の生活の中心だった。笑い声が聞こえた。台所の窓から外を見た。シャーマンは庭にいて，しかも雨が降っていた。とても汚く，泥だらけになった赤ちゃんは，庭の土を自分の口の中に入れていた。

「君は土を食べているのかい，愚かな赤ちゃん」

シェリーは怒り狂い，シャーマンは体調を崩すかもしれない，と彼は思った。彼はシャーマンを風呂場に連れて行き，風呂にお湯を入れた。彼は腕をお湯の中に入れて，熱すぎないかを確認した。それはシェリーがいつもすることだった。彼は赤ちゃんの汚れた洋服を洗濯籠の中に入れて，それらが泥だらけであることにシェリーが気づかないことを願った。

シャーマンは風呂がお気に入りの様子だった。ベンは彼に向かって少しお湯を投げかけた。幼子は笑い，彼もベンのやることをまねして，濡れた手をベンの顔に向けて振った。ベンが怒った顔をすると，シャーマンは一層笑った。風呂場のカーペットが濡れていることにベンが気づくまで，このようにして長い間2人は遊んだ。なぜカーペットが濡れたのかとシェリーは考えるだろうと彼は思った。

彼は赤ちゃんの洋服を着せて，風呂場の床を乾かし，同時に，シャーマンを注視しようとした。彼は周囲を見渡した。シャーマンは彼の上着で遊んでいた。

「あっ，ダメだよ！　シャーマン，放して」

でも，赤ちゃんは何かをつかんでいた。それは20ポンド札だった。

「(ロ)おい！　賢い赤ちゃん！」

彼は1週間前にお金をなくして，それを見つけ出すことができなかった。でも，どういうわけか，シャーマンがそれを発見してくれたのである。おそらく彼の上着の内側に滑り込んでいたのだろう。彼は一文無しだったので，幸運だった。それに，まもなくお母さんの誕生日だった。

彼はのどが渇いたので，シャーマンもそうであるに違いなかった。冷蔵庫に果物ジュースがあるのを見つけて，赤ちゃん用のコップでシャーマンに少し与えて，自分自身でもちょっと飲んだ。2人はビスケットも食べた。赤ちゃんは歯がなかったので，自分の分をしゃぶるだけだったが。

「そうだなあ，これは素敵な和やかな光景だと言える。(ハ)ベン，お前は赤ちゃんの面倒を見るのが上手であるに違いない」

シェリーは帰宅すると，以前よりも幸せそうだった。

「あなたにとって退屈過ぎでなかったならば良かったけれど」

ベンは自分の時計を見た。午後5時だった。彼はシャーマンと3時間半を過ごしたことになる。

「そんなことないよ。時間は(ニ)素早く経過したよ。全然退屈でなかった」

彼はシャーマンを見た。彼は再び笑い始めた。

「シェリー，ベビーシッターが必要ならば，いつでもやるよ」

「ありがとう，ベンおじさん」

「おじさん？」

もちろん彼はシャーマンのおじさんだった。突然，彼は(ホ)成長し，自分自身を誇らしく感じて，すぐにでも再びシャーマンの元を訪れることを確信した。

やや難　(a)　baby Sherman was the most boring person in the world という文の後に，下線部(イ) maybe his sister Sherry was a very close second(彼の姉シェリーは非常に近い2番手だった)が続いている。つまり，a very close second とは，the second most boring person very close to baby Sherman(赤ちゃんであるシャーマンに非常に近い2番目に退屈な人物)の意である。the most boring ← boring「退屈な」の最上級

基本　(b)　「赤ちゃんの泣き声がやかましかったので目を閉じた」→ (A)エ「シャーマン，黙って」→ (B)ウ「魔法が効いたかのように，彼は泣き止み，丸い青い目でベンを見つめた」→ (C)ア「そして，彼は笑い始めた」→ (D)イ「一瞬，ベンはもう少しで，シャーマンのことが好きになりそうだった」shut up「閉ざす，黙らせる，黙る」stopped screaming ← <stop + 動名詞>「～することを止める」began to laugh ← <begin + 不定詞>「～し始める」

やや難　(c)　偶然にも，赤ちゃんによって，なくした20ポンド札が見つかったことが記されていることから考えること。

重要　(d)　(You must)be good at looking after babies(, Ben.)　must「～にちがいない，しなければならない」<be動詞 + good at>「～が上手い」at looking after ← <前置詞 + 動名詞> look after「～の世話をする」

基本　(e)　空所を含む文は「時間が(　ニ　)に経過した」の意で，直後に，It wasn't boring at all.(全く退屈ではなかった)という言葉が続いている。つまり，時間の経過が速く(4 fast)感じられたということになる。<not ~ at all>「全く～でない」 1 「ゆっくりと」 2 「早く」 3 「遅く」

やや難　(f)　空所を含む文は「突然，彼は(　ホ　)感じて，まもなく再びシャーマンの元を訪れることを確信した」の意。ベビーシッターを受ける前と終えた後を比較して，空所の直前で，「ベビーシッターが必要ならば，いつでもやるよ」と述べるまでに，ベンの態度が変化した点に着目す

る。正解は，1「成長して，自分自身を誇らしく」2「気分が悪くなり，疲れを」3「厳格で，注意深く」4「真剣で，緊張を」

重要 (g) 1「シェリーの母親は歯痛のために歯医者に行かなければならなかった」(×) 歯痛で歯医者に行かなければならないのはシェリー。(第1段落第2・3文：You must go to Sherry's house and take care of the baby. She's got toothache ～／第4段落第2・3文：Now, go to your sister Sherry's house now. The poor girl is in great pain and must go to the dentist.) <had + 不定詞>「～しなければならなかった」<because of + 名詞相当語句>「～ゆえに」must「～しなければならない／ちがいない」take care of「～の世話をする，面倒を見る」She's got toothache ～ ← <have[has]+ 過去分詞> 現在完了 2「シャーマンとベンは長い間おもちゃの車で遊ぶのを楽しんだ」(×) 第8段落に「ベンはカーペットに座り，箱からおもちゃの車を取り出し始めたが，周囲を見回すと，赤ちゃんはそこにはいなかった」とあるので，不適。<enjoy + 動名詞>「～して楽しむ」3「シャーマンは自分自身で雨の中を外に出てしまった」(○) 第9段落にて，ふと目を離すと，シャーマンがいなくなっており，外を見ると，庭にシャーマンが出ていて，雨が降っている，と記されているので，一致。by oneself「独力で，ひとりで，一人きりで」it was raining ← 進行形<be動詞 + -ing> 4「ベンは怒ったので，風呂場で水をシャーマンにかけた」(×) 第12段落で，Ben made an angry face and Sherman laughed even more. とは書かれているが，怒ったことが理由で，ベンがシャーマンに水をかけた，との記述はナシ。5「20ポンドで，彼の母親の誕生日に何かすることができる，とベンは考えた」(○) 第17段落の記述に一致。6「ベンは将来決してベビーシッターになることはないだろうと思った」(×) 第25段落では，If you need a babysitter, I'll do it anytime. と述べており，最終文では，he knew he would visit Sherman again soon. と記されているので，不適。

8 (長文読解問題・論説文：文挿入，語句補充・選択，文整序，内容吟味，要旨把握，現在完了，受動態，不定詞，接続詞，比較，前置詞，動名詞，関係代名詞，分詞，進行形)

(全訳) イチョコレートは形も大きさも様々だ。棒状のキャンディー，ケーキ，アイスクリーム，バレンタインデーのハート型，イースターの巨大なウサギチョコレートさえ存在する。チョコレートを本当に愛する人々は，時には，"チョコレート中毒"と呼ばれることもある。チョコレートは中央アメリカでほぼ4000年前に最初に食された，ということを知る人は多くない。実際，"チョコレート"という語は，アステカ族の言語"xocoatl"に由来している。アステカ族は，1400年から1500年の初期の間に，現在のメキシコのほぼ全域を支配していた。

最近，科学者が，紀元前1900頃にメキシコで作られたびんに，少量のチョコレートが付着していることを発見した。当初，人々は，中央アメリカのカカオの木の豆からチョコレートを作った。でも，最初のチョコレート中毒者は，チョコレートを食べたわけではない。代わりに，彼らはそれを飲んだのである。初期のチョコレート飲料は，ホットチョコレートやチョコレートミルクのように，甘くはなかった。したがって，それらは，現在のほとんどのチョコレート飲料と比べると，苦かったのである。実際，"xocoatl"という語は，ロ"苦い水"を意味する。時には，これらの飲み物は，ワインやビールのように発酵された。

トルテック族，マヤ族，アステカ族は，皆，チョコレートを愛した。チョコレートは神の食べ物である，と彼らは信じていた。したがって，彼らはそれを宗教上の目的のために活用した。勢力を誇るマヤ人達は，死後，使うためのチョコレートの入った容器と共に埋葬された。カカオ豆はハお金としても使われた。アステカ族のある記録によると，豆一粒はメキシコの食べ物であるタマルと交換が可能であった。100粒の豆は七面鳥1匹と交換することが出来た。複数の話によると，アステカ族のある王が1519年にスペインの探検家であるヘルナンド・コルテスにチョコレートを提供したのである。

当初，スペインの探検家たちはチョコレートの味を好むことはなかった。でも，チョコレートを砂糖やハチミツと混ぜようとする者が現れた。このことにより，飲み物が甘くなり，より苦みも減った。1500年代後期までには，チョコレート飲料は，スペインの王様，女王，そして，王族の間で好まれていた。

(A)エ1600年代後期までには，多くのヨーロッパの都市の店舗でチョコレート飲料が販売された。(B)イしかし，1800年代までは，チョコレートは非常に高価なままだった。(C)ウ例えば，1657年に，イギリス，ロンドンにて，あるチョコレート店が開業した。(D)アそこでは，1ポンドのチョコレートが，10シリングから15シリングで売られていた。当時，これは通常の夕食を100食分以上買うのに十分な金額だったのである。

現在，チョコレートははるかに手に入れやすい。それは中央，南アメリカで栽培されている。東南アジアやコートジボワールのような西アフリカ諸国でも栽培されている。毎年，世界で40億キロに近いチョコレートが生産されている。従って，人々は以前よりも多くのチョコレートを食しているのである。一人当たり最も多くのチョコレートを食べているのが，ヨーロッパの人達である。何年もの間，世界で最もチョコレートを食べている国がスイスとなっている。2012年に，平均でスイス人は12キロのチョコレートを食べたことになる。

しかし，味は変化している。10年前と比べて現在は，アメリカ合衆国や多くのヨーロッパ諸国の人々のチョコレートを食べる量が減ってきている。だが，(ホ)ダークチョコレートはより人気を博している。ダークチョコレートはミルクや砂糖を使う量が少ないので，味が濃い。同時に健康に良い。少量のダークチョコレートを食べると，血圧を下げて，ストレスを抑え，いくつかの病気の予防になる，ということを研究成果が示している。

ブラジル，中国，インド，ロシア，そして，トルコの人々は，10年前と比べて，より多くのチョコレートを食べている。これらの国々のチョコレート愛好家は，おそらく，チョコレートに対して，新たな調理法や利用法を考え出すことになるだろう。このことは，(ヘ)アステカ族のチョコレート飲料に対して，スペイン人の探検家たちが行ったことに似ている。チョコレート中毒者たちは常に新しいことを試したがっていることを，4000年のチョコレートの歴史が示唆している。

やや難 (a) 空所の後に，世の中に存在する様々な種類のチョコレートの例が挙げられていることから考える。正解は1「チョコレートは形も大きさも様々だ」。<There + be動詞 + S>「Sがある，いる」 2「チョコレートはその良い味で知られてきた」has been known「知られてきた」← <have[has]been + 過去分詞> 現在完了の受動態 3「チョコレートは食事の間の特別な軽食になりうる」 4「チョコレートは休日を祝うために用いられている」is used ← <be動詞 + 過去分詞>「～されている，される」受動態 to celebrate「～を祝うために」← 不定詞の目的を示す副詞的用法

基本 (b)「初期のチョコレート飲料は，ホットチョコレートやチョコレートミルクのように甘くはなかった。したがって，それらは現在のほとんどのチョコレート飲料と比べて，より苦かった」→「実際，“xocoatl”という語は“(ロ)”を意味する」苦いチョコレート飲料を形容する選択肢としてふさわしいのは，3 bitter water「苦い水」。were not sweetened ← <be動詞 + 過去分詞>「～されている，～される」受動態 ～ So…「～である。だから…」bitterer ← bitter「苦い」の比較級 in fact「実際に」 1「甘いジュース」 2「甘いクリーム」 4「苦いバター」

やや難 (c) 空所を含む文に続き，カカオの用途として，物々交換や貢物の例が示されていることから考える。正解は2「カカオ豆はお金としても使われた」。1「動物に与えられた」 3「神から与えられた」 4「アステカ族により発見された」were used[fed／given／discovered] → <be

動詞＋過去分詞>「～される，されている」受動態

やや難 (d)「1500年代後期までに，チョコレート飲料はスペインの王様，女王，そして，王族に好まれていた」→ (A)エ「1600年代後期までには，多くのヨーロッパの都市の店舗でチョコレート飲料が販売された」→ (B)イ「しかし，1800年代までは，チョコレートは非常に高価なままだった」→ (C)ウ「例えば，1657年に，イギリス，ロンドンにて，あるチョコレート店が開業した」→ (D)ア「そこでは，1ポンドのチョコレートが，10シリングから15シリングで売られていた」→「当時，これは通常の夕食を100食分以上買うことが出来るのに十分な金額だった」by「～までには」the 1500s「1500年代」until「～まで(ずっと)」for example「例えば」<for＋値段>「(値段)で」

基本 (e) 同段落最終文で，Several studies have shown eating small amounts of dark chocolate can lower your blood pressure, reduce stress, and stop some diseases. と述べられているので，正解は，3。have shown ← <have[has]＋過去分詞>(完了・結果・経験・継続)現在完了 eating ← <原形＋-ing>「～すること」1 ダークチョコレートは砂糖とミルクの量が抑えられている(it has less milk and sugar)と述べられているので，不可。less「もっと少ない[少なく]」 2・4 記述ナシ。

やや難 (f) 第4段落第2文の some(Spanish explorers)tried mixing it[chocolate]with sugar or honey. が該当する。similar to「～に似ている」the thing Spanish explorers did「スペインの探検家がしたこと」← <先行詞(＋目的格の先行詞)＋主語＋動詞>「主語が動詞する先行詞」目的格の先行詞の省略

重要 (g) 1「4000年前にチョコレートを食べた人々は“chocoholics”と呼ばれた」(×) chocoholic の定義は，第1段落の第3文に People who really love chocolate are sometimes called “chocoholics.” と説明されている。people who ate／people who love ← <先行詞(人)＋主格の関係代名詞 who＋動詞>「動詞する先行詞」<A＋be動詞＋called＋C>「AはCと呼ばれている」 2「メキシコの科学者たちはチョコレートでできた古い容器を見つけた」(×) 第2段落第1文では，「紀元前1900年頃にメキシコで作られたびんに少量のチョコレートが付着していることを，最近，科学者が発見した」と述べられており，不一致。old jars made of chocolate／jars made in Mexico ← <名詞＋過去分詞＋他の語句>「～された名詞」過去分詞の形容詞的用法 3「1500年代に，スペインでは，金持ちや重要な人物により，チョコレート飲料が楽しまれた」(○) 第4段落最終文(By the late 1500s, chocolate drinks were popular with Spanish kings, queens, and royalty.)に一致。were enjoyed ← 受動態 <be動詞＋過去分詞>「～される，されている」the 1500s「1500年代」by「までには」 4「多くの場所で作られているので，チョコレートを得るのは今日では難しくない」(○) Today, chocolate is much easier to find. で始まる第6段落の内容に一致。getting chocolate ← 動名詞<原形＋-ing> is made ← 受動態 <be動詞＋過去分詞>「～される，されている」「～すること」<much＋比較級> 比較級の強調 easier ← easy「簡単な」の比較級 5「中国やインドの人々は新しいチョコレートビジネスを始めようと立案している」(×) 記述ナシ。are planning ← <be動詞＋-ing> 進行形 6「チョコレート愛好家は常に何か新しいことをやり損ねている」(×) 最終文で，「チョコレート中毒者は常に新しいことを試みたいと考えている」と真逆のことが述べられているので，不可。

★ワンポイントアドバイス★

1の語彙問題をここでは取り上げる。文脈から，何が当てはまるかを推測して，基本語句を正しくつづる能力が問われている。日頃より，熟語を含む基本的語い力が身につくように，地道に練習することが肝要である。

＜国語解答＞

一　1　駆逐　2　特異　3　獲得　4　搭乗　5　皆目

二　問一　イ　問二　ア　問三　ウ　問四　イ　問五　ア　問六　（例）特定の文脈でしか使えない製品によって人々の生活が徹底的に規定され，しかも生活が規定されていることに気づかないような空間。　問七　エ　問八　ア・ウ

三　問一　a　ウ　b　ウ　問二　ア　問三　ウ　問四　エ　問五　ア　問六　エ
問七　X　（例）生きようとする気力を失い，死の恐怖に襲われている様子。
Y　（例）夫と娘の心ない言葉を聞いて，生きようとする気力を自ら放棄している様子。

四　問一　a　ア　b　ア　問二　ウ　問三　エ　問四　(1)　夫の命を助
(2)　欲㆓以㆑身代㆒之　問五　エ・カ

○配点○

一　各2点×5　二　問六　6点　問八　各4点×2　他　各3点×6　三　問一　各2点×2
問六・問七　各4点×3　他　各　3点×4　四　問一　各3点×2　他　各4点×6　計100点

＜国語解説＞

一　(漢字の書き取り)

1「駆逐」とは追い払うこと，馬や車などに乗って追いかけること。2「特異」とは比べた際，何かの点ではっきり他と違って，特に優れていること。3「獲得」とは，手に入れて自分のものとすること。4「搭乗口」とは，主に飛行機などの乗り物に乗り込む際に使う，一機ごとに空港内に割り当てられた出入り口のこと。5「皆目」とは，後に打消しの語を伴って，強く否定する気持ち(まるっきり，全然)を表す。

二　(論説文―内容吟味，文脈把握，脱語補充)

問一　傍線部の後，通常何かを感じる際は，その感覚を与えた他者との関係を感じるものであるが，「痛みは，他の感覚を排除することによって，そうした感覚に伴う他者との関係も排除する。この意味において，それは，現在『私』が置かれている他者との関係を『私』に放棄させ，『私』を自分自身とだけ関係させるよう強いる」と述べている。

問二　傍線部の後に，散逸と集中の対比を映画館にいる例を挙げて説明し，観賞中に余計な邪魔が入ると，感覚の散逸した状態になり，一つの感覚に集中できなくなる。対して，痛みを感じている時は，全てがそれに集中しており，別の感覚が存在しない状態である。よって，「痛みに支配されているとき，人間は余計なことを感じることから解放されている。痛みは強制的に人間を痛みだけへと集中させる」としている。

問三　鋭い刃物は，例えばトマトであれば，ヘタと実を精確に切り分けることができるように，不必要にものを傷つけることがない。また，「鋭い批判」とは傍線部の後に，「核心を突いた批判」とあり，「批判者の理解不足や誤解のために生じた批判ではなく，批判者が相手を十分に理解し

たうえでなされる批判」とある。もし批判者が理解不足や誤解をもって批判したならば，もう一度，同じことを説明したり，どの内容から説明をすれば良いのか考えなければならないが，相手を十分に理解していたならば，そのような不必要な説明は省略されるとする。

問四　傍線部の後に，「スマートなものの『賢さ』とは，「余計なことを感じたり，考えたりする必要がなくなること」と説明し，また「その賢さは，たとえば，計算速度の速さや，データ容量の大きさとは本質的に関係ない」としている。よって，デバイスの性能向上と排除されるものは，比例関係にあるとするイは誤り。

問五　第5期科学技術基本計画の理念に，「不必要な」ものと関わる機会を排除しようとする意志が示されるように，テクノロジーを使用する際，何も考えることなく，「自分が望むだろう事柄を，先回りして達成したり，提案したりしてくれる」ものを求め，それこそがスマートであるとしている。

重要　問六　傍線部の後に，「そうした製品がネットワークを織りなす空間」とあることに着目。「そうした」とは，傍線部の前に「特定の文脈においては使わざるをえないものであり，そしてその使い方はすでに決定されているもの」とある。それは，アンダースの説明を用いるならば，「われわれの生活スタイル全体を徹底的に規定」するものであり，また生活スタイルが製品に規定されていることに，「私たちが『気づくことも，それとして認めることもできない』」と述べている。

問七　通常，「不感症」とは感覚が鈍かったり，慣れてしまって，感じられるはずのことを感じないこと。つまり，「痛み」という感覚を刺激するものとは逆説のものである。

問八　傍線部の前で，痛みは他のものから切断して，痛み以外を感じなくさせるように，「スマートなテクノロジーは人間を様々な物とのかかわりから切断する。それによって人間は，自分が享受しているサービス以外には，何も感じることができなくなる」とある。よって，地図アプリを使うことで目的地へ容易に辿り着けるようにはなったが，他の場所に対する意識や新たな気づきはなくなるとするア，また検索エンジンの上位に現れる情報のみを信じ，その信憑性や他のサイトの有効性を考えなくなるとするウが適当。

三　**（小説文－語句の意味，内容吟味，心情，文脈把握）**

問一　a「わななく」とは，恐怖・緊張・寒さなどのために体が震える，動揺するという意味。

b「居たたまれない」とは，それ以上その場所に留まっていられず落ち着かない，またそれ以上我慢できないこと。

問二　茅乃が，自身の乳癌の再発と骨への転移が生じたことを娘の菜緒に話したところ，表情が曇り，恐怖から意識を内へと閉じてしまった。それでも何とか最後まで説明し，最後に「ママは菜緒の結婚式を見るまで死なないから」と言うと，自分の結婚式は遠い未で，それまでママは生きていると思うと気持ちが和らぎ，少しでも動揺をおさえようとしている。

問三　公園に咲く菜の花を見た時，「自分はあと何度，真新しい咲きたての菜の花を見られるだろう」と考えた時，病人であることを自覚してしまい，自身が「病にのっとられ，社会から遠ざかっていく気分」になる。その一方で，その向こう側にいる，普段の生活を送っている人々との対比を表している。

問四　傍線部の前に，「ベンチの背に片手を当て，茅乃は腰痛に障らないよう慎重に立ち上がった」とある。ベンチから立ち上がるという他愛も無い動作にもかかわらず，用心して行わなければならないことに苦々しく思いながら，笑っている様子を読み取る。

問五　菜緒が手を洗ってないことを指摘したところ，最初は「……洗った」と冷静に反応していたが，「洗った！」と意志を変えないことに対して，茅乃は深く考えることもなく，突発的に娘に対して怒りが生じたのである。

問六　口論した際は，娘のことをずるいと思っていた茅乃であったが，しばらく経った後，娘の立場にたって考えた際，かわいそうだという気持ちに変化し，食事を取らせようと部屋へ向かった。しかし傍線部の後に，「落ち着かなければ，菜緒が出てきても口論になって終わりだ」とあることから，自身の痛み止めが効くまで休もうと思い，途中で声をかけるのを止め，ソファへと横たわった。

重要 問七　X　傍線部の前に，「劇的に癌を小さくし，菜緒の結婚式どころか天寿を全うさせてくれる新薬が開発される期待を捨てずにいる。てのひらの一番深い位置で握り続けている」とあり，それを捨てると，「黒い川に飲み込まれて」と続く。つまり，自身を患わせる癌を治す薬が開発されて生きることができるという希望を捨てると，待つのは死しかないという恐怖に喩えている。Y　傍線部の前に，夫と娘が会話している中に，「そんなことを言ったってしょうがないだろ，病気なんだから」と聞こえたことが書かれている。それ聞いた時，茅乃は「どうして生きているんだろう。わざわざ苦しい思いをしながら命を引き延ばして，菜緒を打ちのめして(中略)私が早く死んだ方が，夫も娘も楽になれるんじゃないか」と生きていく気力を失い，失意の底にいることを表している。

四　**(古文・漢詩―語句の意味，口語訳，脱語補充，内容吟味，その他，大意)**

〈口語訳〉〈甲〉　昔，中国に東帰の節女といったのは，長安の大昌里人という者の妻であった。その夫に敵がいた。常に隙を伺っていたけれども殺すことができなかった。敵は，節女の父を縛って女を呼び出して言うには，「お前の夫は私の大いなる敵である。その夫を私に引き渡さなかったらお前の父を殺そう」と言ったので，女が答えて言うには，「私は，夫を助けるために，どうして生み育ててくれた父親を殺させましょうか。すぐにあなたのためにわが夫を殺されるようにしましょう。私は常に楼上に寝ます。夫は東枕に寝て，私は西枕に寝ます。そこで必ず東枕の首を切りなさい」と教えて，家の帰って思うには，「父に対する恩愛の慈悲心は深く，夫に対する共に老いるまで睦まじく連れ添うという愛情は浅くはない。夫の命を救おうとすれば父の命が危ないし，父の存命をはかろうとすれば夫は死んでしまう。しかし，父を助けるために夫を敵に引き渡す(事などできない)，私が夫の身代わりとなろう」と言って，自ら東枕に寝て夫を西枕に寝かせた。敵は伺い入って，たちまち東枕の首を切って家に帰り，朝になってこれを見ると，夫の首ではなく，妻の頭であった。敵は大変悲しんで，「この女は父の為に孝行し，夫の為に忠義を尽くした。私はどうすればいいのだろうか」と言った。ついに節女の夫を呼んで，長く親子・兄弟のような親睦を持った。

〈口語訳〉〈乙〉　京師の節女は，長安の大昌里人という者の妻であった。その夫に敵がいた。その夫に報復をしようとしても方法がなかった。小耳にその妻は仁孝にして忠義あると聞く。よって，その妻の父をさらい，その妻に迫らせて中の様子を探らせようとする。父がその妻を呼んでこのことを告げる。妻が思うには，「このこと(中の様子を伝えること)を聞かなければ父を殺して，親不孝となってしまう。(また)このことを聞けば夫を殺して，不忠義となってしまう。不孝不義であれば，この世に生きていられない。(我が)身をもってこのことに当たろう。すなわち仮に許可して夜楼上にて新たに体を洗い，東枕に寝ているのは，夫である。私は，入口を開けてこれを待っていましょう」と言った。家に帰り，夫を謀って，他の所に寝かせた。自らが体を洗って楼上におり，東枕にして入口を開けて寝ていた。夜中，敵は家についに入って，首を切って帰った。朝になってこれを見ると，妻の頭であった。敵は大変悲しんで，忠義を感じ，ついに許してその夫は殺さなかった。

問一　a 「すべからく」とは，あることを必ずしなければならないという気持ちを表す。b 「いかが」とは，どのようにという意味。「せ」はサ行変格活用動詞「す」の未然形，また「ん」とは，意志の助動詞「む(ん)」の終止形。よって，「しよう」と訳す。

問二　夫を助けるために，妻は自ら東枕に寝て夫を西枕に寝かせたことが述べられている。よって，敵には夫は「東」X，私(妻)は「西」Y に寝ているので，「東」Z に寝ている者の首を切れと偽情報を与えたのである。

問三　「道」とは，ここでは方法の意味。大昌里人の夫に対して，報復したかった敵であったが，その方法が見つからなかったのである。

問四　(1)　傍線部の前半を訳すと，「不孝不義であれば，この世に生きていられない。」となる。夫を助ければ，父に対して親不孝となり，また父を助ければ夫に対して不忠義となってしまう。どちらか一方だけを助けては，もう一方に対して立つ瀬のないことを表している部分を抜き出す。

(2)「以」の前に，直下の「身」を訓んでいることから，「以」の下にレ点をつける。また「当」の前に，直下の「之」を訓んでいることから，「当」の下にレ点をつける。「当たらんと欲す」と，二語以上離れて前後逆の順番で訓んでいることから，「欲」の下には二点，「当」の下に付けてレ点を，一レ点とする。

問五　夫と父両者を助けるために，自らを犠牲にして夫の敵に首を討たせたことから，「節女」と呼ばれるようになったとするエが適当。また，節女の行動によって，敵は大変悲しんで，忠義を感じ，結果的には夫を殺すことがなかったので，カも適当。

★ワンポイントアドバイス★

現代文は，記述問題にも対応できるよう，要約やあらすじなどをまとめる練習をしておこう。古文・漢文は，頻出語句や助動詞の意味を確実に身につけておこう。

2022年度

★★★★★★★★★★★★★★★★★★★★★★★

入　試　問　題

2022年度

桐光学園高等学校入試問題

【数　学】（60分）　＜満点：100点＞

【注意】 1．定規とコンパスは使用してはいけません。

2．分数は最も簡単な分数で答えなさい。

3．根号を用いた数は，最も簡単な式で答えなさい。

4．円周率はπとします。

1 次の問いに答えなさい。

(1) $\left(-\frac{3}{4}x^3y\right)^2\times 4xy\div\left(-\frac{3}{2}x^4y^3\right)$ を計算せよ。

(2) $(\sqrt{3}+\sqrt{2})^2(\sqrt{3}-\sqrt{2})-\sqrt{2}$ を計算せよ。

(3) $8x^2-8xy+2y^2$ を因数分解せよ。

(4) 連立方程式 $\begin{cases} 3x-y=5 \\ \frac{2x+y}{2}-\frac{y-x}{3}=1 \end{cases}$ を解け。

(5) 2次方程式 $\frac{1}{4}(x-1)^2+\frac{1}{2}(x-1)-\frac{3}{4}=0$ を解け。

2 次の問いに答えなさい。

(1) $\sqrt{27(15-2n)}$ が整数となるとき，自然数nの値を求めよ。

(2) 関数$y=-2x^2$で，xの変域が$-1<x<3$のとき，yの変域を求めよ。

(3) 6個の数字0，1，2，3，4，5がある。この中から異なる4個の数字を取り出して並べてできる4桁の整数のうち，奇数は全部で何個あるか。

(4) 図で，点Oは円の中心である。$\angle x$の大きさを求めよ。

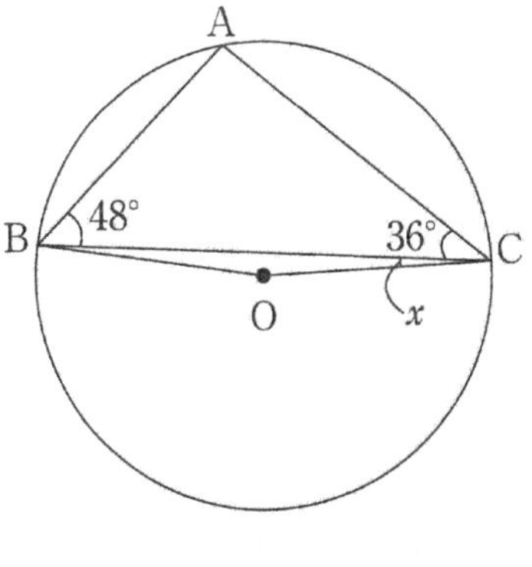

(5) 図のように，１辺の長さが４である正四面体ABCDがあり，辺ABの中点をMとする。点Mから平面ACDに下ろした垂線の長さを求めよ。

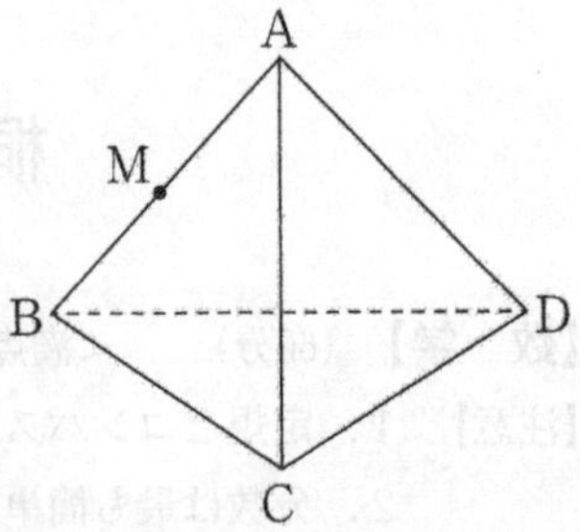

(6) 図のように，ＢＣ＝14，ＡＣ＝７の△ＡＢＣがある。辺ＢＣ上にＢＤ＝６となる点Dをとり，点Aと結ぶとAD＝７となった。さらに線分AD上にAE＝３となる点Eをとり，EとCを結ぶ。

このとき，△ABC∽△ECDであることを次のように証明した。空欄アに当てはまるものを下の選択肢㋐～㋓から選び，空欄イに当てはまる三角形の相似条件を記入せよ。

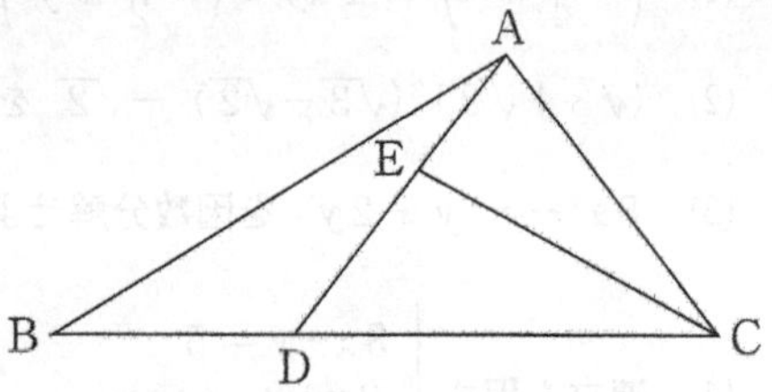

（証明）

△ABCと△ECDにおいて

仮定より

AC：ED＝７：４　　……①

BC：CD＝14：８＝７：４　　……②

△ADCは［ア］なので，

∠ACB＝∠EDC　　……③

①，②，③より

［　　　イ　　　］。

よって，△ABC∽△ECD　　（終）

空欄アの選択肢

㋐ 直角二等辺三角形　　㋑ 正三角形　　㋒ 二等辺三角形　　㋓ 直角三角形

3 大中小の３個のさいころを同時に投げ，出た目の数の積を考える。このとき，次の問いに答えなさい。

(1) 出た目の数の積が奇数となる確率を求めよ。

(2) 出た目の数の積が５の倍数となる確率を求めよ。

(3) 出た目の数の積が８の倍数となる確率を求めよ。

4 図のように，関数 $y=\frac{1}{2}x^2$ のグラフ上に３点A，B，Cがあり，x 座標はそれぞれ－２，１，４である。２点A，Cを通る直線を l とするとき，次の問いに答えなさい。

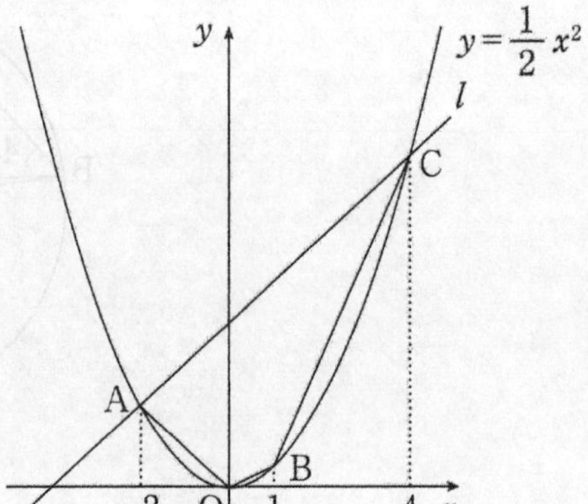

(1) 直線 l の式を求めよ。

(2) 四角形AOBCの面積を求めよ。

(3) 点Pは直線 l 上にあり，その x 座標を a とする。四角形AOBCの面積と△OPAの面積が等しくなるとき，a の値を求めよ。ただし，$a>4$ とする。

5 図のように，ABを直径とする半径５の円Oがある。円周上に点Cをとり，△ABCの３つの辺に接する円の中心を点Pとする。BP＝$2\sqrt{10}$のとき，次の問いに答えなさい。

(1) ∠ACBの大きさを求めよ。

(2) ∠APBの大きさを求めよ。

(3) 線分APの長さを求めよ。

(4) △ABCの３つの辺に接する円の半径を求めよ。

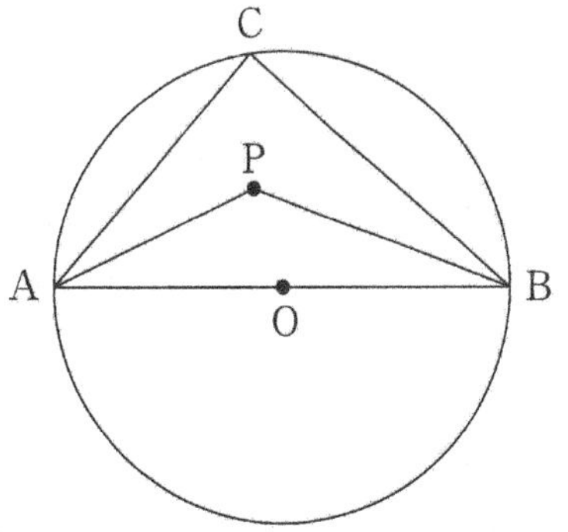

【英　語】（50分）　＜満点：100点＞

1　日本文を参考にしながら，以下の英文の下線部①～⑤の（　）に入れるのに最も ふさわしい語を答えなさい。ただし，与えられた文字で始まる語を書くこと。

For more than two ①(h　　　) years, in the traditional American classroom, a teacher stood at the ②(f　　　) of the class and lectured on a topic.　Students sat in their chairs, listened and took notes.　For homework students ③(r　　　) their textbooks.　They memorized information and took tests to show what they learned. Traditional education taught people to believe that being intelligent meant remembering information and writing about it.　Society thought that people without strong ④(l　　　) or mathematical skills were less intelligent, even if they had other abilities such as ⑤(d　　　), building, or working with animals.

200年以上もの間，従来のアメリカの教室では，教師がクラスの前に立ち，ある話題について講義をした。生徒は椅子に座って話を聞き，メモを取った。宿題をするために生徒は教科書を読んだ。彼らは知識を記憶し，テストを受けて覚えたことを示した。従来の教育では，人々は，知能が高いということは知識を記憶し，それについて書くことができるということを意味すると信じるよう教わった。社会は，たとえ絵を描いたり，ものを造ったり，動物と一緒に仕事ができるといった別の能力があったとしても，言語や数学の優れた能力がない人は知能が低いと考えていた。

2　次の(a)～(e)の文で，（　）に入れるのに最もふさわしいものを１～４の中から１つずつ選び，番号で答えなさい。

(a)　A : Andy, can I (　　　) your dictionary?
　　B : Sure.　You can use the one on my desk.
　　　1. bring　　2. borrow　　3. look　　4. lent

(b)　Sam watched TV (　　　) his mother told him to go to bed.
　　　1. that　　2. during　　3. still　　4. until

(c)　A : Excuse me, but where is the Smithsonian National Zoo?
　　B : Go straight (　　　) this street for three blocks, and you'll see it on your right.
　　　1. ahead　　2. above　　3. along　　4. about

(d)　This old car is more expensive than (　　　) other car in this shop.
　　　1. all　　2. any　　3. each　　4. else

(e)　Let's have lunch at the restaurant after the meeting is (　　　).
　　　1. over　　2. away　　3. down　　4. on

3　次の(a)～(e)の会話文で，（　）に入れるのに最もふさわしいものを１～４の中から１つずつ選び，番号で答えなさい。

(a)　A : May I take your order?
　　B : (　　　　　　　) What is today's special?

A：Today, it's roast chicken.

1．No, thank you.　　2．Check, please.

3．Let me see.　　4．Yes, I do.

(b) A：Have you seen Judy recently?

B：Not since last week.　Why?

A：(　　　　　　)

B：Really?　That's news to me.

1．I hope so.　　2．I'm just asking.

3．I thought you knew the news.　　4．I heard she's moving.

(c) A：Nice weather today, isn't it?

B：(　　　　　　)

A：That's perfect for cycling.

1．And we will go up a lot of hills.

2．And there's no wind.

3．And my tires need air.

4．And it will be rainy soon.

(d) A：I'm thinking about giving Jack a coffee machine for his birthday.

B：(　　　　　　)

A：Really?　Then I'll find something else.

1．He got one last month.　　2．He likes coffee very much.

3．He will like the machine.　　4．He may use the machine.

(e) A：I thought you were going to the library today.

B：I wanted to, but I have no car.

A：That's too bad. I can drive you there.

B：(　　　　　　)

1．That'll be a great help.　　2．I don't know how to drive.

3．I wanted to walk alone.　　4．My car will take us to the library.

4 次の(a)～(c)の日本文の意味に合うように英文をつくるとき，（イ）（ロ）に入れるのに最もふさわしい語をそれぞれ答えなさい。

(a) 私は富士山のふもとで生まれ育った。

I was born and brought（　イ　）at the（　ロ　）of Mt. Fuji.

(b) ケンはなんてテニスが上手なんでしょう。

（　イ　）（　ロ　）Ken plays tennis!

(c) 私はこれからは健康に気をつけようと思う。

I will take care of（　イ　）（　ロ　）now on.

5 次の(a)～(c)の日本文に合うように１～７を並べかえて英文をつくるとき，（イ）（ロ）に入れるものをそれぞれ番号で答えなさい。ただし，文頭にくるものも小文字にしてあります。

(a) 私はあなたの手紙を受け取ってうれしいです。

(　　)(　　)(　　)(イ)(　　)(ロ)(　　).

１．from　２．happy　３．me　４．you
５．has　６．the letter　７．made

(b) 昨日は一昨日よりもずっと気分が良かった。

I felt (イ)(　　)(ロ)(　　)(　　)(　　)(　　) yesterday.

１．than　２．before　３．better　４．the
５．much　６．day　７．yesterday

(c) 私たちは10年前に知り合いました。

(　　)(　　)(イ)(　　)(　　)(ロ)(　　) years.

１．known　２．other　３．ten　４．have
５．we　６．for　７．each

6 次の日本文を英語に直しなさい。なお，（　）に与えられた語をそのままの形で順に用いること。

この動物は英語で何と呼ぶか知っていますか。

(you ／ called)

7 次の英文を読み，設問に答えなさい。

Alex walked the several blocks to his house as quickly as he could. When he finally got home, he closed the door behind him and *leaned against it. He was tired. His wife was already asleep in bed. His dinner was on the table, but it was cold. As he took his jacket off and put his bag down, he *sighed. It was a terrible day.

Just then, he noticed his 5-year-old son standing at the door.

"Daddy, why do you always come home so late?" his son asked.

"I was working on something very important, Son," Alex said, with another sigh.

"How much money do you make an hour, Daddy?" his son asked.

"(イ) That's none of your business!" Alex said, angrily. "What are you doing up so late! You should be in bed now! Go to bed!" The boy was surprised by his father's anger. He started crying and ran up the stairs.

Alex went to the table and started to eat his cold dinner. After a moment, (ロ). "Was I too hard on him? I had a bad day, but it was not because of him. I didn't spend much time with him. I should be nicer to him." Alex thought.

Alex went upstairs and knocked on the door to his son's room.

"Son? Are you still *awake?" he asked.

"Yeah," his son said quietly.

"Can I come in?" Alex asked.

"Yeah," his son said again.

Alex opened the door and walked in. His son was in bed. Now he was not crying, but his eyes were still wet with tears.

"I'm sorry I got angry with you. I didn't mean it. It's just that Daddy's working on something very important and today was a very difficult day," Alex said.

His son nodded, but didn't say anything.

"If you want to know, I make twenty dollars an hour," Alex said.

"Could I have ten dollars, then?" his son asked.

"What?" Alex said angrily. "(ハ)Well, that explains it. You wanted to ask me for money, right?"

His son started to cry again. Alex *immediately felt bad about getting angry again. He was so tired. He didn't understand why his son was asking for money, but he was too tired to care. He just wanted to go to sleep. He had another long day ahead of him tomorrow. He had a lot of work to do.

"(ニ)Look, Son, I'm sorry. Here's ten dollars." he said. He pulled a *bill out of his wallet and gave it to his son. His son immediately stopped crying. (ホ)With an excited face, he took the ten-dollar bill. Then, he reached under his *pillow and pulled out ten *wrinkled one-dollar bills. He put the money together and *held it out to his father.

"Can I buy an hour of your time, Daddy?" the son asked.

Alex was surprised. He had no idea that the boy missed him. He told his son to keep the money, and that there would be time to play together tomorrow.

"Do you promise, Daddy?" the boy asked.

"Yes Son, I promise. We'll play tomorrow. As many hours as you like," Alex said. He tucked his son into bed and gave him a kiss. As Alex got into bed, he said to his sleeping wife, "(ヘ)I'm going to call in sick tomorrow..."

【注】 lean 寄りかかる　sigh ため息・ため息をつく　awake 起きている　immediately すぐに
bill 紙幣　pillow 枕　wrinkled しわくちゃの　hold ～ out ～を差し出す

［設問］

(a) 下線部(イ)の意味に最も近いものを次の１～４の中から１つ選び，番号で答えなさい。

1．No one in my family knows about my business!

2．You're not old enough to work for a company!

3．I don't make as much money as you!

4．It's not something that you need to know!

(b) 空所（ロ）に入れるのに最もふさわしいものを次のページの１～４の中から１つ選び，番号で答えなさい。

1．he put his fork down　　2．he felt angry at his son again
3．he counted his money　　4．he forgot all about it

(c) 下線部（ハ）の意味に最も近いものを次の1～4の中から1つ選び，番号で答えなさい。
1．そのお金が必要な理由を言いなさい。
2．私の給料を聞いたのはお金が欲しいからだろう。
3．お前が知りたいのはお金のことではなかったのだな。
4．お前は私にお金を稼いできて欲しいだけなのか。

(d) 下線部(ニ)のように言ったときのAlexの気持ちとして，最もふさわしいものを次の1～4の中から1つ選び，番号で答えなさい。
1．息子の気持ちに応えてあげたい。　2．このやりとりを早く終わらせたい。
3．息子を驚かせてやりたい。　4．誤解していたことを許してもらいたい。

(e) 下線部(ホ)のように息子が反応した理由を30字以上50字以内の日本語で説明しなさい。ただし，「10ドル」という表現を必ず用いること。

(f) 下線部(ヘ)の内容に最も近いものを次の1～4の中から1つ選び，番号で答えなさい。
1．I'm not going to work tomorrow.
2．I'm afraid I'll have a more difficult day tomorrow.
3．I'm going to see a doctor tomorrow.
4．I hope you will be better tomorrow.

(g) 本文の内容と一致するものを次の1～8の中から3つ選び，番号で答えなさい。
1．Alex was too busy at work to have much time with his family.
2．The son couldn't sleep well because he was worried about his father's health.
3．Alex didn't want his son to know that he made very little money.
4．The son couldn't tell his father his feelings at first when the father was angry.
5．Alex felt so terrible after a hard day's work that he was hard on his son.
6．The son put the money under the pillow as soon as he took it.
7．The son had a mistaken idea about his father's job.
8．Alex never understood why his son talked about money.

8 次の英文を読み，設問に答えなさい。

More and more research into the human-animal *bond shows how various cultures relate to animals and why. In all parts of the world, how people relate to animals depends on society, culture, and personal values.

The value a society gives to animals depends in large part on *economics. The human-animal bond is stronger in rich nations such as the United States, Canada, Germany, and England. The basic needs of people in these countries are satisfied, so they have enough money to take care of pets. (イ)They are also [1．interested 2．be 3．in 4．position 5．a 6．to] in animal *welfare and animal rights. In less-developed countries food, education, and health care are *scarce, and people are more likely to think that animals are important because they are useful.

Take a look at the human-animal bond *on a regional basis. In North America people don't seem to have a *consistent view of animals. Pets are family members for many people. For others, (ロ)they don't have any value at all.

Western Europeans have a more consistent view of animals than North Americans. Pets often go to stores and restaurants with their owners. There are *strict pet *ownership laws, and homeless animals are (ハ). Farm animals have greater *legal protection, and the animal rights movement is very (ニ).

Because Japan doesn't have much extra space, not many Japanese own pets, so pets are an expensive *luxury. As a result, the Japanese try to satisfy their wish for animal *companionship by renting dogs or buying one of the popular robotic pets.

The human-animal bond is weaker in parts of Southeast Asia. In some places, dogs are companions, but some Asian cultures use them as food.

In other parts of the world, especially in areas with little food, animals are not luxuries but are needed for (ホ). Africans think of animals as important tools because they are useful in their daily life. They use animals for *transportation, and cattle (cows and bulls) are a sign of *wealth.

When people first got interested in the human-animal bond, there wasn't much serious research, but that's changing. At the past two *International Conferences on Human-Animal Interactions most of the research was about positive views of the bond. These included the role of service animals and the human health *benefits of animal ownership. Some studies looked at the negative views including possible problems of pet ownership and dog phobia, or fear of dogs. Dr. Beaver is happy that scientists are doing research on the human-animal bond to find out what is good for people and good for animals, too.

【注】 bond 絆　economics 経済　welfare 幸福　scarce 不十分な
on a regional basis 地域別で　consistent view 一貫した見方　strict 厳しい
ownership 所有　legal 法的な　luxury ぜいたく品　companionship 交友
transportation 輸送　wealth 富
International Conferences on Human-Animal Interactions ヒトと動物の関係に関する国際会議
benefit 利点

［設問］

(a) 下線部(イ)を本文の内容に合う英文になるように，［ ］の１～６の語を並べかえたとき，３番目と５番目にくるものを番号で答えなさい。

(b) 下線部(ロ)の示す内容として，最もふさわしいものを次の１～４の中から１つ選び，番号で答えなさい。

１．family members　　２．many people
３．people in North America　　４．pets

(c) 空所（ハ），（ニ）に入れる語句の組み合わせとして，最もふさわしいものを次の１～４の中から１つ選び，番号で答えなさい。

１．（ハ）not seen　（ニ）slow　２．（ハ）not common　（ニ）active

３．（ハ）often seen　（ニ）quick　４．（ハ）common　（ニ）positive

(d) 空所（ホ）に入れるのに，最もふさわしいものを次の１～４の中から１つ選び，番号で答えなさい。

１．the friendship　２．the environment　３．survival　４．law

(e) 本文の内容と一致するものを次の１～８の中から３つ選び，番号で答えなさい。

１．In developed countries the human-animal bond is always stronger than in other countries.

２．In North America, more people own expensive pets as a sign of wealth.

３．In Japan, there are fewer pet owners than in other countries because they are satisfied with having popular robotic pets.

４．In Asian countries, animals are too expensive for ordinary people to own.

５．In some Asian cultures, animals such as dogs are eaten by people.

６．In Africa, animals are helpful and play important roles in their daily life.

７．The problems of pet ownership and dog phobia have become less serious.

８．Recently there have been studies on the human-animal bond that will show what brings happiness to both people and animals.

が、その説明として最も適当なものを次の中から選び、記号で答えなさい。

ア　〈甲〉では「孝孫」の父が年老いた親を疎ましく思う気持ちから山へ捨てたとするのに対し、〈乙〉では父が妻に言われたから捨てたとする点が異なる。

イ　〈甲〉では「孝孫」が帰宅後に手輿（＝輦）を山へ取りに行って持ち帰ろうとしたのに対し、〈乙〉では山から帰る際に持ち帰っている点が異なる。

ウ　〈甲〉では「孝孫」が「父を捨てる時もこの手輿（＝輦）を使うために持ち帰る」と語るのに対し、〈乙〉では「新たに作れないから持ち帰る」と語る点が異なる。

エ　〈甲〉では父の誤った認識を改めさせた「孝孫」に注目しているのに対し、〈乙〉では命を軽んじるわが子をとがめる父に注目している点が異なる。

問六　元啓（＝原谷）は、なぜ「孝孫」と呼ばれたのですか。その理由として適当なものを次の中から二つ選び、記号で答えなさい。

ア　仲違いする親たちの間をうまく取り持ったから。

イ　親不孝な父の考え方を改めさせたから。

ウ　手輿（＝輦）を持ち帰り再利用したから。

エ　父の行動から将来取るべき行動を悟ったから。

オ　祖父の命が失われるのを防いだから。

四 問題文〈甲〉・〈乙〉を読んで、後の問いに答えなさい。なお、問題文〈乙〉については設問の都合上、送り仮名や返り点を省略した部分があります。

〈甲〉

漢朝に孝孫といふ者ありけり。年十三歳なりけるが、父、妻《め》が詞《ことば》につきて、年たけたる親を山へ送って捨てぬ。孝孫幼かりけれども心ある者にて、父を諫《いさ》めけれども父用ゐず。※1元啓《げんけい》と二人、親を※2手輿《たこし》に載せて山へ送りて捨てて帰る。元啓この輿を持ちて帰らんとす。父がいはく、「持ちて帰りて何かせん」とa制してければ、「父の年たけたまひたらん時、持ちて捨てんため」と言ひけるにb心づきて、我、父を捨てば、また我を学びて、我が捨てられんことを思ひて、また親を具して帰りて養ひけり。父を諫むる計《はか》りごと、まことに智恵深くこそ。（『沙石集』巻第三）

〈乙〉

孝孫原谷者《は》楚人也。其ノ父不孝ナリ、常ニ厭《いと》フ二父之不ルヲレ死セ。時ニ父作リレ輦《てぐるま》ヲ入レレ父ヲ、与《と》二原谷一共ニ担《にな》ヒ、棄テ‐置キテ二山中ニ一還ルレ家ニ。原谷走リ還リ、齎《も》テ下来《きた》レリ載セシ二祖父ヲ一輦ヲ上。1呵嘖シテ云フ、「何故其レヲ持チ来ル耶《か》ト。」原谷答ヘテ云フ、「人ノ子ハ老父ヲ棄ツルレ山ニ者也、我ガ父老イタル時、入レテレ之ニ将ニ《す》レ棄テント。2不能更作。」爰《ここ》ニ父思‐惟シ二之ヲ一、更ニ還リ将《ひき》キテ二祖父ヲ一帰リレ家ニ、還《また》為《な》ス二孝子ト一。（『孝子伝』舟橋家本）

※1 元啓《げんけい》…孝孫と呼ばれた者の名。〈乙〉では「原谷」とする。
※2 手輿《たこし》…人や荷物を載せ、人力で担ぐ車。〈乙〉の「輦」もこれに同じ。

問一 ――線a「制してければ」・b「心づきて」とありますが、本文における意味として最も適当なものを次の中からそれぞれ選び、記号で答えなさい。

a 制してければ
ア 尋ねたところ　イ 止めたところ
ウ 忠告したところ　エ 押さえつけたところ

b 心づきて
ア 感心して　イ 思い悩んで
ウ 思い至って　エ 恐ろしくなって

問二 ――線1「呵嘖云」とありますが、その主語として最も適当なものを次の中から選び、記号で答えなさい。
ア 原谷の父　イ 原谷の母　ウ 原谷の祖父　エ 原谷

問三 ――線2「不能更作」は「更に作る能はず」と読みます。これを参考にして、解答欄に返り点を付けなさい。

問四 ＝＝線「父を諫むる計《はか》りごと」とありますが、その内容は問題文〈乙〉ではどこに当たりますか。最も適当なものを次の中から選び、記号で答えなさい。
ア 常厭二父之不レ死
イ 作レ輦入レ父
ウ 齎下来載二祖父一輦上
エ 更還将二祖父一帰レ家

問五 問題文〈甲〉・〈乙〉を比較するといくつかの相違点が見られます

セージ性に欠けており、なぜ自分の絵がこの絵に負けてしまったのか、納得できずにいる。

ウ　自分の絵よりも最優秀賞を受賞した絵が優れているとは思えなかったが、受賞した人がスピーチで述べた言葉には、滝の絵を描いていた時の自分の思いと共通する部分もあると感じている。

エ　最優秀賞を受賞した人のスピーチから、その人と震災との関係を知り、作品自体の良し悪しよりも、その作者の境遇が審査に影響しているのではないだろうかという疑念を抱いている。

オ　震災をテーマにした絵画コンクールであるにも関わらず、震災がどのような被害をもたらしたのかを明確に言葉にできないような東京の大人が審査を行うことについて、違和感を持っている。

問六　――線6「私から私が剝《は》がれていく感覚がした」とありますが、この時の「私」を説明したものとして最も適当なものを次の中から選び、記号で答えなさい。

ア　榊とのやりとりで、津波によって大きな被害を受けた人々がいるのに、水が押し寄せるような滝を題材として選んだ自分が無神経に感じられ、うろたえている。

イ　榊に自分の描いた絵をほめられ、賞を獲れなかったことは自分の画力の問題ではないと自信を取り戻し、安心して力が抜けていくような感覚になっている。

ウ　榊の言葉で、賞を獲れなかったのは自分が選んだ滝という題材のせいだと理解し、これまで信じていたものがなくなっていくような無力感におそわれている。

エ　勝手に美術室に入り、作者が目の前にいることにも気付かずに絵について持論を述べて去っていった榊の無遠慮な振る舞いに対して、いらだちを抑えきれないでいる。

問七　――線7「蹴とばそう、と思った」・8「私は私の滝を抱きしめていた」とありますが、この間の「私」についての説明として最も適当なものを次の中から選び、記号で答えなさい。

ア　榊は絵をほめてくれたものの、コンクールでは昨年よりも下の賞だったことを思い出し、悔しさを晴らすため絵を蹴とばそうとしたが、その気持ちを原動力にしてさらに技術を高め、周囲に自分の画力を認めさせようと思い直し、絵を抱きしめている。

イ　これまで自分が真剣に絵に向き合ってきたことが馬鹿らしく感じられ、絵を壊してしまえばこんな気持ちになることもないだろうと思って蹴ろうとしたが、必死に描いてきた作品も自分自身の努力も否定しきれず、絵を抱きしめることで自分の複雑な感情を受け止めようとしている。

ウ　記者の質問やコンクールの審査基準など、腑《ふ》に落ちないことばかり続いたことに加え、榊の言葉にもいらだちを感じ、絵を描くことや絵そのものが嫌になって絵を蹴ろうとしたが、一生懸命に描いた絵が壊れてしまうのはもったいないと思い直し、絵を抱きしめている。

エ　自分が描きたいものではなく、周囲が求めるような題材を選ぶべきだったという後悔から絵を蹴り壊そうとしたが、絵そのものを評価してくれたみかちゃんや榊のことが頭をよぎり、あわてて絵を抱き留め、その人たちを大切にしようという思いを強くしている。

の説明として最も適当なものを次の中から選び、記号で答えなさい。

ア　記者は絵ではなく、被災者を励まそうとする高校生に関心があるのだと気付き、そのことに違和感を覚えながらも、その場をやり過ごそうとしている。

イ　自分の思い通りの記事になるように質問の答えを誘導しようとする記者の態度に、いら立ちを募らせながらも、質問に本心を偽ることなく答えようとしている。

ウ　記者が、絵の技法に関する専門的なことや題材については何も質問してこないことに対して気分を害して、投げやりな返答ばかりしている。

エ　取材に緊張し、体もこわばっていたため、早く取材を終わらせてこの気持ちから解放されようと、質問にいい加減に答えてしまっている。

問三　――線3「私はこの絵を～言われたかったのだ」とありますが、これはどういうことですか。その説明として最も適当なものを次の中から選び、記号で答えなさい。

ア　絵を見た被災地の人々を元気づける力を持った絵であると認めてほしかったのだということ。

イ　コンクールに出展する絵を描きながらこの絵を描いた自分の努力を評価してほしかったのだということ。

ウ　作品集の表紙になるほどの絵を描いた自分の画力を認めてほしかったのだということ。

エ　作者やタイトルではなく、構図や技法など、絵そのものを評価してほしかったのだということ。

問四　――線4「この心につかえる～描き足した」とありますが、これはどういうことですか。その説明として最も適当なものを次の中から選び、記号で答えなさい。

ア　同級生や親戚たちなど、多くの人から注目を集めることを重圧に感じており、そのような感情を押し殺して、絵を描くことに神経を集中させようとしている。

イ　周りの人々は、自分の絵ではなく記者が書いた言葉に注目しているように感じられ、そんな自分の考えを打ち消そうとして絵を描くことに打ち込んでいる。

ウ　自分の描いた絵をほめてもらいたいという気持ちを浅ましいものと考え、そのような気持ちを抑えて純粋に絵を描くことと向き合おうとしている。

エ　震災で傷付いた人々の苦しみや悲しみを完全に理解することはできないが、そういった人々が希望を得られるような前向きな気持ちを、絵に表現しようとしている。

問五　――線5「高校生活最後のコンクール」とありますが、これに対する「私」の気持ちを述べたものとして適当なものを次の中から二つ選び、記号で答えなさい。

ア　コンクールに向けて、長い時間をかけて熱心に制作に取り組んできた自分に比べて、最優秀賞を受賞した人は、しばらく絵を描いていなかったことを知り、そんな人に自分が負けたことを悔しく思っている。

イ　優秀賞を受賞した絵も最優秀賞を受賞した絵も、どちらも自分より高い画力があると認められるが、最優秀賞を受賞した絵はメッ

から、だから私の滝の絵は賞を獲れなかったってことね。6私から私が剝《は》がれていく感覚がした。あーあ、そういうことだった。だった。でした。はい。なるほどね。なるほど、なの？　黙ってニセアカシアの絵を描けばよかったんだろうか。心が安らぐような、夢を抱けるような、希望や絆があって前向きなもの。鳥や、花や、空を、描けば。

「この絵を見て元気が湧いたり、明るい気持ちになって、頑張ろうって思ってもらえたらうれしいです」

　と、小さく声に出して言う。言って、左足を下げて、助走をつけて絵に向かって走る。迫力のある滝のしぶきに私が近づいていく。7蹴とばそう、と思った。こんなもの、こんなものこんなもの！　私は思い切り右足を後ろに振り上げて、その反動を使って勢いよく蹴った。いや、蹴ろうとした。「んら！」と、声が出た。しかし私は絵を蹴ることができなかった。咄嗟《とっさ》に的をずらし、イーゼルを蹴った。蹴り上げられたイーゼルの左の脚が動いてバランスが崩れ、キャンバスの滝がぐらり、と大きく揺れた。私は倒れ込もうとする滝へ駆け寄った。両手でキャンバスの両端を支えて持ち上げると、イーゼルだけが鋭い音を響かせて床へ倒れた。

　吹奏楽部の金管楽器が、ぱほおー、と、さっきから同じ音ばかりを出している。それがそういう練習だと知っていても、間抜けなものだった。夕方の美術室にひとりきり、8私は私の滝を抱きしめていた。

（くどうれいん『氷柱《つらら》の声』講談社所収「滝の絵（二〇二二）」より）

※1　顧問のみかちゃん…美術部を担当する教員。

※2　ディテール…全体に対して、細かい部分。

※3　ライフライン…生活や生命を維持するための、水道・ガス・電気などのことを指す。

※4　怒濤《どとう》…荒れ狂い、激しく打ち寄せる大波のこと。

※5　写実的とは言いにくいモチーフ…現実をありのままに表現したとは言えないような図柄。

※6　未曾有《みぞう》…これまでに一度もなかったこと。非常にめずらしいこと。

※7　イーゼル…絵を描くときにキャンバスを固定するための台。

※8　CG…コンピューターグラフィックスの略。コンピューターによって製作された画像。

問一　――線1「……描いた方がいいですか」とありますが、「私」が絵を描くことをためらっているのはなぜですか。その理由として最も適当なものを次の中から選び、記号で答えなさい。

ア　高校最後のコンクールに出展する絵に集中したい時期であるにも関わらず、同時に別の作品を描かなければならないことを負担に感じたから。

イ　連盟の人の提案する題材はどれも自分が描きたいと思えるようなものではないのに、その題材で自分に絵を描かせようとする顧問に対して反感を覚えたから。

ウ　中学の時に賞を獲ったのは確かだが、高校三年生の今になって、どうして自分がこの取り組みに推薦されたのか、理解できなかったから。

エ　現在は震災前と変わらない生活をしている自分の描いた絵に、大きな被害を受けた人の心を癒《いや》したり、希望を抱かせたりする力があるとは思えなかったから。

問二　――線2「そのあと～と答えた」とありますが、この時の「私」

いて思ったのは『絵を描きたい』という強い思いでした。いまはテニス部だし、しばらく描くことから離れていました。そんなわたしでも、絵を描いている間、わたしはわたしの内側にあるきもちと対話をすることができました。暗いがれきの中で泣いて、怒って、悲しんでいたはずの、どこに向かえばよいかわからなくなっていたわたしは、それでも最後にこの双葉を、気が付いたら、描いていました。こんな栄誉ある賞をいただき、どうしていいのか……」

と、彼女は手元のメモをちらちら見ながら、押し出すようにとぎれとぎれに言った。審査員席に並んでいる六十代くらいの女性は、ハンカチで目元を押さえていた。私も喉の奥がぐっとせりあがってきて、熱くて苦しかった。彼女の言葉には不動の滝を描いていた時の自分とどこか重なるものがある。それなのに、私は、それでも。ああ。やっぱ絵じゃないんだ。と思った。審査されているのは純粋にこの作品ではなく、「この作品を描いた高校生」なのではないか。作品と作者の不遇を紐《ひも》づけてその感動を評価に加点するならば「特別震災復興賞」という賞でも新設すればよかったのに、とすら思った。

「あのお、本当に、こういった、ね、たいへんな、※6未曾有《みぞう》の、あのお、そういう、事が起きたわけですが。こういった状況の中で、えー、筆を持つことを、うん。あきらめなかった彼女に、審査員一同、希望のひかり、そして絵の持つ力を再認識しました」

と、審査員のひとりは言った。その審査員は東京の高校の美術教師だった。震災のことを「あのお、そういう、事が起きた」としか言えないような人が言う「希望のひかり」って、いったい何なのだろう。

無冠の絵となってしまったものの、私は滝の絵をとても気に入っていた。返却された絵を改めて美術室に運び入れ、※7イーゼルの上にのせる。水面に向かって茂っている深緑色の木々。その闇を分かつような白い滝。目を閉じれば音が聞こえてくるような水しぶき。その絵の上流から下流まで三度なぞり、二歩下がってもう一度眺めた。いい絵だ、と思った。どうしてこれがあの絵に負けてしまったのか、本当はまだ納得がいかなかった。

お手洗いから戻ると、下校確認の巡回をしていた世界史の、たしか榊《さかき》という名の教師がノックもせずに美術室に入ってきて、私の絵を見た。

「※8CGみてえな絵だな、これ、リアリティがよ。部員が描いたのか?」

私は自分の絵だというのが気恥ずかしくて「そうみたいです」と答えた。

「立派な絵だよな。ちょっと、今このご時世で水がドーンっと押し寄せてきて、おまけにタイトルが『怒濤』ってのは、ちょっときつすぎるけど、俺は意外とこういう絵がすきなんだよ」

榊はキャンバスの下につけていたキャプションの紙の「怒濤」という文字を、人差し指でちろちろちろと弄《もてあそ》んでから、イオッシ！早く帰れよな、と言って、次の見回りへ行った。

榊が出ていったあと、私はしばらくこの絵に近づくことができなかった。五歩くらい離れた場所から絵を睨《にら》んでは、さっき榊が言っていた言葉を何度も頭の中で繰り返した。右足が自然に浮いて、地面について、それを繰り返す。大きな貧乏ゆすりをしている自分がいた。何度も足をあげ、おろす、あげ、おろす。指定靴のスニーカーの底の白いゴムが床につくたびに、きょ、きょ、きょ、と間抜けな音がした。なるほどね。だ私は、早く終わってほしい、と、そればかり考えていた。描かなければよかったと、そう思った。2そのあと、沿岸での思い出はあるか、将来は画家になりたいのかどうかなど聞かれて、私はそのほとんどを「いえ、とくに」と答えた。そばにいたみかちゃんは手元のファイルに目線を落として、私のほうを見ようとしなかった。記者が来週までには掲載されますので、と言いながら帰って行って、私は、みかちゃんとふたりになった。深く息を吐き、吸い、「描かなければよかったです」と、まさに言おうとしたそのとき、

「このさ、見上げるような構図。木のてっぺんから地面まで平等に、花が降っているところがすごい迫力なんだよね。光の線も、やりすぎじゃないのにちゃんと光として見える、控えめなのに力強くてさ。伊智花の絵はすごいよ。すごい」

と、みかちゃんはしみじみ言った。

「そう、なんですよ。がんばりました」

と答えて、それが涙声になっているのが分かって、お手洗いへ駆け込んで泣いた。悔しいよりも、うれしいが来た。3私はこの絵を見た人に、そう言われたかったのだ。

それからの一ヵ月間、私は不動の滝の絵を力いっぱい描いた。同級生や親戚から「新聞見たよ」と連絡が来て、そのたびに私は滝の絵に没頭した。

〈この絵を見て元気が湧いたり、明るい気持ちになって、頑張ろうって思ってもらえたらうれしいです。と、加藤伊智花（いちか）さん（盛岡大鵬《たいほう》高等学校三年）は笑顔を見せた。〉

と、その記事には書かれていた。ニセアカシアの絵のことを考えるとからだも頭も重くなるから、私は滝の絵に没頭した。光をはらんだ水しぶきに筆を重ねるごとに、それはほとばしる怒りであるような心地がした。流れろ。流れろ。流れろ。念じるように水の動きを描き加える。4この心につかえる黒い靄《もや》をすべて押し流すように、真っ白な光を、水を、描き足した。亡くなった祖母のことや賞のことは、もはや頭になかった。私は気持ちを真っ白に塗《ぬ》りなおすように、絵の前に向かった。

描き終えて、キャンバスの前に仁王立ちする。深緑の森を真っ二つに割るように、強く美しい不動の滝が、目の前に現れていた。滝だった。私が今までに描いたすべての絵の中でいちばん力強い絵だった。※4「怒《ど》濤《とう》」と名付けて、出展した。

5高校生活最後のコンクールは昨年の優秀賞よりもワンランク下がって、優良賞だった。私よりもどう見ても画力のある他校の一年生の描いた校舎の窓の絵や、着実に技術を伸ばした同学年の猫の絵が、上位に食い込んでいた。最優秀賞は、私と同じ岩手県の沿岸、大船渡《おおふなと》市の女子生徒のものだった。ごみごみとしてどす黒いがれきの下で、双葉が朝露を湛えて芽吹く絵だった。あまりにも作為的で、※5写実的とは言いにくいモチーフだった。色使いも、陰影と角材の黒の塗り分けが曖昧《あいまい》で、朝露の水滴の光り方もかなり不自然。これが最優秀賞。そんなの可笑《おか》しいだろうと思った。最優秀賞を受賞した生徒は高い位置にポニーテールをして、肌がこんがり焼けていて、明るそうな人だった。東京で行われた授賞式で、私は初めてその人の顔を見た。

「わたしはあの日、家と母を亡くしました。避難所でしばらく暮らして

て」

「被災地に、絵を?」

「そう」

「絆って、なんなんですかね。テレビもそればっかりじゃないですか」

「支え合うってこと、っていうか」

「本当に大変な思いをした人に、ちょっと電気が止まったくらいのわたしが『応援』なんて、なにをすればいいのかわかんないですよ」

「そうだね、むずかしい。でも絵を描ける伊智花だからこそ、絵の力を信じている伊智花だからこそできることもあるんじゃないか、って、わたしは思ったりもするのよ」

「じゃあ、何を描けば」

「鳥とか、空とか、花とか、心が安らぐような、夢を抱けるような、希望や絆があって前向きなもの、って、連盟の人は言ってた」

「1……描いた方がいいですか」

「描いた方が、いろいろと、いいと思う、かな」

それから私は不動の滝の絵を描きながら、〈心が安らぐような、夢を抱けるような、希望や絆があって前向きなもの〉のことを考えた。虹や、双葉が芽吹くようなものは、いくらなんでも「希望っぽすぎる」と思ってやめた。そもそも、内陸でほとんど被害を受けていない私が何を描くのもとても失礼な気がした。考えて、考えて、結局締切ぎりぎりになって、通学の道中にあるニセアカシアの白い花が降る絵を描いた。その大樹のニセアカシアは、毎年本当に雪のように降る。あまりの花の多さに、花が降るたびに顔をあげてしまう。顔をあげるから前向きな絵、と思ったが、花が散るのは不謹慎だろうか、と描きながら思って、まぶしい光の線を描き足し、タイトルを「顔をあげて」とした。みかちゃんは「これは、すごいわ」と言ってその絵を出展した。私の絵は集められた絵画の作品集の表紙になった。その作品集が被災地に届けられ、県民会館で作品展が開かれるとなったら新聞社が学校まで取材に来た。

「〈顔をあげて〉このタイトルに込めた思いはなんですか?」

と、若い女性の記者はまぶしい笑顔で言う。あ。絵じゃないんだ。と思った。枝葉のディテール※2や、影の描き方や、見上げるような構図のことじゃないんだ。時間がない中で、結構頑張って描いたのにな。取材に緊張してこわばるからだから、力がすいっと抜けていく感覚がした。この人たちは、絵ではなくて、被災地に向けてメッセージを届けようとする高校生によろこんでいるんだ。そう思ったら胃の底がぐっと低くなって、からだにずっしりとした重力がかかっているような気がしてきた。記者はいますぐ走り書きができるようにペンを構えて、期待を湛《たた》えてこちらを見ている。

「申し訳ない、というきもちです。わたしはすこしライフライン※3が止まったくらいで、たくさんのものを失った人に対して、絆なんて、がんばろうなんて、言えないです」

記者は「ンなるほど、」と言ってから、しばらくペンを親指の腹と人差し指の腹でくにくに触り、それから表紙の絵を掲《かか》げるようにして見て、言った。

「うーん。でも、この絵を見ると元気が湧いてきて、明るい気持ちになって、頑張ろうって思えると思うんですよ。この絵を見た人にどんな思いを届けたいですか?」

「そういうふうに、思ってもらえたら、うれしいですけど」

のままでは第三者による善悪の判断や責任能力が操作可能になるのではないかという懸念が強まり、技術の進歩が及ぼす悪影響について警鐘が鳴らされてきたこと。

ウ　人工授精によって生命を誕生させることが可能となったことで、生殖における偶然性についての捉え直しが起こり、今日に至るまで普遍的なものとみなされてきた人間の定義に対する懐疑的な見方が生まれてきたこと。

エ　遺伝子操作の技術が一般化し、遺伝子組み換え食品が世界的な規模で流通する今もなお、それを食べることによる人体への悪影響など、食の安全を危惧する声が上がり、「自然とは何か」という議論が繰り返し行われてきたこと。

問五　――線3「こうした～吹き飛ばす」とありますが、どのようなことですか。「こうした現実」の内容を明らかにして、説明しなさい。

問六　――線4「技術決定論～関数なのです」とありますが、どのようなことですか。その説明として最も適当なものを次の中から選び、記号で答えなさい。

ア　一見、ある技術が発達し、社会を変容させているように見えることがあるが、実際には、社会がその技術を必要なものとして意味づけ、発展させるのだと捉えるべきだということ。

イ　近代以降、社会は利用可能な技術をすべて利用することで飛躍的な進歩を遂げたが、一方では、そうした社会の進歩によって、技術も進歩を促されたという側面もあるということ。

ウ　社会全体が新たな時代に向かう中で、ある技術を必要とすることがあるが、それは技術が社会を根底から変革する力を潜在的に持っていることの、何よりの証であるということ。

エ　技術を限りなく進化するものと捉える近代の価値観は誤りではあるが、結果として、技術が近代以降の社会のあり方を常に変えてきたことは、紛れもない事実であるということ。

三　次の文章を読んで、後の問いに答えなさい。

「私（＝加藤伊智花《かとういちか》）」は、岩手県内陸部の高校に通う、美術部の生徒である。高校最後の絵画コンクールには、亡くなった祖母が好きだった「不動の滝」の絵を描こうと決め、制作を始めたが、その直後に東日本大震災が発生する。幸い伊智花の住む地域の被害は数日停電した程度で、すぐに通常の生活に戻ることができていた。

七月のある日、顧問※1のみかちゃんが一枚のプリントを持ってきた。

「やる気、ある？」

みかちゃんは、懇願のような謝罪のような何とも複雑な表情をしていた。そのプリントには〈♧絵画で被災地に届けよう、絆《きずな》のメッセージ～がんばろう岩手～〉と書いてある。

「これは」

「教育委員会がらみの連盟のほうでそういう取り組みがあるみたいで、高校生や中学生の油絵描く子たちに声かけてるんだって。伊智花、中学の時に賞獲ってるでしょう。その時審査員だった連盟の人が、伊智花に名指しでぜひ描かないかって学校に連絡があって」

「はあ」

「県民会館で飾って貰えるらしいし、画集にして被災地にも送るんだっは、技術の発展にも当てはまります。どんな技術が盛んに発展し、どんな技術が発展しないのかを決めているのは、技術そのものではなくて、その技術を利用する社会の在り方なのです。4技術決定論の主張とは逆に、社会の在り方が独立変数であり、技術はその関数なのです。

（内田《うちだ》 樹《たつる》編著『ポストコロナ期を生きるきみたちへ』晶文社所収
白井《しらい》 聡《さとし》「技術と社会」より）

※1 喧伝《けんでん》…世間に広く知らせること。
※2 いわんや…もちろん。言うまでもなく。
※3 免疫系…生体内にある、病気から体を守るシステム。
※4 好事家《こうずか》…変わったことに興味を持つ人。物好き。

問一 Ⅰ ～ Ⅲ に当てはまる言葉として適当なものをそれぞれ選び、記号で答えなさい。（ただし、同じ記号を二度使ってはいけません。）

ア しかし　イ 次々と　ウ つまり　エ 例えば
オ おそらく　カ また

問二 ――線1「『ポスト・ヒューマン』という概念・言葉」とありますが、これについて述べたものとして最も適当なものを次の中から選び、記号で答えなさい。

ア 世界の中心は科学技術であると見なすものとして、人類がＡＩ（人工知能）の支配下に置かれている状況から生まれた概念だが、科学技術を生んだ人間の万能性を根拠に、この認識が誤りだとする指摘も存在する。
イ 人間が世界の中心ではなくなったことを示す言葉だが、現代人が科学技術によってあらゆる問題を解決してきたという事実に着目すれば、科学技術中心の世界は人間中心の世界に他ならないという反論が成り立つ。
ウ 人間中心主義の時代の終わりを示すものとして、科学技術の発展を背景に登場した言葉だが、科学技術の源は人間の知性にあるという観点から、依然として世界の中心にあるのは人間だと見ることも可能である。
エ 世界の中心にあるのは人間が生み出した科学技術だという概念だが、近年、人間の万能性を証明しようとすることによって、人類に対する科学技術の優位性が明らかになってしまうという事態が生じている。

問三 Ｘ ・ Ｙ に入る言葉の組み合わせとして最も適当なものを次の中から選び、記号で答えなさい。

ア Ｘ＝近代の人間中心主義　Ｙ＝現代の人間中心主義
イ Ｘ＝真の人間中心主義　Ｙ＝極端な人間中心主義
ウ Ｘ＝倫理的人間中心主義　Ｙ＝非人間中心主義
エ Ｘ＝脱人間中心主義　Ｙ＝究極の人間中心主義

問四 ――線2「私たちの内なる自然～変わってきた」とありますが、筆者の考えを踏まえつつ、その具体例として最も適当なものを次の中から選び、記号で答えなさい。

ア 技術の発展によって臓器移植が可能になったことで、人間の死のあり方や、臓器を移植する者と移植される者との尊厳について問い直しがなされたことをきっかけに、生命の尊さを強調する近代の人間観が再評価されてきたこと。
イ 近代の始まりとともに、脳科学が飛躍的に発展したことから、こ

そして、今回の新型コロナウイルスの登場です。いま世界中の専門家がこのウイルスの研究に取り組んでいますが、一筋縄ではいきません。なにせウイルスは次々と変異し、強毒化することもあれば、弱毒化することもあります。ですから、対処として何が正解であるのかも一概には言えません。ロックダウンのために、欧米ではGDPが30％以上も下落しました。日本のGDPも30％近い下落をマークしました。それほどまでに私たちは活動を縮小させて新型コロナウイルスに打ち克とうとしてきたわけですが、このやり方が正しかったのかどうかもよくわかりません。仮に新型コロナの致死率がそれほど上がらないならば、経済縮小のために自殺に追い込まれる人の方が多くなってしまうかもしれません。もしもそうならば、活動の縮小などしない方が正解だったということになります（現にスウェーデンはそのような判断を下して実行しています）。ですが、私たちは、あまりにもわからないことが多すぎて、「仮に」とか「もしも」とかいったかたちでしか考えられないのです。また、致死率を予測することもできなければ、ロックダウンがもたらす経済的苦境による自殺者の数も予測困難です。※2いわんや、それらを比較することなどできるはずがありません。後遺症の重症度や発生率もまだわかっていません。安全なワクチンができるかどうかも、まだわかりません。本当にわからないこと尽くしです。

3こうした現実は、「私たちは自然を征服した」という「ポスト・ヒューマン」の観念を吹き飛ばすに十分なものではないでしょうか。AIが人間の思考を無用のものとする日を想像するよりも、ウイルスの変異メカニズムや、新型コロナウイルスをきわめて危険な感染症としている理由であるところの人間の※3免疫系の過剰反応（サイトカインストーム）の発生メカニズムを解明することの方が、はるかに重大な課題であることは言うまでもないでしょう。

もっと言えば、新型コロナによる危機が訪れる前、私たちはなぜ、「科学技術による自然の征服」という妄想にとり憑《つ》かれていたのか、立ち止まって考えてみるべきではないでしょうか。私たちはいま、常識に引き戻されたのです。

技術の発展は社会の在り方をどんどん変えてゆく、すなわち社会の在り方はその社会の持つ技術によって決定される、という考え方は「技術決定論」と呼ばれます。新聞記事などでよく見かける「AIの進化によって社会は激変する！」といった考えは、典型的な技術決定論です。技術決定論は、技術を独立変数として設定し、社会の在り方をその関数としてとらえます。そして、技術は進化し続けるものと想定されます。ですから、「ポスト・ヒューマン」の観念も技術決定論の一種、そのかなり極端なヴァージョンであると言えるでしょう。技術は進化し続けて、人間に成り代わって世界の中心になると言うのですから。

[Ⅱ]、この考え方は真実ではありません。なぜなら、社会はその時々に利用可能な技術をすべて利用するわけではないからです。例えば、日本の江戸時代には、正確に時を刻むことのできる時計がすでにありました。しかしそれは広く使われることはなく、※4好事家《こうずか》の珍しい玩具として流通しただけでした。なぜなら、江戸時代の人々は、正確な時間を知る必要のある生活を送っていなかったからです。工業社会化しない限り、分単位の正確な時間を知ることなど全く必要ではないのです。

[Ⅲ]、利用可能な技術のうち、どの技術が用いられ、どの技術が用いられないかを決めているのは、その社会の在り方なのです。このこと

います。臓器移植、遺伝子治療、遺伝子操作、脳科学による脳の操作等々、「生命の神秘」にかかわる領域の操作可能性が大幅に高まってきたのです。

これらの新しい技術発展による人間の身体に対する操作可能性は、近代社会が約束事として合意してきた「人間とは何か」という定義とぶつかり、その定義によって支えられてきた社会的ルールを揺るがせ、倫理的な葛藤を生じさせることになります。

例えば、「人間には理性がある（ゆえに、善悪の判断ができ、したがって罪を犯したときには責任を問われる）」という定義は、脳科学の使い方次第で変更可能になります。あるいは、人間の生殖・出生は操作できないからこそ、一人一人の人間の人としての価値には区別をつけられず、したがってあらゆる人間に対して等しく人権が認められるべきだという考えが通用してきたと思われますが、遺伝子操作によって生殖・出生に介入できるとなると、この考えが揺らいでくることにもなるはずです。どんな子供が生まれてくるかは偶然に委ねるほかないという意味で、生殖・出生はまさに強固な他者性を有していたはずなのですが、それが消滅しつつあるのです。いずれのケースも、ある人々を「非人間」と認定して社会から排除する（あるいは生まれさせない）ような状況が生じてくる可能性を示唆しています。

総じて言えば、ＡＩをめぐる狂騒、遺伝子テクノロジーをめぐる狂騒といった、※1喧伝《けんでん》されてきた「外なる自然の征服」と「内なる自然の征服」のプロジェクトは、新技術によって「より便利で安全で快適な暮らし」が可能になることを夢見させつつ、私たちの懐《いだ》いてきた人間の定義をグラグラと揺るがせるがゆえに、漠然とした不安の感情を行き渡らせてきたように思われます。

私の考えでは、新型コロナによる危機が吹き飛ばしたのは、こうした「人間の開発した技術は世界の謎を解明し尽くして、思うがままに自然を改変することができる」といった観念ではなかったでしょうか。繰り返しますが、感染症に対する人類の知識が限られていることには、驚きを禁じ得ません。新型コロナ危機に促されて、私も専門家が書いた本を読むなど感染症に関するにわか勉強を少々してみましたが、そこですぐにわかったことは、「感染症というものはよくわからないものだ」ということでした。

人類が意図的な努力によって撲滅できた感染症は天然痘ただ一つにすぎず、ペスト、エイズ、結核、エボラ等々の多様な感染症の問題は、画期的な薬やワクチンの開発によってその被害を食い止めることができるようになったものも多いとはいえ、根本的には何ら解決されていないのです。気が遠くなるほどの長い歳月にわたって、多くの優れた知性が時に自らの命を危険にさらしながら感染症の脅威と戦い、その正体を見極めようと努力を重ねてきたにもかかわらずいまだにわからないことだらけで、ある感染症の流行が収束した理由もよくわからないものがほとんどなのです。［Ｉ］、約１００年前に起こったインフルエンザのパンデミック、いわゆるスペイン風邪（１９１８～１９２０年）は、全世界で１７００万人から５０００万人もの命を奪ったと見られますが、これが収まったのも集団免疫の獲得によってであろうということまではわかっていますが、なぜそのタイミングで、どのようにして収束したのか、またウイルスの起源も、いまだわかっていません。

【国　語】（五〇分）〈満点：一〇〇点〉

一　＝＝線（あ）～（お）のひらがなを漢字に直しなさい。

1　（あ）せいこう雨読の生活。
2　（い）きひん席で食事する。
3　事の（う）しんぎを確かめる。
4　船が定時に（え）しゅっぱんする。
5　ゴッホの（お）ありゅうにある絵。

二　次の文章を読んで、後の問いに答えなさい。なお、出典は二〇二〇年十一月初版の本であり、文中における新型コロナウイルスについての記述は当時のものです。

ここ10年程の間、学問の世界では1「ポスト・ヒューマン」という概念・言葉がキーワードになってきていました。これは、近代＝人間中心主義（ヒューマニズム）の時代が終わったという時代認識を示しています。

前近代が神中心の時代だったのに対して、近代は人間中心の時代である。人間を世界の中心に据えたからこそ、「神をも畏《おそ》れぬ」仕方で自然に手を入れられるようになり、自然の法則を解明してそこに介入する技術が飛躍的に発展してきました。その結果、私たちの日常生活の有り様は、次々に激変してきたわけですが、多くの場合、これらの変化は「便利で安全で快適になった」ととらえられています。

こうして技術発展の万能性が信奉《しんぽう》されるようになると、今度は世界の中心を占めるのは人間ではなく科学技術である、ということになってきます。こうした考え方の典型が、ＡＩ（人工知能）は人間を超えるといったような議論です。一部の論者によると、人間がやってきたさまざまな知的活動は、ＡＩによってことごとくとって代わられるのだそうです。もう人間は「世界の中心」ではない――これが「ポスト・ヒューマン」という言葉の核心にある考え方です。

しかし、「ポスト・ヒューマン」は同時に、極端なまでの人間中心主義（ヒューマニズム）でもあるのです。なぜなら、科学技術をつくり出すのはもちろん人間なのですから、科学技術が万能だとすれば、それは人間の万能性を意味するからです。

ただし、「ポスト・ヒューマン」を　X　と見るにせよ、　Y　と見るにせよ、ひとつのことは確実に言えると思います。それは、「ポスト・ヒューマン」とは、「他者としての自然」が消滅した状況を指している、ということです。ここで言う「他者」とは、「自分の思う通りにはどうしてもならない相手」というような意味だととりあえず了解してください。近代の人間中心主義は、自然の他者性をどんどん縮減してきました。たとえ自然の成り立ちにわからないところがあっても、それは「まだ」わからないにすぎない（＝いつか必ずわかる）ものとしてとらえられるわけで、近代自然科学は自然の他者性を原理的には消去しているわけです。

こうして、近代の始まりと同時に自然の他者性は原理的に縮減し始めたわけですが、現代世界で起こった重要な変化は、人間の外界としての自然だけでなく、2私たちの内なる自然、つまり「自然としての人間」に対する態度が変わってきた、ということです。それは、自然物としての人間に対して手を入れる技術が飛躍的に発展してきたことと関係して

MEMO

大切なことはメモしておこうネ！

2022年度

解 答 と 解 説

《2022年度の配点は解答欄に掲載してあります。》

＜数学解答＞

1 (1) $-\frac{3}{2}x^3$ (2) $\sqrt{3}$ (3) $2(2x-y)^2$ (4) $x=1,\ y=-2$

(5) $x=-2,\ 2$

2 (1) 6 (2) $-18<y\leqq 0$ (3) 144 (4) 6 (5) $\frac{2\sqrt{6}}{3}$

(6) ア ㋒ イ 2組の辺の比とその間の角がそれぞれ等しい

3 (1) $\frac{1}{8}$ (2) $\frac{91}{216}$ (3) $\frac{1}{3}$

4 (1) $x+4$ (2) 15 (3) $\frac{11}{2}$

5 (1) 90 (2) 135 (3) $2\sqrt{5}$ (4) 2

○配点○

1 各4点×5　2 各5点×6((6)完答)　3 (1) 4点 (2) 5点 (3) 6点

4 (1) 4点 (2) 5点 (3) 6点　5 (1) 4点 (2)・(3) 各5点×2 (4) 6点

計100点

＜数学解説＞

基本 1 （式の計算，平方根の計算，因数分解，連立方程式，2次方程式）

(1) $\left(-\frac{3}{4}x^3y\right)^2\times 4xy\div\left(-\frac{3}{2}x^4y^3\right)=-\frac{9x^6y^2}{16}\times 4xy\times\frac{2}{3x^4y^3}=-\frac{3}{2}x^2$

(2) $(\sqrt{3}+\sqrt{2})^2(\sqrt{3}-\sqrt{2})-\sqrt{2}=(\sqrt{3}+\sqrt{2})(\sqrt{3}+\sqrt{2})(\sqrt{3}-\sqrt{2})-\sqrt{2}$

$=(\sqrt{3}+\sqrt{2})\{(\sqrt{3})^2-(\sqrt{2})^2\}-\sqrt{2}=(\sqrt{3}+\sqrt{2})\times 1-\sqrt{2}=\sqrt{3}+\sqrt{2}-\sqrt{2}=\sqrt{3}$

(3) $8x^2-8xy+2y^2=2(4x^2-4xy+y^2)=2(2x-y)^2$

(4) $3x-y=5$…① $\frac{2x+y}{2}-\frac{y-x}{3}=1$ 両辺を6倍して，$3(2x+y)-2(y-x)=6$

$6x+3y-2y+2x=6$ $8x+y=6$…② ①＋②から，$11x=11$ $x=1$ これを①に代入して，$3\times 1-y=5$ $y=3-5=-2$

(5) $\frac{1}{4}(x-1)^2+\frac{1}{2}(x-1)-\frac{3}{4}=0$ 両辺を4倍して，$(x-1)^2+2(x-1)-3=0$

$x-1=X$とおくと，$X^2+2X-3=0$ $(X+3)(X-1)=0$ $X=-3,\ 1$

$x-1=-3$から，$x=-2$ $x-1=1$から，$x=2$ よって，$x=-2,\ 2$

2 （平方根，関数の変化の割合，場合の数，角度，空間図形の計量問題，三角形の相似の証明問題）

(1) $\sqrt{27(15-2n)}=3\sqrt{3(15-2n)}$ $15-2n=3k^2$ (kは整数)となるnを考える。nは自然数から，$1\leqq 15-2n\leqq 13$ $15-2n$の値は，3×1^2，3×2^2のいずれかである。$15-2n=3$から，$2n=12$ $n=6$ $15-2n=12$より $2n=3$ $n=\frac{3}{2}$ これは適さない。よって，$n=6$

(2) $y=-2x^2$…① ①に$x=3$を代入して，$y=-2\times 3^2=-18$ ①は$x=0$のとき最大値0をとる

から，$-18<y\leqq 0$

(3)　一の位の数字は，1, 3, 5の3通り。千の位の数は，0と一の位の数以外の数字になるから，4通り。百の位の数字は，一の位と千の位の数字以外の数字になるから4通り。十の位の数字は，一の位と千の位と百の位の数字以外の数字になるから3通り。よって，$3\times4\times4\times3=144$(個)

(4)　△ABCで，内角の和の関係から，$\angle\mathrm{BAC}=180^\circ-(48^\circ+36^\circ)=96^\circ$
円周角の定理から，点Aを通らない方の$\angle\mathrm{BOC}=96^\circ\times2=192^\circ$
△OBCにおいて，$\angle\mathrm{BOC}=360^\circ-192^\circ=168^\circ$
△OBCは二等辺三角形だから，$\angle x=\dfrac{180^\circ-168^\circ}{2}=6^\circ$

重要　(5)　正四面体ABCDの一つの面の正三角形の高さは，$4\times\dfrac{\sqrt{3}}{2}=2\sqrt{3}$　1つの面の面積は，
$\dfrac{1}{2}\times4\times2\sqrt{3}=4\sqrt{3}$　点Aから△BCDへ垂線AHを引くと，点Hは△BCDの重心となるから，
$\mathrm{BH}=2\sqrt{3}\times\dfrac{2}{3}=\dfrac{4\sqrt{3}}{3}$　$\mathrm{AH}=\sqrt{4^2-\left(\dfrac{4\sqrt{3}}{3}\right)^2}=\sqrt{16-\dfrac{48}{9}}=\sqrt{\dfrac{144-48}{9}}=\sqrt{\dfrac{96}{9}}=\dfrac{4\sqrt{6}}{3}$
よって，正四面体ABCDの体積は，$\dfrac{1}{3}\times4\sqrt{3}\times\dfrac{4\sqrt{6}}{3}=\dfrac{16\sqrt{2}}{3}$
三角錐M－ACDの体積は，$\dfrac{16\sqrt{2}}{3}\div2=\dfrac{8\sqrt{2}}{3}$　求める垂線の長さをhとすると，
$\dfrac{1}{3}\times4\sqrt{3}\times h=\dfrac{8\sqrt{2}}{3}$　$h=\dfrac{2\sqrt{2}}{\sqrt{3}}=\dfrac{2\sqrt{6}}{3}$

基本　(6)　$\mathrm{AD}=\mathrm{AC}=7$　$\mathrm{DC}=14-6=8$　$\mathrm{DC}\neq7\sqrt{2}$ではないので，△ADCは直角三角形ではない。よって，△ADCは二等辺三角形　△ABCと△ECDは①，②，③より，2組の辺の比とその間の角がそれぞれ等しいので，△ABC∽△ECD

3　(確率)

基本　(1)　大中小の3個のさいころの目の出方は全部で，$6\times6\times6=216$(通り)　そのうち，出た目の数の積が奇数となるのは，3個の目がすべて奇数になる場合だから，$3\times3\times3=27$(通り)
よって，求める確率は，$\dfrac{27}{216}=\dfrac{1}{8}$

(2)　出た目の数の積が5の倍数にならないのは，1個も5の目が出ない場合だから，$5\times5\times5=125$(通り)　よって，求める確率は，$1-\dfrac{125}{216}=\dfrac{91}{216}$

重要　(3)　出た目の数の積が8の倍数になるのは，3個とも偶数になる場合で$3\times3\times3=27$(通り)
奇数が1個で2個が偶数で，2個の偶数が(2, 4)，(4, 6)の場合がそれぞれ$3\times1\times1\times3\times2\times1=18$(通り)　2個の偶数が(4, 4)の場合が$3\times1\times1\times3=9$(通り)　全部で，$27+18\times2+9=72$(通り)
よって，求める確率は，$\dfrac{72}{216}=\dfrac{1}{3}$

4　(図形と関数・グラフの融合問題)

基本　(1)　$y=\dfrac{1}{2}x^2$…①　①に$x=-2$，4を代入して，$y=\dfrac{1}{2}\times(-2)^2=2$，$y=\dfrac{1}{2}\times4^2=8$
A$(-2,\ 2)$，C$(4,\ 8)$　直線ℓの傾きは，$\dfrac{8-2}{4-(-2)}=1$　直線ℓの式を$y=x+b$として
点Aの座標を代入すると，$2=-2+b$　$b=4$　よって，直線ℓの式は，$y=x+4$

重要　(2)　$\triangle\mathrm{AOC}=\dfrac{1}{2}\times4\times(2+4)=12$　①に$x=1$を代入して，$y=\dfrac{1}{2}\times1^2=\dfrac{1}{2}$
B$\left(1,\ \dfrac{1}{2}\right)$　直線BCの傾きは，$\left(8-\dfrac{1}{2}\right)\div(4-1)=\dfrac{15}{2}\div3=\dfrac{5}{2}$

直線BCの式を$y=\frac{5}{2}x+c$として点Cの座標を代入すると，$8=\frac{5}{2}\times4+c$　$c=-2$

よって，直線BCの式は，$y=\frac{5}{2}x-2$…②　直線BCとx軸との交点をDとする。

②に$y=0$を代入して，$0=\frac{5}{2}x-2$　$\frac{5}{2}x=2$　$x=\frac{4}{5}$　$\mathrm{D}\left(\frac{4}{5},\ 0\right)$

$\triangle\mathrm{OBC}=\triangle\mathrm{OCD}-\triangle\mathrm{OBD}=\frac{1}{2}\times\frac{4}{5}\times8-\frac{1}{2}\times\frac{4}{5}\times\frac{1}{2}=\frac{16}{5}-\frac{1}{5}=\frac{15}{5}=3$

よって，(四角形AOBC)＝△AOC＋△OBC＝12＋3＝15

(3)　$\triangle\mathrm{OPA}=\frac{1}{2}\times4\times(2+a)=4+2a$　$4+2a=15$から，$2a=11$　$a=\frac{11}{2}$

5　(平面図形の計量問題－円の性質，角度，三平方の定理，三角形の相似)

基本　(1)　ABは円Oの直径だから，$\angle\mathrm{ACB}=90^\circ$

(2)　点Pは∠Aと∠Bの二等分線の交点である。$\angle\mathrm{PAB}+\angle\mathrm{PBA}=\frac{1}{2}\angle\mathrm{CAB}+\frac{1}{2}\angle\mathrm{CBA}$

$=\frac{1}{2}(\angle\mathrm{CAB}+\angle\mathrm{CBA})=\frac{1}{2}(180^\circ-90^\circ)=45^\circ$　△PABにおいて，内角の和の関係から，

$\angle\mathrm{APB}=180^\circ-(\angle\mathrm{PAB}+\angle\mathrm{PBA})=180^\circ-45^\circ=135^\circ$

重要　(3)　直線APと円Oとの交点をDとすると，$\angle\mathrm{ADB}=90^\circ$，$\angle\mathrm{DPB}=180^\circ-135^\circ=45^\circ$

よって，△PDBは直角二等辺三角形になるので，$\mathrm{PD}=\mathrm{DB}=\frac{\mathrm{PB}}{\sqrt{2}}=\frac{2\sqrt{10}}{\sqrt{2}}=2\sqrt{5}$

$\mathrm{AP}=x$とすると，$\mathrm{AD}=x+2\sqrt{5}$　△ADBにおいて三平方の定理を用いると，

$\mathrm{AD}^2+\mathrm{DB}^2=\mathrm{AB}^2$　$(x+2\sqrt{5})^2+(2\sqrt{5})^2=10^2$　$(x+2\sqrt{5})^2=100-20=80$

$x+2\sqrt{5}>0$から，$x+2\sqrt{5}=\sqrt{80}=4\sqrt{5}$　$x=4\sqrt{5}-2\sqrt{5}=2\sqrt{5}$

重要　(4)　点PからABへ垂線PHを引くと，PHが求める円の半径になる。　2組の角がそれぞれ等しいことから，$\triangle\mathrm{APH}\backsim\triangle\mathrm{ABD}$　よって，$\mathrm{AP}:\mathrm{AB}=\mathrm{PH}:\mathrm{BD}$　$2\sqrt{5}:10=\mathrm{PH}:2\sqrt{5}$

$\mathrm{PH}=\frac{2\sqrt{5}\times2\sqrt{5}}{10}=2$

★ワンポイントアドバイス★

2(5)は，1辺の長さがaの正四面体の体積は$\frac{\sqrt{2}}{12}a^3$で求められることを覚えておくとよい。

＜英語解答＞

1　① hundred　② front　③ read　④ language　⑤ drawing

2　(a) 2　(b) 4　(c) 3　(d) 2　(e) 1

3　(a) 3　(b) 4　(c) 2　(d) 1　(e) 1

4　(a) イ up　ロ foot　(b) イ How　ロ well　(c) イ myself　ロ from

5　(a) イ 5　ロ 3　(b) イ 5　ロ 7　(c) イ 1　ロ 6

6　Do you know what this animal is called in English ?

7　(a) 4　(b) 1　(c) 2　(d) 2　(e) 貯めていた10ドルと父からもらった10ドルで父の時間を買って，一緒に遊ぶことができると思ったから。　(f) 1　(g) 1, 4, 5

8　(a) 3番目 4　5番目 2　(b) 4　(c) 2　(d) 3　(e) 5, 6, 8

○配点○

1～3　各2点×15　4　各1点×6　5　各3点×3(各完答)　6　4点

7　(e) 6点　他　各3点×8　8　各3点×7((a)完答)　計100点

＜英語解説＞

基本　1　(単語)

① 「100」hundred

② 「前」front

③ 「読む」read

④ 「言語」language

⑤ 「絵を描く」draw　この後の単語と同様に動名詞にして入れる。

基本　2　(語句補充問題：接続詞，前置詞，比較，熟語)

(a) borrow「借りる」

(b) until「～まで」

(c) go straight along this street「通りに沿ってまっすぐ進む」

(d) ＜比較級 + than any other + 単数名詞＞「他のどの～よりも…だ」

(e) be over「終わる」

3　(会話文)

(a) Let me see.「ええっと」「ちょっと待ってください」

(b) I heard she's moving.「彼女は引っ越す予定だと聞いたよ」

(c) サイクリングに適した天気だということから判断する。

(d) 他のものをさがすと言っていることから，すでに手に入れているとわかる。

(e) great help「とても役に立つ」

重要　4　(語句補充問題：感嘆文，熟語)

(a) 「育てる」bring up　「～のふもとで」at the foot of ～

(b) ＜How + 副詞／形容詞～！＞「なんて…でしょう」

(c) 「これから」from now on

重要　5　(語句整序問題：文型，比較，現在完了)

(a) The letter from you has made me happy(.)　＜made + 人 + ～＞「人を～にする」

(b) (I felt) much better yesterday than the day before (yesterday.)　＜ much + 比較

級＞「ずっと～」と比較を強調する。

(c) We have known each other for ten (years.) each other「お互い」

6 **(和文英訳)**

「この動物は英語で何と呼ぶか」＝「この動物は英語で何と呼ばれているか」と言い換えが可能なので，受動態を用いる。また，間接疑問文は＜Do you know + 疑問詞 + 主語 + 動詞＞の語順にする。

7 **(長文読解・物語文：語句解釈，語句補充，要旨把握，内容吟味)**

(全訳) アレックスはできるだけ速く家まで数ブロック歩いて行った。ようやく家に帰ると，後ろのドアを閉め，ドアにもたれかかった。彼は疲れていた。彼の妻はすでにベッドで眠っていた。彼の夕食はテーブルの上にあったが，冷たかった。上着を脱いで鞄を下ろすと彼はため息をついた。ひどい一日だった。

ちょうどそのとき，5歳の息子がドアの前に立っているのに気づいた。

「お父さん，どうしていつもこんなに遅く帰ってくるの?」と息子が尋ねた。

「ぼうや，とても重要なことに取り組んでいたんだよ」とアレックスは別のため息をつきながら言った。

「お父さん，1時間にいくら稼いでるの？」と息子が尋ねた。

「(イ)お前には関係ない！」アレックスは怒って言った。「なにこんなに遅くまで起きてるんだ！今ベッドにいるべきだろ！寝なさい！」少年は父親の怒りに驚いた。彼は泣き出し，階段を駆け上がった。

アレックスはテーブルに行き、冷たい夕食を食べ始めた。しばらくして，(ロ)彼はフォークを置いた。「私は彼に厳しすぎたのだろうか？私は悪い一日を過ごしたが，それは彼のせいではない。私は彼とあまり多くの時を過ごさなかった。もっと優しくするべきだ」とアレックスは思った。アレックスは二階に上がり，息子の部屋のドアをノックした。

「ぼうや，まだ目を覚ましているかい？」と彼は尋ねた。

「うん」と息子は静かに言った。

「入ってもいいかい？」アレックスは尋ねた。

「うん」と息子は再び言った。

アレックスはドアを開けて中に入った。息子はベッドにいた。今は泣いていなかったが，彼の目はまだ涙で濡れていた。

「怒ってごめんな。そういう意味ではないんだ。パパがとても大切なことに取り組んでいて，今日はとても大変な日だったんだ」とアレックスは言った。

息子はうなずいたが、何も言わなかった。

「知りたいなら，パパは1時間に20ドル稼いでいるよ」とアレックスは言った。

「じゃあ，10ドルもらえる？」と息子が尋ねた。

「えっ？」アレックスは怒って言った。「(ハ)まあ，給料聞いた理由がわかったよ。俺に金を頼みたかったんだろ？」

息子は再び泣き始めた。アレックスはすぐに再び怒ることに嫌悪感を覚えた。彼はとても疲れていた。彼は息子がなぜお金を求めているのか理解できなかったが，疲れすぎて気にすることができなかった。彼はただ眠りにつきたかった。彼は明日，目の前に長い一日がある。彼にはすべきことが山ほどあった。

「(ニ)ほら，ぼうや，ごめんね。ここに10ドルがあるよ」と彼は言った。彼は財布から紙幣を取り出し，息子に渡した。息子はすぐに泣き止んだ。(ホ)彼は興奮した顔で，10ドル紙幣を手に取った。それから，彼は枕の下に手を伸ばし，しわの寄った1ドル紙幣を10枚取り出した。彼はそのお金をまとめ，父親に差し出した。

「お父さん，時間を1時間買ってもいいですか」と息子は尋ねた。

アレックスは驚いた。彼は少年が自分を恋しく思っているとは知らなかった。彼は息子にお金を取っておくように言い，明日は一緒に遊ぶ時間があるだろうと言った。

「約束だよ，お父さん」と少年は尋ねた。

「あぁ，ぼうや，約束だ。明日は遊ぼう。好きなだけたくさんの時間な」とアレックスは言った。息子をベッドに寝かせ，キスをした。アレックスはベッドに入り，眠っている妻に「(へ)明日病欠の連絡をしよう...」と言った。

(a)　none of your business「あなたには関係ないこと」という意味である。

(b)　この前の部分で「冷たい夕食を食べ始めた」とあるので，「フォークを置いた」が適切だと判断できる。

(c)　<ask + 人 + for ~>「人に～を求める」

(d)　この時のアレックスは，とても疲れていたので，息子がお金を求める理由が理解できず，眠りたいと思っていたため，早く終わらせたかったのである。

やや難　(e)　お父さんから10ドルもらったことで，自分の10ドルと合わせてお父さんの時間を買えると思ったからである。

(f)　call in sick「病欠の連絡をする」

(g)　1「アレックスは仕事で忙しすぎて家族と多くの時間を過ごせなかった」　アレックスが夕食を食べている最中，「息子とあまり多くの時間を過ごせていない」と考えているため適切。2「息子は父親の健康を心配してぐっすり眠れなかった」　息子が父親の健康を心配しているという記述はないため，不適切。3「アレックスは息子に，ほとんどお金を稼いでいないことを知られたくなかった」　アレックスは息子に関係がないことだと思ったので，給料をたずねられた時に怒ったため不適切。4「息子は父親が怒ったとき，最初は父親に自分の気持ちを伝えることができなかった」　息子は，給料をたずねたときに父親に怒られたが，なぜ尋ねたのかを言わなかったので適切。5「アレックスは一日の仕事がとてもひどく感じられ，息子に厳しくあたった」　アレックスは夕食を食べているときに，「彼に厳しすぎたのだろうか？悪い一日を過ごしたが，それは彼のせいではない」と考えているため適切。6「息子はお金を取るとすぐに枕の下に置いた」　息子は枕の下からお金を取りだしたので不適切。7「息子は父親の仕事について間違った考えを持っていた」　父親の仕事についての考えに関する記述はないため不適切。8「アレックスは息子がなぜお金について話すのか決して理解しなかった」　最初は理解できなかったが，最終的にはなぜ息子がお金を欲しがるのかを理解したため不適切。

8　(長文読解・説明文：語句整序問題[不定詞]，語句補充，指示語，内容吟味)

(全訳)　人間と動物の絆に関する研究はますます増えており，さまざまな文化が動物とどのように関係しているか，そしてその理由を示している。世界のあらゆる地域で，人々が動物とどのように関係するかは，社会，文化，そして個人的な価値観に依存する。

社会が動物に与える価値は，経済に大きく依存している。人間と動物の絆は，アメリカ，カナダ，ドイツ，イギリスなどの豊かな国でより強くなっている。これらの国の人々の基本的なニーズは満たされているので，彼らはペットの世話をするのに十分なお金を持っている。(イ)彼らはまた，動物幸福と動物の権利に関心を持つ立場にある。発展途上国では，食料，教育，医療が不足しており，動物は有用であるため重要であると考える傾向が強くなっている。

人間と動物の絆を地域ごとに見てみよう。北米では，人々は動物について一貫した見方をしていないようだ。ペットは多くの人々にとって家族の一員だ。他の人にとっては，(ロ)ペットはまったく価値がない。

西ヨーロッパの人々は，北米の人々よりも動物についてより一貫した見方をしている。ペットはしばしば飼い主と一緒に店やレストランに行く。厳格なペットの所有に関する法律があり，家のない動物は(ハ)一般的ではない。家畜はより強力な法的保護を受けており，動物の権利運動は非常に(ニ)活発だ。

日本は余計な空間があまりなく，日本人がペットを飼っている人もあまりいないため，ペットは高価な贅沢品だ。その結果，日本人は犬を借りたり，人気のあるロボットペットの1つを購入したりすることで，動物の交友の願いを満たそうとする。

人間と動物の絆は東南アジアの一部でより弱い。ある場所では犬は仲間だが，あるアジアの文化ではそれらを食物として使用する。

世界の他の地域，特に食べ物がほとんどない地域では，動物は贅沢品ではないが，(ホ)生き残るために必要だ。アフリカ人は動物が日常生活に役立つため，動物を重要な道具と考えている。彼らは輸送のために動物を使い，牛(雌牛と雄牛)は富のしるしだ。

人々が最初に人間と動物の絆に興味を持ったとき，真剣な研究はあまりなかったが，それは変わりつつある。過去2回のヒトと動物の関係に関する国際会議では，ほとんどの研究が絆の肯定的な見方に関するものだった。これらには，介助動物の役割と動物の所有による人間の健康上の利点が含まれていた。いくつかの研究は，ペットの飼い主や犬恐怖症，または犬の恐怖の可能性のある問題を含む否定的な見解を調べた。ビーバー博士は，科学者が人間と動物の絆に関する研究を行い，人間にとって何が良いのか，動物にとって何が良いのかを見つけていることを嬉しく思っている。

やや難 (a) (They are also) in a position to be interested (in animal welfare and animal rights.)
be in a position to ~「~する立場にある」

(b) 前の文の pets を指している。

(c) (ハ) ペットの所有に関する法律があるため，家のない動物は「一般的」ではない。
(ニ) 家畜は強力な法的保護を受けているため，動物の権利運動は「活発」なのである。

(d) アフリカでは，動物は重要な道具であるため，「生き残る」ために必要とされている。

(e) 1 「先進国では，人間と動物の絆は常に他の国よりも強い」 第7段落参照。アフリカでも人間と動物の絆は強いため不適切。 2 「北米では，富のしるしとして高価なペットを飼う人が増えている」 第7段落最終文参照。動物が富のしるしとなるのはアフリカであるので，不適切。 3 「日本では，人気のロボットペットを飼っていることに満足しているため，他の国よりもペットの飼い主が少ない」 第5段落参照。日本でペットの飼い主が少ない理由は，余計な空間がないためであるため，不適切。 4 「アジア諸国では，動物は普通の人が飼うには高価すぎる」 第5段落参照。動物が高価な贅沢品であるのは日本であるため不適切。 5 「アジアの一部の文化では，犬などの動物は人に食べられる」 第6段落最終文参照。アジアのある文化では犬は食用として使われるため適切。 6 「アフリカでは，動物は役に立ち，日常生活の中で重要な役割を果たしている」 第7段落第2文参照。アフリカでは，動物は日常生活で役に立つため，重要な道具と考えられているため適切。 7 「ペットの飼い主と犬恐怖症の問題はそれほど深刻ではなくなった」 第8段落第4文参照。これらの問題は否定的な見解として調べられたので不適切。 8 「最近，人間と動物の両方に幸福をもたらすものを示す人間と動物の絆に関する研究がある」 第8段落最終文参照。「科学者が人間と動物の絆に関する研究を行い，人間にとって何が良いのか，動物にとって何が良いのかを見つけている」とあるので適切。

★ワンポイントアドバイス★

長文読解問題に十分な時間を割くために，文法問題をすばやく処理したい。そのために，過去問を用いて，出題形式に慣れるようにしよう。

＜国語解答＞

一 問一 ㋐ 晴耕 ㋑ 貴賓 ㋒ 真偽 ㋓ 出帆 ㋔ 亜流

二 問一 Ⅰ エ Ⅱ ア Ⅲ ウ 問二 ウ 問三 エ 問四 ウ

問五 新型コロナがもたらした危機は，予測困難なものがあまりにも多く，科学技術によってあらゆることを思い通りにできるという人間の考え方を根底から覆すものだということ。

問六 ア

三 問一 エ 問二 ア 問三 エ 問四 イ 問五 ウ・エ 問六 ウ

問七 イ

四 問一 a イ b ウ 問二 ア 問三 不レ能二更作一 問四 ウ 問五 ウ

問六 イ・オ

○配点○

一 各2点×5 二 問一 各2点×3 問五 12点 他 各3点×4

三 問一・問二 各3点×2 問五 8点(完答) 他 各4点×4

四 問一 各3点×2 問二 4点 他 各5点×4(問六完答) 計100点

＜国語解説＞

やや難 一 (漢字の読み書き，熟語)

1 「晴耕雨読」とは，「田園で世間のわずらわしさを離れて，心穏やかに暮らすこと」。晴れた日には田畑を耕し，雨の日には家で読書をするという意から。 2 「貴賓」とは「身分の高い客のこと」。「どことなく感じられる上品さ」という意味の「気品」と混同しないように注意。 3 「真偽」とは，「本当かうそか，あるいは論理的に正しいか誤りかということ」。 4 「出帆」とは，「船が港を出ること」。 5 「亜流」とは，「第一流の人の後を追い，独創性がなく劣っていること」。

二 (論説文―接続語の問題，文脈把握，脱文・脱語補充)

基本 問一 Ⅰ 第十一段落「多様な感染症の問題は…解決されていないのです」，「ある感染症の流行が…ほとんどなのです」の具体例として，空欄Ⅰ直後からスペイン風邪のことが持ち出されているため，エ「たとえば」が適当。 Ⅱ 第十五段落の空欄Ⅱまでは「技術決定論」とその説明がなされているが，空欄Ⅱ直後では「この考え方は真実ではありません」と「技術決定論」を否定するような記述があることから，逆接のア「しかし」が適当。 Ⅲ 第十六段落では「技術決定論」が真実ではないという根拠について，時計を例に挙げつつ説明しており，それについて空欄Ⅲ直後「利用可能な…在り方なのです」で簡潔にまとめていることから，ウ「つまり」が適当。

問二 「ポスト・ヒューマン」とは，第三段落に「人間がやってきた…ではない」という考え方であると説明されている。 ア 「人類がAI(人工知能)の支配下に置かれている状況から生まれた」が誤り。本文中にそのような記述はない。 イ「現代人が…という事実」が誤り。本文中にそのような記述はない。科学技術はあくまで人間の知的活動にとって代わられる，という考え方である。 エ「近年，…ことによって」が誤り。そうではなく，第四段落にある通り「科学技術をつくり出すのは…意味する」とあるように，仮に科学技術が万能なのであれば，それを作る人間が万能であるということになる，というだけである。

問三　「と見るにせよ」でXとYがつながれているため，XとYは筆者にとって等しい価値を持つものであるということ，さらにこの一文が「ただし」と補足をする目的で記述されているということから，この前に「ポスト・ヒューマン」についてなされていた「人間中心主義(ヒューマニズム)の時代が終わった」「極端なまでの人間中心主義(ヒューマニズム)という両端の見方があてはまる。よってエが適当。

問四　まず，傍線部2に「『自然としての人間』」に対する態度が変わってきたとあることから，「自然」をそのまま食品植物ととらえているエはまず不適当。傍線部2については，「自然物としての…高まってきた」ことで，「近代社会が…葛藤を生じさせる」というように「変わってきた」と言える。ア・イはこの「人間とは何か」という定義の揺るぎということに言及できていないため誤り。

重要　問五　「こうした現実」とは，第十二段落で致死率や自殺者数，後遺症，ワクチンといった例を示しながら述べられている，「新型コロナウイルスに関しては，予測できないことが多い」ということである。また，これがなぜ「ポスト・ヒューマン」の観念を吹き飛ばすのかということについては，第十段落に「新型コロナによる…といった観念ではなかったでしょうか」とある。よって，「新型コロナウイルスには予測できないことが多く，それは科学技術によってあらゆることを思い通りにできるという考え方を覆した」といったような内容が記述できていればよい。

問六　イ　「技術をすべて利用する」が，第十六段落「社会は…すべて利用するわけではないからです」と矛盾するため誤り。　ウ・エ　筆者は「技術決定論」について，第十六段落で「真実ではありません」と否定しているが，ウ・エはどちらも技術が社会を変えるという「技術決定論」を肯定する内容になってしまっているため誤り。

三　(小説－情景・心情，文脈把握)

問一　「私」が絵を描くことをためらっていた理由は「そもそも，…失礼な気がした」というところから読み取れる。　ア　「高校最後の…関わらず」が誤り。そのような根拠は本文中になく，また同時に複数の作品を製作していたという描写もない。　イ　「連盟の人の…ようなものではない」が誤り。確かに虹や双葉が芽吹くようなものは，「いくらなんでも『希望っぽすぎる』」としているが，どれも描きたいと思えない，とするまでの根拠は本文中にない。実際，「私」は花の絵を描いて提出している。　ウ「今になって…理解できなかった」が誤り。選出理由について，「私」は「はあ」としか反応しておらず，これだけで理解できていないと断定するのは無理がある。

問二　傍線部2のような言動をとった理由としては「早く終わってほしい」と考えていたからであり，さらにそれは「この人たちは，絵ではなくて，…気がしてきた」ということが理由となっている。つまり，絵自体ではなく製作における物語だけに注目されているのだという落胆から，早くこの場から去りたいという気になり，場をやり過ごすような返答をしたと考えられる。よってアが適当。エと迷うところだが，エでは製作における物語，つまり被災地を励ます高校生ということに注目されていたのだという「私」の落胆の核心が反映されていないため誤り。

問三　問二の解説を参照。「私」は絵自体ではなく製作における物語，つまり被災地を励ます高校生ということに注目されていたことに落胆している。また，「そう言われたかった」の内容としては，みかちゃんの言った構図や線の評価と考えられる。したがって，絵の構図や線についてではなく被災地を元気づけるという物語に注目してしまっているアは不適当。イ・ウは，「物語ではなく」という要素が反映されておらず，「私」の本心が曖昧になってしまっているため不適当。

問四　取材の一件から，絵自体ではなく物語に注目されてしまうことに「私」は落胆しており，さらに自分の本心とは裏腹に「〈この絵を見て…見せた〉」とまとめられてしまったことから，「ニセアカシアの絵のことを…重くなる」ようになってしまった。これが「黒い靄」の正体である。ア「多くの人から注目を集めること」が誤り。ニセアカシアの絵について言及されること自体を「私」は不快に思っている。ウ「浅ましいと考え」が誤り。傍線部3からも，物語ではなく絵自体を評価されたかったと「私」は考えている。エは被災地について思いを馳せている点が誤り。ニセアカシアの絵は被災地に向けて描いたものであるから，被災地のことを考えて絵を描くこと自体，「私」は避けたいと考えているはずである。

問五　ア「しばらく絵を描いていなかったことを知り」が誤り。最優秀賞の絵に関して「私」は「色使いも，…可笑しいだろう」と純粋に技術の拙さの点から疑問に思っている。イ「最優秀賞を受賞した絵も」が誤り。アの解説の通り，最優秀賞の絵には技術的な拙さがあるため，自分よりも画力が高いと認めているとは考えられない。オ「震災をテーマにした絵画コンクール」が誤り。「私」がニセアカシアの絵を提出したのは震災がテーマとなったものだったが，高校最後のコンクールに関しては震災がテーマであるという記述がない。また，震災がテーマであるならば祖母の好きだった滝を描くのは不自然である。

重要　問六「私から私が剥がれていく」という表現からは，いわばアイデンティティの喪失のような心情が連想される。自分がよいと思っていたもの，信じていたもの，自分とはこれだと思っていたものなどが「剥がれていく」つまりなくなってしまうような感覚ということから，ポジティブな意味になってしまっているイはこの時点で不適当。また，「さっき榊が…だから私の滝の絵は賞を獲れなかったってことね」から，榊の言った「今のこのご時世で…ちょっときつすぎる」が賞を獲れなかった理由だと解釈しており，それはニセアカシアの絵の一件で感じていた「絵自体ではなく物語が注目されてしまう」ということとリンクしてしまうばかりか，それを「押し流すように」描いていた滝の絵なのにやはり物語が優先されてしまったという無力感を「私」が感じていると考えられる。よってウが適当。

問七「抱きしめていた」という表現から，「私」は絵自体ではなく物語に負けてしまった滝の絵を，一度は蹴飛ばそうとしたものの結局は大切に思っているということがうかがえる。ア「コンクールでは…悔しさ」が誤り。単に賞の位が下だったから悔しいわけではなく，結局は絵自体ではなく物語を評価されてしまうという悔しさである。ウ「もったいない」が誤り。この選択肢を選ぶ受験生も多いだろうが，「もったいない」では「私」が絵を大切に思っているということが反映できていない。エ「周囲が…選ぶべきだった」が誤り。私は「なるほど，なの？…描けば。」と，周囲が求めるような題材を描くことには疑問を抱いている。

四 （古文・漢文―語句の意味，文脈把握，その他，内容吟味）

問一　a「制す」は現代語でも「制止する」つまり「止める」という意味で用いられる。b「心づく」は「わかる」という意味であるが，語意を知識として知らなかったとしても，ここは〈乙〉だと「思惟し」と対応するため，二つに共通しそうな意味であるウが適当。父は孝孫から自分も同じことをされるという示唆を得て，自分が行おうとしていることの愚かさに気付かされたのである。

問二　傍線部1の「云」った内容は「何故其れを持ちて来るか」ということであるが，祖父を乗せた車を持ってきたのは孝孫であり，それに対して疑問を呈せるのは，登場人物のうち家にいて孝孫と話ができ，「持ちて来る」という表現ができる父のみである。

問三「不」は「～ず」という打消の意味を表す。設問文で示されている読み方からすると，不―4　能―3　更―1　作―2　という順番で読むとわかる。この時点で「更作」に一点がつくことは確定するが，問題は「不能」である。「能」を先に読みつつ，かつ二点をつけるためには，「不」にレ点をつけて「不」を最初に読むことを避け，「能」に二点をつければよい。

問四　アは「父が死なないことを嫌に思う」，イは「父を車に入れる」，エは「引き返して祖父を家に連れて帰る」という意味であるが，ア・イ・エは孝孫の父のとった行動。ア・イで「父」とされているのは孝孫の祖父である。エと迷うかもしれないが，孝孫はあくまでも車を取ってきて父に対し「あなたが老いたらあなたを捨てる」と宣言しただけであり，実際に祖父を連れて帰ってきたのは改心した孝孫の父である。

問五　ア・イ　〈甲〉と〈乙〉が逆になっているため誤り。〈甲〉では「父，妻が詞につきて」とあることから，父は妻に従って祖父を山に捨てたことがわかる。〈乙〉では祖父を山に捨てたあとに「家に還る」，その後「原谷走り還り，」とあるため，孝孫は祖父を山に捨てたあと一旦家に帰ってから山に車を取りに戻っている。　エ　「命を軽んじるわが子」が誤り。〈甲〉では孝孫が命を軽んじているような描写はない。

重要　問六　「孝孫」の「孝」は「孝行」のことである。つまり「孝行者の孫」という意味であるので，祖父に対して孝行をはたらいたということである。すると，孝孫は祖父を捨てた父に対し，父が老いた場合自分が父を捨てることになる，要するにしっぺ返しがくるということを父に気付かせ，祖父が捨てられることを阻止したという点で孝行者といえるため，イ・オが適当。

★ワンポイントアドバイス★

論説文は，筆者がキーワードについてどのような定義をし，そのような立場をとっているのかを確認しよう。小説は，登場人物の心情の変化とそのきっかけをおさえ，なぜ・どのような変化があったのかをつかもう。古文・漢文は，基本的な語句や助動詞の使い方を確実に身につけておこう。

MEMO

大切なことはメモしておこうネ！

2021年度

★★★★★★★★★★★★★★★★★★★★★★★

入　試　問　題

2021年度

桐光学園高等学校入試問題

【数　学】（60分）　＜満点：100点＞

【注意】　1．定規とコンパスは使用してはいけません。
　　　　　2．分数は最も簡単な分数で答えなさい。
　　　　　3．根号を用いた数は最も簡単な式で答えなさい。
　　　　　4．円周率はπとします。

1　次の問いに答えなさい。

⑴　$2x^4y^2 \times \left(-\frac{3}{2}xy^2\right)^3 \div \left(-\frac{5}{4}x^3y^5\right)^2$ を計算せよ。

⑵　$(2+\sqrt{6})^2-(\sqrt{2}+2\sqrt{3})(2\sqrt{2}+\sqrt{3})$ を計算せよ。

⑶　$ax^2-2x^2-ay^2+2y^2$ を因数分解せよ。

⑷　連立方程式 $\begin{cases} 2x:(y+4)=3:1 \\ 5x+6y=3 \end{cases}$ を解け。

⑸　2次方程式 $\frac{x^2+2x}{2}-\frac{4x+5}{6}=\frac{x^2-2}{3}$ を解け。

2　次の問いに答えなさい。

⑴　$\sqrt{126-9n}$が整数となるような最も小さい自然数nを求めよ。

⑵　2次関数$y=ax^2$と1次関数$y=-5x+4$は，xの値が-3から2まで増加するときの変化の割合が等しい。このとき，aの値を求めよ。

⑶　0，1，2，3，4の数字が1つずつ書かれたカードが合計5枚ある。これらのうち4枚を並べて4桁の整数を作る。2000より大きい4桁の偶数は何個作れるか。

⑷　図で，点Oは円の中心である。$\angle x$の大きさを求めよ。

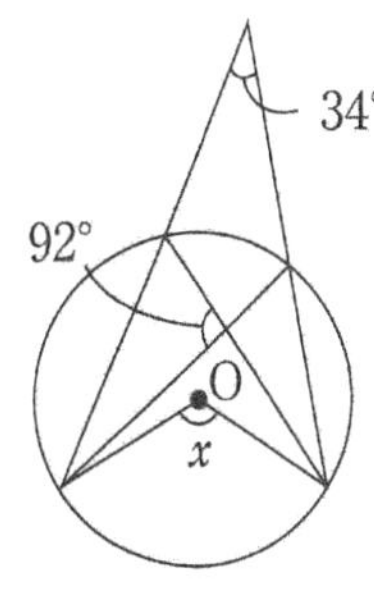

⑸　図のように，△ABCの辺AB，AC上にそれぞれ点D，Eがあり，AD＝EC＝3，DB＝1，AE＝2とする。△ADEと四角形BCEDの面積の比を最も簡単な整数の比で答えよ。

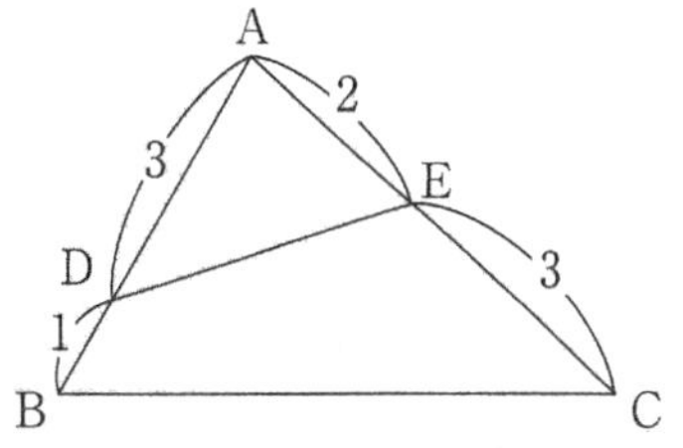

(6) 1辺の長さが2，対角線BDの長さが$2\sqrt{2}$である正八面体の体積を求めよ。

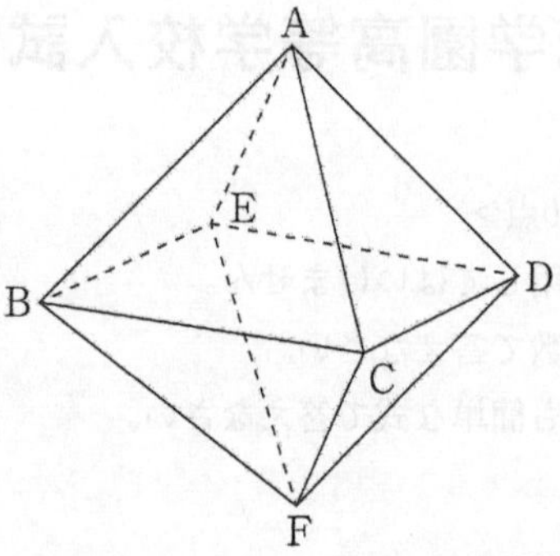

3 AB＝2，AC＝1，BC＝$\sqrt{5}$である直角三角形ABCがある。図1のように，辺AB上の点Pと辺AC上の点Qを結んでできる線分PQを折り目として点Aが辺BC上に重なるように折り返し，Aが重なる点をRとする。

点Pと頂点Bが重なる状態（図2）のときの点RをR_1とし，点Qが頂点Cと重なる状態（図3）のときの点RをR_2とする。図2の状態から始めて，図3の状態まで点Rが辺BC上に常にあるように点P，Qを動かすとき，次の問いに答えなさい。

(1) 線分R_1R_2の長さを求めよ。

(2) 線分PRが辺ACと平行になるとき，線分APの長さを求めよ。

(3) 線分PQが辺BCと平行になるとき，線分CRの長さを求めよ。

図1

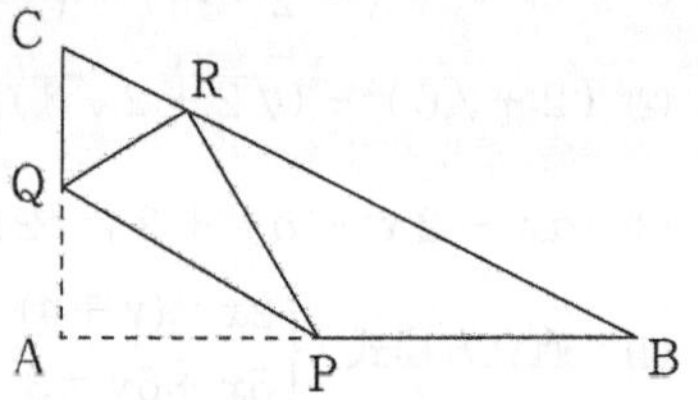

図2

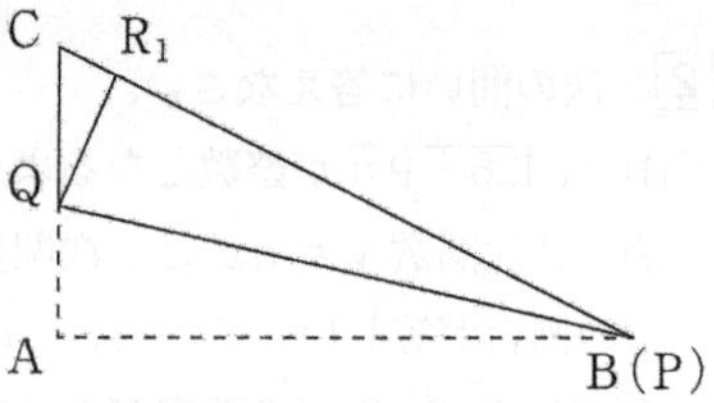

図3

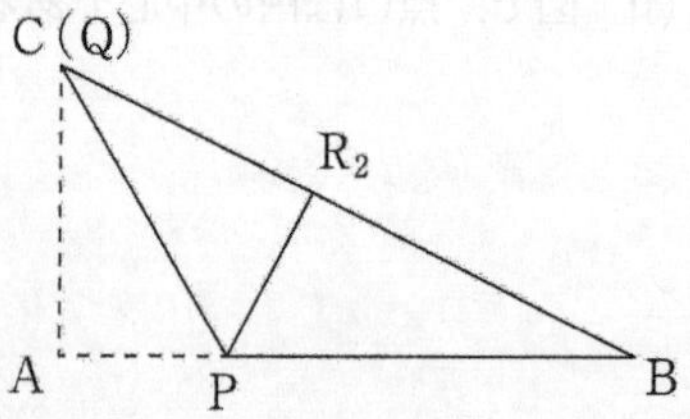

4 次のページの図のように1から14までの番号が書かれた席と，14枚のカードがある。カードには，1から14までの異なる数字が1つずつ書かれている。A，Bの2人がこの順に，14枚の中から1枚ずつカードを引き，そのカードの数字と同じ番号の席に座る。ただし，引いたカードはもとに戻さないものとする。このとき，次の問いに答えなさい。

(1) Aが1の席に座り，Bは2または5の席に座る確率を求めよ。

(2) Aが5，6，9，10のいずれかの席に座り，Bはその前後または左右の席に座る確率を求めよ。

(3)　Aの前後または左右の席にBが座る確率を求めよ。

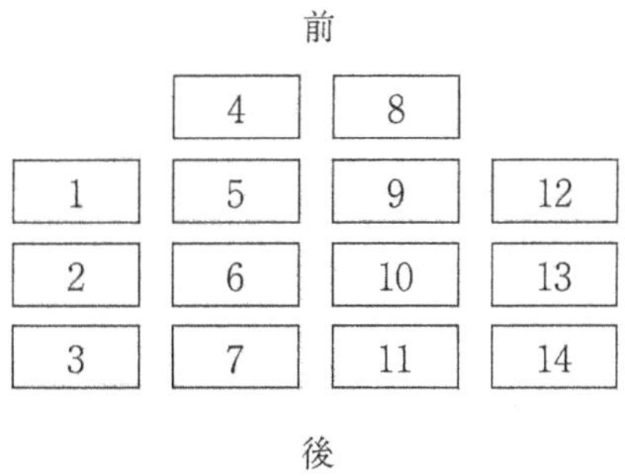

5　図のように，放物線 $y=x^2$ と2点 $A(1,\ 6)$，$B(-2,\ 4)$ がある。放物線上に点 $P(a,\ a^2)$ をとる。ただし，$-2<a<\dfrac{8}{3}$ とする。このとき，次の問いに答えなさい。

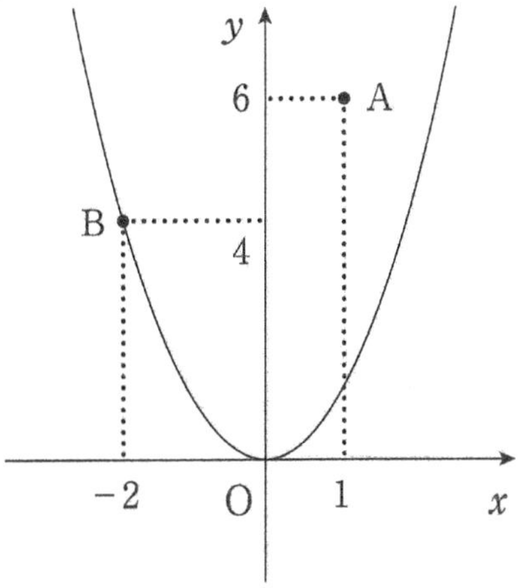

(1)　△OABの面積を求めよ。

(2)　四角形ABPQが平行四辺形になるように放物線上に点Qをとる。このとき，a の値を求めよ。

(3)　四角形ABPRが平行四辺形になるように座標平面上に点Rをとる。直線 $y=2x+2$ によって平行四辺形ABPRの面積が2等分されるとき，a の値をすべて求めよ。

(4)　四角形ABOPの面積が10のとき，a の値を求めよ。

【英　語】（50分）　＜満点：100点＞

1　次の(a)~(e)の文の［　］に入れるのに最もふさわしい語をそれぞれ答えなさい。ただし，［　］に与えられた文字で始めること。

(a) February 10th is my [b　　　]. I was born on that day.

(b) What's the [m　　　] with you? Are you feeling bad? You look sick.

(c) Your [c　　　] is the child of your aunt or uncle.

(d) To [s　　　] is to find the correct answer to a problem or the explanation for something difficult.

(e) If you are [b　　　], you are working hard and have a lot of things to do.

2　次の(a)~(e)の文で，（　）に入れるのに最もふさわしいものを１～４の中から１つずつ選び，番号で答えなさい。

(a) He (　　　) Japan many times when he was young.
　1. visited　　2. has visited　　3. went　　4. has gone

(b) May I have something (　　　)?
　1. drinking　　2. to drinking　　3. drunk　　4. to drink

(c) How far (　　　) from Kyoto Station to Hiroshima Station?
　1. it is　　2. it takes　　3. is it　　4. does it take

(d) The sudden death of the king (　　　) us.
　1. surprising　　2. surprised　　3. surprise　　4. was surprised

(e) I remember (　　　) him at his office yesterday.
　1. see　　2. to see　　3. seeing　　4. saw

3　次の(a)~(e)の会話文で，（　）に入れるのに最もふさわしいものを１～４の中から１つずつ選び，番号で答えなさい。

(a) A : What time do you have?
　B : (　　　　　)
　A : Thanks.
　1. I don't have enough time.
　2. I have a watch.
　3. It's half past ten.
　4. I'm free tonight.

(b) A : How's your cold today?
　B : (　　　　　)
　A : That's good.
　1. It's not so cold.　　2. No, thank you.
　3. It's cloudy today.　　4. Much better, thanks.

(c) A：May I help you?
B：Yes. I want a black jacket.
A：Fine. Look at this one. It's very popular. (　　　　)
B：Sure.
1．That white one is mine.　2．Would you like to try it on?
3．May I have the same one?　4．Can I try it on?

(d) A：Do you want to go skating with me?
B：Great. But I have to finish this report before we go.
A：(　　　　) I'll wait until you finish.
B：OK.
1．No problem.　2．How about skiing?
3．Tell me why.　4．Excuse me.

(e) A：Have you met my friend Lisa?
B：(　　　　)
A：So you know each other.
1．Who is she?　2．Why do you know me?
3．I know your name is Lisa.　4．We met at John's party.

4 次の(a)～(c)の日本文の意味に合うように英文をつくるとき，（イ）（ロ）に入れるのに最もふさわしい語をそれぞれ答えなさい。

(a) ジャックは一日中テレビゲームばかりやって，勉強を全然しませんでした。
Jack played video games all day (イ), and didn't study (ロ) all.

(b) とても多くの店が閉店の危機にあります。
A large (イ) of shops are in (ロ) of being closed.

(c) 大雪のために，飛行機は時間通りに離陸できませんでした。
The plane couldn't take off (イ) time because (ロ) the heavy snow.

5 次の(a)～(c)の１～７の語（句）を並べかえたとき，（イ）（ロ）に入れるものをそれぞれ番号で答えなさい。ただし，文頭にくる語（句）も小文字にしてあります。

(a) I (　　)(　　)(　　)(イ)(ロ)(　　)(　　).
1．him　2．me　3．asked　4．the station
5．to　6．to tell　7．the way

(b) (　　)(　　)(イ)(　　)(　　)(ロ)(　　)?
1．will　2．do　3．she　4．how soon
5．know　6．you　7．come

(c) (イ)(　　)(　　)(　　)(　　)(ロ)(　　) England.
1．in　2．gave　3．of　4．this book
5．me　6．life　7．some idea

6 次の日本文を英語に直しなさい。ただし，（　）内に与えられた語をそのままの形で順に用いること。

彼女は親切にも私の宿題を手伝ってくれました。

(enough / me / with)

7 次の英文を読み，設問に答えなさい。

One year it didn't rain. There wasn't much food or water, and all the animals living in the forest were very hungry and thirsty.

In the middle of the forest, there was a field. In this field, there was a large *pear tree. It was full of big, yellow pears. They were ready to eat. But (イ)none of the animals could eat the pears because there was a tiger under the pear tree. He didn't want to eat the pears because, of course, tigers don't eat fruit! But he also didn't want the other animals to eat the pears. When the monkeys tried to come near the tree, the tiger made a terrible sound. "Stay away or (ロ)!" he shouted.

The animals could not eat the fruit. Then Rabbit came along. "Oh, Rabbit, you're so clever. What should we do? We're so hungry and thirsty, but we can't eat the pears," said the animals.

Rabbit thought for a while and then he had an idea. "Come close, my friends. Listen to me and I'll tell you what to do."

Very early the next morning, all the animals were in the forest near the field. The birds and the monkeys sat in the trees. [A] The tiger was still sleeping.

Soon Rabbit came along, and carried a large, thick rope. [B] Tiger opened one eye and said angrily, "Why are you making so much noise? Can't you see I'm sleeping?"

"Tiger!" shouted Rabbit. "You must run! A big wind is coming. It will blow everything and everyone off the earth."

At that moment, all the animals in the forest began to make noise. The birds and the monkeys jumped around the tops of the trees. The elephants and other big animals shook and moved the trees. [C] It sounded like the end of the world.

Tiger was (ハ). "What should I do?" he cried.

"You must run," said Rabbit. "I can't help you now. I have to go and tie down the other animals with this rope. If I don't, the wind will blow them away."

"(ニ)," said Tiger.

But Rabbit said, "No, I must help the other animals. You are big and strong. You can run far and get away."

"No!" shouted Tiger. "You must do it now."

"Okay, okay," said Rabbit. "I will tie you down now."

And so he tied Tiger to a tree near the field.

"More rope, more rope!" said Tiger. "I don't want to blow away!"

Rabbit got more rope and tied it around and around Tiger.

When he finished, he called to his friends in the forest.

"Come on out!" he called. "Look at this. Look at Tiger. Now (ホ)he can't keep us away from the tree."

Then all the animals came out of the forest. They sat happily together under the pear tree and ate all the pears.

【注】 pear 梨

［設問］

(a) 下線部（イ）の理由として最もふさわしいものを１～４の中から１つ選び，番号で答えなさい。

1．Tiger liked the pears and ate all of them.

2．Tiger took care of the pear tree and had the right to eat the pears.

3．A lot of animals were scared of Tiger and couldn't come near the tree.

4．All the animals respected Tiger and gave him the pears.

(b) 空所（ロ）に入れるのに最もふさわしいものを次の１～４の中から１つ選び，番号で答えなさい。

1．come near　　2．I'll eat you up

3．I'll sit there and do nothing　　4．help me

(c) 空所 A ～ C に入る組み合わせとして最もふさわしいものを１～６の中から１つ選び，番号で答えなさい。

ア．Soon the whole forest was shaking and moving.

イ．The other animals hid behind the trees.

ウ．Rabbit ran across the field and made a lot of noise.

1．A ア　B イ　C ウ　　2．A ア　B ウ　C イ

3．A イ　B ア　C ウ　　4．A イ　B ウ　C ア

5．A ウ　B ア　C イ　　6．A ウ　B イ　C ア

(d) 空所（ハ）に入れるのに最もふさわしいものを次の１～４の中から１つ選び，番号で答えなさい。

1．dangerous　2．afraid　3．safe　4．relaxed

(e) 空所（ニ）に入れるのに最もふさわしいものを次の１～４の中から１つ選び，番号で答えなさい。

1．I'll run far and get away　　2．I'll tie you down

3．You must help the other animals　　4．You must tie me down

(f) 下線部（ホ）を日本語に直したものとして最もふさわしいものを次の１～４の中から１つ選び，番号で答えなさい。

1．トラは私たちやその木から離れることができない。

2．トラは私たちやその木に近づくことができない。

3．トラは私たちをその木に近づけることはできない。

4．トラは私たちをその木から遠ざけておくことはできない。

(g) 本文の内容と一致するものを次の１～７の中から２つ選び，番号で答えなさい。

1．The big tree had a lot of pears though there wasn't any rain.

2．Tiger shouted to the monkey because he had a terrible pain in his stomach.

3．Rabbit knew the big wind would soon come and damage the animals.

4．Rabbit carried out a plan to get the pears very early in the morning.

5．Rabbit told Tiger that a strong animal should help poor animals.

6．Tiger was too tired and sleepy to run any more in the field.

7．Rabbit tied Tiger down to the pear tree so that he wouldn't blow away.

8 次の英文を読み，設問に答えなさい。

Special sale! Low, low prices! Shop now! You have probably seen many signs like these. Most people love sales because they can buy products they want at low prices. They are happy because they feel they got good *value, *that is, they paid less than they thought. But did they really get good value? *Experts who understand the *psychology of price say maybe they did not.

Businesses are very careful about how they set prices for their products and services. They understand how to use price as a *strategy. At the heart of most price strategies you find a *fundamental principle called *the anchor*. The anchor is the first idea you have about how much a product is *worth. This number is very important because it stays in your memory. For example, you look at the price tag on a coat. It says $100, but that price is crossed out. There is a second price written in red on top of the original price. It says $79! The $100 *figure is the anchor. It was the first price you saw, and (イ). You believe it is worth $100, so the lower $79 price *seems like a bargain. *Studies show (ロ)that a product that has a higher original price of $100 but is then reduced to $50 will sell much faster than the same product if it is simply marked $50 from the beginning.

Occasionally, but not always, the anchor price is not shown directly. It is only in the buyer's mind. Shoppers are more *likely to buy a pen that costs $3.99 than one that costs $4.00. Four dollars is the anchor in their (ハ). They think: This pen is worth $4.00, but I am paying less than that. *Even though they know the difference is only one cent, $3.99 seems closer to $3.00 than $4.00 because it begins with the number 3. (ニ) has a powerful *effect on shoppers because it is always *compared to the anchor number that is just above it. Studies have also shown that shoppers are more likely to buy products that cost $39 than products that cost $34. They believe that the $39 products are worth $40, and, *therefore they are a better value.

The psychology of price is at work in all kinds of places, *including on menus. A menu is not just a list of food that a restaurant *offers. Many are carefully designed and use anchor pricing. When you open a menu, the first place you usually look at is on the top right side. On that place of the menu you will find the food that is most *profitable for the restaurant. However, *nearby you will also find the most expensive food, like a big steak or lobster. The restaurant does not really believe a lot of people will order the most expensive dish; however, (ホ)it is an anchor. The high anchor price helps all the other dishes to look like good value, including the dish that is profitable for the restaurant, perhaps a chicken or pasta dish. Restaurant owners have other *tricks. They have found if they do not use money symbols like €, $, or ¥, people *spend more money. So many restaurants just write the number (ヘ) the symbol.

There are many strategies for pricing, but anchor pricing is probably the most powerful. Even when you know about it, it is sometimes difficult to *resist the effect of the anchor on your shopping.

【注】 value 価値（のあるもの） that is つまり expert 専門家 psychology 心理学
strategy 戦略 fundamental principle 基本原理 worth （～の）価値がある figure 数字
seem ～（のよう）に思える study 研究 (be) likely to do ～する可能性がある
even though たとえ～であっても effect 影響 compare ～と比べる
therefore したがって including ～を含めて offer ～を提供する
profitable 利益になる nearby その近くに trick しかけ spend ～を費やす
resist the effect 影響を受けない

[設問]

(a) 空所（イ）に入れるのに最もふさわしいものを次の１～４の中から１つ選び，番号で答えなさい。

1．it is not worth $79 to you
2．most of you will find it too expensive
3．everyone understands it is the anchor
4．it sets the value of the coat in your mind

(b) 下線部（ロ）の内容として最もふさわしいものを次の１～４の中から１つ選び，番号で答えなさい。

1．売る値段が同じでも，値下げされた後の方が売れ行きがよいということ。
2．値段を操作するよりも，同じ商品を早く売った方が高く売れるということ。
3．売れ行きのよい商品を最初から100ドルで売れば50ドルもうかるということ。
4．元の値段が値下げ後の値段に近いほど，売れ行きがよいということ。

(c) 空所（ハ）に入れるのに最もふさわしい１語を，同じ段落の中より抜き出して書きなさい。

(d) 空所（ニ）に入れるのに最もふさわしいものを次の１～４の中から１つ選び，番号で答えなさい。

1．Anchor price　　2．The number 9　　3．One cent　　4．The difference (e)下線部（ホ）は，一般的にメニューに対してどのような工夫をすることか。30字～40字の日本語で説明しなさい。

(f) 空所（ヘ）に入れるのに最もふさわしいものを次の１～４の中から１つ選び，番号で答えなさい。

１．on　２．as　３．without　４．with

(g) 本文の内容と一致するものを次の１～７の中から２つ選び，番号で答えなさい。

１．People try to buy as many products as possible to feel happy.

２．Special sales do not always offer good value.

３．The lowest price for a product is called an anchor price.

４．If a product has an original price written in red on its tag, it sells well.

５．Customers are less likely to pay $39 than $34 for the same product.

６．Anchor pricing is one of the ways to sell more products.

７．You should know what anchor pricing is so that you become a smart shopper.

ウ　問題文〈甲〉・〈乙〉では家と荊のどちらを売るかは異なるが、兄弟が強い絆で結ばれている点は同じである。

エ　問題文〈甲〉・〈乙〉では荊の扱いに違いがあるものの、荊により兄弟がこの土地にとどまった点は同じである。

し。また返りて栄《はなさ》かむや」と。即ち直を返す。明くる日にしたがひても
とのごとく盛りなり。故に去らず。

（『注好選』上）

〈乙〉

田真ハ※3前漢ノ京兆ノ人也。兄弟三人アリ。二親並ビニ没シ、共議分居家之資産。分カツコト㆑之ヲ悉《ことごと》ク※4訖《をは》リテ、唯《た》ダ有リ㆓庭前ニ三株ノ紫《し》荊《けい》㆒、華葉美茂ス。真ノ兄弟等《ら》議シテ欲シ㆑分ケント㆑之ヲ、明《みやう》旦《たん》即チ伐《ばつ》㆓斫《しやく》セントス其ノ荊ヲ㆒。経テ㆑宿ヲ華葉枯レ萎《しぼ》ミ、根茎ハ憔《せう》顇《すい》ス。真、旦《あした》ニ携ヘテ㆑鋸《のこぎり》ヲ而往キテ見㆑之ヲ、大イニ驚キ謂《い》ヒテ㆓諸弟ニ㆒曰ハク、「樹木ノ無キスラ㆑情、尚《な》ホ怨ム㆓分別セラルルヲ㆒。況《いは》ンヤ人ノ兄弟ノ※5孔《こう》懐《かい》スルヲヤ。何ゾ可ケン㆑離ル哉《や》。是レ人ハ不ル㆑如《し》カ㆓樹木ニ㆒也《なり》ト。」因《よ》リテ対《むか》ヒテ悲泣シ、不㆓復《ま》タ解カ㆒㆑樹ヲ。樹即チ応ジテ㆑声ニ、青《せい》萃《すい》如《ごと》シ㆑故《もと》ノ。兄弟相感ジ、便チ合シテ㆓財産ヲ㆒、遂ニ成ル㆓※6純孝之門ト㆒也。

（『琱玉集』）

※1　明旦《みやうたん》…翌朝。
※2　呪して…祈願して。
※3　前漢京兆…紀元前にあった、中国（＝前漢）の地名。
※4　訖…「終」に同じ。
※5　孔懐《こうかい》…兄弟や肉親などの、相手への深い情愛。
※6　純孝之門…真心を尽くして孝行する一族。

問一　――線1「かくのごときこと」とありますが、どのようなことを指しますか。その内容について簡潔に説明しなさい。

問二　――線2「別れ」・4「分別」とありますが、それはどのようなことを指しますか。最も適当なものを次の中からそれぞれ選び、記号で答えなさい。

ア　荊が株分けされてしまうこと。
イ　三人兄弟がそれぞれ独立すること。
ウ　荊が三人兄弟に切り倒されること。
エ　三人兄弟が遺産を分割相続すること。
オ　三人兄弟が他国へ移住してしまうこと。

問三　――線3「共議分居家之資産」は、「共に居家の資産を分かつことを議す」と訓読します。これを参考にして、解答欄に返り点をつけなさい。なお、送り仮名は不要です。

問四　――線5「不㆑如㆓樹木㆒也。」とありますが、その解釈として最も適当なものを次の中から選び、記号で答えなさい。

ア　この木を大切にしなければならない。
イ　この木を譲り渡すことなどできない。
ウ　この木には及ばない。
エ　この木は元に戻らない。

問五　この話について述べたものとして最も適当なものを次の中から選び、記号で答えなさい。

ア　問題文〈甲〉では荊の珍しさが中心であるが、問題文〈乙〉では荊を失った兄弟の悲しみが焦点となっている。
イ　問題文〈甲〉では生活が困窮し荊を売ろうとしたが、問題文〈乙〉では荊を売って豊かになっている。

適当なものを次の中から選び、記号で答えなさい。

ア　自分が天下を取るために、家臣の心理を巧みに利用しようとする信長の能力に感服したから。

イ　堕落する可能性をはらんだ集団を、必死に一つにまとめようとしている信長の努力に感心したから。

ウ　近日中に崩《くず》れ去っていくであろう家臣団について、まじめに語る信長が滑稽に思えたから。

エ　これまでなかったような、新しい集団を作ろうとしている信長の革新性について感嘆したから。

問六　――線6「源三郎は唖然《あぜん》とした」とありますが、この時「源三郎」が「唖然とした」理由として、最も適当なものを次の中から選び、記号で答えなさい。

ア　親としての愛情におぼれ、敵として織田家の中にいる自分に気づくことなく、自分を重用しようとする信長の愚かさにあきれたから。

イ　信忠を差し置いて、自分に家督を譲るという信長の言葉にこれまでの恨みの気持ちがぐらつき始め、冷静に物事を考えられなくなったから。

ウ　危害を加えようとしている敵であることを承知で、自分に家督を譲ろうとしている信長の心の広さに驚き、天下人としての人間性を感じ驚嘆したから。

エ　信長への恨みを抱き続けることが、信長の評価を得、自分が天下を率いていける可能性につながっていることを初めて知り、あまりの意外さに驚いたから。

問七　本文における「信長」と「源三郎」との関係について述べたものとして、最も適当なものを次の中から選び、記号で答えなさい。

ア　信長も源三郎も、お互いの真意がわからないまま対面を続けるうち、相手のすべてがわかりあえるようになっている。

イ　信長は源三郎に対して寛容な態度で接しているが、源三郎はそのような信長の態度を信用できず、深く思い悩んでいる。

ウ　源三郎にとっての信長は、思いもよらないような考え方や行動をとる人間であるが、その考え方に感心する面もある。

エ　会話を続ける中で、信長と源三郎の対立は一層激しくなり、お互いの関係はもはや修復できないほどになりつつある。

四

問題文〈甲〉・〈乙〉を読んで、後の問いに答えなさい。なお、問題文〈乙〉については設問の都合上、送り仮名や返り点を省略した部分があります。

〈甲〉

昔、中国に三人兄弟がいた。その親の家の庭には赤・白・紫の花を咲かせ、人々がうらやむような、一年を通して花を咲かせる荊《うばら》（＝薔薇《ばら》）があった。

即ち父母亡《う》せて後に、この三人、身きはめて貧し。相語《あひ》らひていはく、「吾が家を売りて他国に移住せむ」と。時に隣国の人、三荊《けい》を買ふ。すでにこれを売りて直《あたひ》を得つ。その※1明旦《みやうたん》に、三荊、花落ち葉枯れたり。三人これを見て嘆ず。いまだ1かくのごときことをば見ず、と。※2呪していはく、「吾が三荊、2別れを惜しむがために枯れたり。吾らとどまるべてしまったことで、光秀に従わざるを得なくなってしまった自分の安易さを、何とか忘れようとしている。

エ　一つの時代が終わることへの寂しさを感じたため、自分にも強大な権力を持つ資格があることを意識しながらも、その野心を当面は自重しよう、という思いを抱いている。

問二　――線2「源三郎は〜に向かった」とありますが、ここからうかがえる「源三郎」について述べたものとして最も適当なものを次の中から選び、記号で答えなさい。

ア　急な信長からの呼び出しに驚いたものの、いつもの通り信長と対面することで、信長を油断させ、計画の成功を確実なものにしようと思っている。

イ　信長からの急な呼び出しに焦り、今後の身の振り方について迷いが出てしまったが、すぐに信長の前に出向くことで、信長に対する殺害計画を隠し通そうとしている。

ウ　信長からの急な呼び出しではあったものの、自分たちの計画を隠し通せる自信があったので、何食わぬ顔で信長の所に出向こうとしている。

エ　急な信長からの呼び出しによって、自分たちの計画が露見したことを危ぶんだが、そうではないと冷静に判断した結果、何事もなかったかのように対面しようとしている。

問三　――線3「信長が余裕の笑みを浮かべる」とありますが、この時の「信長」について述べたものとして適当でないものを次の中から一つ選び、記号で答えなさい。

ア　源三郎は自分の跡を継ぐべき人間として、最適であるという思いを新たにしている。

イ　源三郎が抱いている激情こそ、天下を狙う集団には不可欠のものであり、むしろ、望ましいと考えている。

ウ　源三郎には自分に対する恨みはあろうが、まさか自分を本当に殺害するとは思ってもいない。

エ　源三郎の自分に対する思いは当然であり、源三郎の言葉は期待通りのものであるととらえている。

問四　――線4「源三郎は『勝った』と思った」とありますが、この時の「源三郎」の気持ちを述べたものとして最も適当なものを次の中から選び、記号で答えなさい。

ア　信長を喜ばせる言動によって話題を逸らすことができ、殺害計画が露見せずに済んだのだから、この計画は成功するし、自分は勝てるだろう。

イ　疑い深いにもかかわらず、息子である自分の言動を信じて疑わないような信長を殺害することは、本来ならば許されないことであろう。

ウ　自分の本心を隠し、斬《き》られる覚悟で信長に臨んだ結果、信長からの信頼を得ることもできたので、今回の計画はきっと成功するであろう。

エ　信長は自分の言動を大げさに評価することで、自分のことを確実に取り込もうとしているようだが、あえて抵抗を見せることで、あの男を焦らしてやろう。

問五　――線5「源三郎に返す言葉はない」とありますが、この時「源三郎」はなぜこのような意識を持ったのですか。その理由として最も

芽のうちに断っておいた方がいい」

源三郎の背筋に戦慄《せんりつ》が走る。

「そなたは、わしを恨んでおる。それでいいのだ。※6惟任《これとう》もわしを恨み、権六《ごんろく》（柴田勝家）もわしを憎んでおる。藤吉郎や左近将監《さこんのしょうげん》（滝川一益《かずます》）に至っては、隙あらば、わしに取って代わろうとしておる。だが、それでよいのだ。仲のよい主従などに天下が取れるか。憎悪でも野心でも、煮えたぎるような感情なら何でもいい。そうしたものを持つ軍団でなければ、天下など獲れぬ」

――この男は尋常ではない。しかし、その通りだ。

源頼朝の鎌倉幕府も、足利尊氏の室町幕府も、どちらも憎悪と野心をたぎらせた親族や家臣たちが、互いに憎しみ合いながら敵と戦っていた。

――だからこそ、彼らは幕府を開けたのだ。

天下を取れる軍団の強さは、こうした鬱積《うっせき》した感情の爆発によると、信長は気づいていた。

「わしが惟任にああした仕打ちをしたのも、惟任めの切っ先が鈍くなり始めたからだ。人は年を取ると、『もう、この程度でよい』と、つい思ってしまう。惟任もそうだった。彼奴《きゃつ》は、わが家臣になった頃のような、ぎらつくような野心を失いつつあった。佐久間（信盛《のぶもり》）や林（通勝《みちかつ》）のように失脚させてもよかったのだが、あいにく彼奴の知恵は衰えておらず、また家臣たちの人望が篤《あつ》いこともあり、明智の兵は強い。それゆえ彼奴の切っ先を再び鋭くすべく、何かのきっかけを捉えて、わしへの憎悪をかき立てねばならぬと思うたのだ」

「恐れ入りました」

5源三郎に返す言葉はない。

「わしを恨む気持ちを失わない限り、そなたは城介に次ぐわが息子だ」

「それは真《まこと》で――」

「ああ、城介に万が一のことがあれば、天下はそなたにくれてやる」

6源三郎は唖然《あぜん》とした。

――そこまで買われていたのか。

（『決戦！　本能寺』講談社所収　伊東《いとう》　潤《じゅん》「覇王の血」より）

※1　能興行…「能」の会を行うこと。

※2　右府…織田信長のこと。

※3　城介…織田信忠のこと。

※4　おつやの方…源三郎の育ての母で信長によって殺されている。

※5　武田のこと…源三郎は再三、武田家の存続を信長に頼んでいたが、かなえられなかった。

※6　惟任《これとう》…明智光秀のこと。

問一　――線1「胸底から〜ねじ伏せた」とありますが、この時の「源三郎」についての説明として最も適当なものを次の中から選び、記号で答えなさい。

ア　新しい時代を目前にして、強大な権力を握る機会が自分にも巡ってきたと考えられるが、それよりも、父である信長の殺害を優先すべきだ、ということを強く意識している。

イ　父である、信長の殺害を遂行せざるを得なくなってしまった状況に対する悔恨の念を捨て去り、現状を積極的に受容しようとしている。

ウ　光秀という、権力を維持できるかどうかもわからない男を利用し

る。

夜明け頃、信長がぐっすりと眠っていれば、この変の成功率は高まる。

「そなたが戻ってきてから、一年と二月《ふたつき》か」

「はい。月日の経つのは早いものです」

「その間、城介※3の言い付けをよく守り、忠勤に励んでいると聞く」

「至りませぬが、何とか――」

「もう武田に未練はないのか」

――己が滅ぼしておいて、今更、何を言う。

さすがに源三郎は鼻白《はなじろ》んだが、そんな感情をおくびにも出してはならない。

「武田はすでに過去のもの。いまだ血脈が続いているのなら、小なりとも家を再興いただけるよう、父上に嘆願したかもしれませぬが、もはや滅んでしまったものは、どうにもなりませぬ」

「おつや※4の方のことといい、武田※5のことといい、わしを恨んではおらぬのか」

「恨んでおります」

源三郎は勝負に出た。

「恨んでおる、とな」

3信長が余裕の笑みを浮かべる。

「はい。だが、恨んだところで何になるというのです。父上と刺し違えれば、なるほど仇を取ったことにはなります。しかし、それにより天下は乱れ、この世は再び群雄割拠となります。戦乱は続き、多くの民に迷惑が掛かります。それならばいっそのこと――」

信長の視線が痛い。しかし源三郎は、あえて強い視線でにらみ返した。

「織田家の天下平定に力を尽くし、民の苦しみを和らげたいと思っております」

「恨みは恨みとして胸にしまい、大義のために働くというのだな」

「仰せの通り。それがしは父上が憎い。殺したいほど憎く思うております。だが父上以外の誰が、天下を静謐《せいひつ》に導けましょう。それを思えば、恨みなど些細《ささい》なもの。それがしは大義のために生きたいのです」

「そうか」

黙って源三郎の話を聞いていた信長が、脇息《きょうそく》から身を起こした。次の瞬間、信長は立ち上がり、背後の小姓から太刀を受け取るや、源三郎を袈裟《けさ》に斬り捨てるかもしれない。

――その覚悟はできている。

しかし信長は、穏やかな笑みを浮かべて言った。

「立派になったな」

その瞬間、4源三郎は「勝った」と思った。

猜疑心《さいぎしん》の塊で、決して人を信じず、誰にも騙されない信長だが、自らの息子にだけは、隙を見せたのだ。

「ありがたきお言葉」

「実はな――」

信長が、口端を歪《ゆが》めるような笑みを浮かべた。誰もがぞっとするほど冷たい笑みである。

「そなたが『恨んでおらぬ』と答えたら、この場で斬るつもりだった」

「えっ」

「わしは嘘をつく者が嫌いだ。嘘をつく者は、いつか裏切る。それなら

三　次の文章を読んで、後の問いに答えなさい。

織田源三郎《げんざぶろう》勝長（信房）は、織田信長の五男である。彼は生母の死後、武田側の人質となり、そこで成長した。彼は様々な経験をする中で、次第に信長を恨むようになっていった。後に、織田家に復帰した彼は、信長から家督を譲られた織田信忠に預けられ、織田家に溶け込むように見せかけながら、信長の殺害を目論《もくろ》むようになった。信長はある宴会のさなか、些細《ささい》なことから家臣である明智光秀に暴力を振るい、けがを負わせた。その現場を見た源三郎は、敵のみならず家臣に対しても容赦のない信長の姿を見て、明智光秀に近づき、信長を討つ密約を結んだ。

五月十九日、安土での能興行※1をもって家康一行の饗応《きょうおう》を終わらせた信長は、翌日、家康一行を京都見物に送り出すと、出陣の支度に掛かった。

そして二十七日、安土を出陣した信長は二十九日、京都に入る。

源三郎も、信忠に随行して妙覚寺に着陣した。

この年は和暦上、五月が小の月にあたるので二十九日までになる。

翌六月一日、信忠と一緒に本能寺に赴《おもむ》いた源三郎は、「名物開き」の茶会に参座した。

信長は、いつになく穏やかな面持ちで茶を喫し、居並ぶ公家や豪商たちの間にも、和やかな雰囲気が漂っていた。

一刻余に及ぶ茶会が終わり、信忠は妙覚寺に戻っていった。

一方、源三郎は信忠に命じられて道具類の片付けを指揮すべく、本能寺に残っていた。

――この名物が、明日には灰燼《かいじん》に帰すのだな。

名物中の名物として名高い九十九茄子《つくもなす》の茶入を木箱に収めながら、源三郎は感慨にふけった。こうした茶道具と共に一つの時代が終わり、新たな時代が始まる。その新たな時代を率いていくのが光秀なのか、ほかの誰なのか、今のところ分からない。

――わしにも、その資格があるというわけか。

一瞬、そう思ったが、今は一つの時代を終わらせることに集中すべきである。1胸底から頭をもたげようとする何かを、源三郎は力ずくでねじ伏せた。

片付けも終わり、妙覚寺に引き揚げようとしていた時である。

「源三郎様、右府様※2がお呼びです」

小姓の一人が源三郎を呼びに来た。

――まさか露見したのか。

背筋に焼串を刺されたような衝撃が走る。しかし露見したのであれば、呼び出しなどせず、兵を派して、その場で捕らえるはずである。

――心配には及ばぬ。

2源三郎は顔色一つ変えず、信長の待つ常の間に向かった。

信長は、何かの書き物をしながら源三郎を待っていた。

「源三郎、まかり越しました」

信長が筆を擱《お》く。

「あと半刻もすれば、本因坊算砂《ほんいんぼうさんさ》が囲碁を打ちに来る。それまで話の相手をせい」

信長は寝つきが悪い。それゆえ夜は、囲碁や将棋を打つことが多い。せっかく京都に来たこともあり、当代随一の名人と囲碁を打ちたくなったに違いない。

――深夜まで起きているということは、信長の朝方の眠りは深くなけません。）

ア　もちろん　イ　しかし　ウ　それゆえ　エ　では

問二　――線1「われわれ現代人もこの酋長を笑えないだろう」とありますが、なぜ「笑えない」のですか。その理由をわかりやすく説明しなさい。

問三　――線2「『後の祭り』を祈る」とありますが、それはどのようなことですか。最も適当なものを次の中から選び、記号で答えなさい。

ア　祈ることによって、目の前の不幸な状況に対して精神を安定させようとすること。

イ　過去の変更が不可能であると知りつつも、祈ることで自分の社会的な立場を示そうとすること。

ウ　不都合な結果を周囲に受け入れてもらうために、祈ることで自身の努力を周囲に訴えようとすること。

エ　祈るという行為を通して、すでに起きた過去を改変しようとすること。

問四　X・Y に入る言葉の組み合わせとして最も適当なものを次の中から選び、記号で答えなさい。

ア　X　過去を変えよう
　　Y　未来において望ましい過去が実現されること

イ　X　未来を望ましいものにしよう
　　Y　幸運を得ること

ウ　X　祈りの非現実性に目をつぶろう
　　Y　心の平静が実現すること

エ　X　成否不明の過去について考えよう
　　Y　現在のこの瞬間を無駄にしないこと

問五　〜〜線a〜eを内容の上で二つのグループに分けた場合の組み合わせとして最も適当なものを次の中から選び、記号で答えなさい。

ア　b・c・e／a・d　イ　a・e／b・c・d

ウ　d・e／a・b・c　エ　a・b・c／d・e

問六　本文全体を通して、筆者は、「過去」とはどのようなものだと言っているのですか。最も適当なものを次の中から選び、記号で答えなさい。

ア　人間から独立し、そのもの自体として客観化されているもの。

イ　語られたものが、周知されることで事実とされていくもの。

ウ　人間との関係性はあるが、事実という点で絶対化されるもの。

エ　現在の視点に立って構成され、作り上げられていくもの。

問七　本文から読み取れる事柄として、最も適当なものを次の中から選び、記号で答えなさい。

ア　すでに確定、承認されている出来事を、人為的に変更させようと行動してしまう側面が、人間にはある。

イ　人間は、ある出来事が望ましい過去として社会的に認められるために、祈るということがある。

ウ　「真偽不明」として入ってくる情報を、過去物語りのネットワークから引き離すことで、それは事実となる。

エ　試験後に合格を祈るという行為は、迷信であり、過去を語るにあたって意味をなすとは言えない。

過去ではないのである。だから好意的な酋長が祈っているのは、ライオン狩りの成功が真理条件をパスして、公認公定の過去となって部族全員に受け入れられることなのである。そこには酋長の善意と好意こそあれ、パラドックスじみたものは何もない。／飛行機事故を知った時点で家族が搭乗していなかった（過去形）ことを願い祈るのも、いまさら2「後の祭り」を祈るのではなくて、家族非搭乗の過去物語りが公認されて制作されるように願い祈るのである。答案を提出した後に、合格の採点が出る物語りの公式制作をはらはらしながら待つのは受験生すべてだろう。（『時は流れず』七四頁）

要するに、この世に生じた出来事は「過去物語り」すなわち「間主観的記憶」のネットワークの中に整合的に組み入れられてはじめて、b「過去にあった」出来事となるということです。したがって、酋長が踊り続ける最後の二日間、家族の生死が判明する数時間、合格発表までの数週間、この期間はライオン狩りの成功も家族の生存も志望校への合格もいまだ「過去」にはなっていません。彼らのもとに一定の情報が届けられてはじめて、その事実は「過去物語り」へと編入されるわけです。

C 、その「編入」は過去の時点に遡《さかのぼ》ってなされます。そのことから、あたかも過去の事実が「編入」以前にすでに「確定」していたかのような錯覚を与えるのです。しかし、c過去の「確定」が「編入」の手続きと不可分であることを忘れるべきではありません。量子力学の観測問題になぞらえるならば、過去は成否不明、生死不明、合否不明といった「重ね合わせ」の状態から、観測を通じて「波束の収縮」が生じることによって確定される、と言ってもよいかもしれません。その限りで、酋長の踊りや家族の祈りは決して無意味な行為ではありません。つまり、彼らは祈りによって X としているわけではなく、 Y を祈っているわけです。

そこから一つの重要な帰結が導かれます。それは、過去命題の真偽はd「過去物語り」の制作以前にア・プリオリ※5に決まっているわけではない、ということです。事故に遭った家族の無事を祈る人にとって、飛行機事故が生じたことは「真なる」過去命題であるにしても、家族の生存はいまだ「真偽不定」の過去命題であり、過去物語りのネットワークに編入されてはおりません。それは、事故で行方不明になった人が「生死不定」であることに似ています。 D 、行方不明者を捜索することに意味があるように、家族の生存を祈るという行為が意味をもつのです。それに対して、事故が起こった時点で家族の生死は決定されているはずだと主張することは、再びe「過去自体」や「神の眼」を想定することにほかなりません。しかし、神ならぬ身のわれわれにとっては、その「決定」は内容のない空虚な決定にすぎません。

（野家啓一《のえけいいち》『歴史を哲学する――七日間の集中講義』岩波書店より）

※1　マイケル・ダメット…イギリスの哲学者（一九二五～二〇一一）。

※2　『時は流れず』…哲学者の大森荘蔵（一九二一～一九九七）が著した『時は流れず』という書物のこと。

※3　パラドックス…逆説、矛盾。

※4　遡及《そきゅう》…過去にさかのぼること。

※5　ア・プリオリ…先験的、先天的。

問一　A ～ D に入る言葉として最も適当なものを次の中からそれぞれ選び、記号で答えなさい。（ただし、同じ記号を二度使ってはい

【国語】（五〇分）〈満点：一〇〇点〉

一　――線あ～おのひらがなを漢字に直しなさい。

1　友達があえんぽうからやって来た。
2　人間はいげんこうの一致を目指すべきだ。
3　諸外国とうきょうちょうして取り組むべき課題。
4　努力がえとろうに終わった。
5　プレゼントをおふんぱつする。

二　次の文章はある大学で行われた講義を書き起こしたものです。よく読んで、後の問いに答えなさい。

英米哲学界では有名なマイケル・ダメット※1の「酋長《しゅうちょう》の踊り」という謎解きがある。ある部族で青年が成人するにはライオン狩りでその力を証明せねばならないので、狩り場に二日かけて行き、狩りの後二日かけてもどる。酋長は彼らの成功を祈ってその間踊り続けるが、問題は、狩りが終わった日から青年たちが帰路にある間も踊り続けるというのである。そのとき狩りはすでに終わって事の成否は定まっているのに、その幸運を祈るとはどうしてだ、というのがダメットの問いである。1われわれ現代人もこの酋長を笑えないだろう。列車や飛行機の事故の報を聞いた後でそれに乗り合わせた家族の無事を祈り、入学試験の合否はすでに決定済みであることを承知しつつ、なお一縷《いちる》の望みをかけて祈りはしないだろうか。（※2『時は流れず』七〇頁）

なかなか手強《てごわ》い※3パラドックスですが、ダメットはこれを「逆向き因果(backwards causality)」ないしは※4「遡及《そきゅう》的祈り(retrospective prayer)」と呼んでいます。逆向き因果と呼ばれるのは、酋長の踊りが現在の行為を原因として過去を変え、望ましい結果をもたらそうとすることだからです。またダメットが伝えるところによれば、正統的ユダヤ教神学では「遡及的祈り」を行うことは禁じられているそうです。その理由は「過去を変えることは論理的に不可能なことである。したがって、遡及的な祈りを口にすることは、神に論理的不可能事を求めて、神を愚弄《ぐろう》することである」（M・ダメット『真理という謎』[1978] 藤田晋吾訳、勁草書房、一九八六年、三四三頁）というところにあります。A、大森さんが述べていますように、どこかの部族の酋長のみならず、われわれもまた、すでに起こった事故に対して家族の無事を祈り、すでに提出した答案に対して合格を祈ることを当然のごとくやっています。B、そのときわれわれは逆向き因果を引き起こし、遡及的祈りで神を冒瀆《ぼうとく》するという無意味な行為をしているのでしょうか。事故の場合は無意味と言うにはあまりにも深刻な祈りですし、受験生が試験の終わった後で合格を祈るのはごく自然な行為に見えます。問題は、aいまだ誰にも知られていない過去が果たして決定しているのかどうか、というところにあります。それに対するダメットの回答は少々複雑なものですので、ここでも大森さんの簡明な回答の方を引いておきましょう。再び資料を見てください。

　初めに述べたダメットの酋長が、すでに過去になっているライオン狩りの成功をいま祈るのは、過去自体という錯覚のもとでは確かにパラドックスである。しかし、そのライオン狩りはその時点ではまだ公認された過去物語りにはなっていないのである。つまり、まだ

2021年度

解　答　と　解　説

《2021年度の配点は解答欄に掲載してあります。》

＜数学解答＞

1　(1)　$-\frac{108x}{25y^2}$　(2)　$-\sqrt{6}$　(3)　$(a-2)(x+y)(x-y)$　(4)　$x=3,\ y=-2$

(5)　$x=-1\pm\sqrt{2}$

2　(1)　5　(2)　5　(3)　42　(4)　122　(5)　3：7　(6)　$\frac{8\sqrt{2}}{3}$

3　(1)　$3-\sqrt{5}$　(2)　$\frac{2}{3}$　(3)　$\frac{\sqrt{5}}{5}$

4　(1)　$\frac{1}{91}$　(2)　$\frac{8}{91}$　(3)　$\frac{20}{91}$

5　(1)　8　(2)　$-\frac{7}{6}$　(3)　0，2　(4)　$3-\sqrt{5}$

○配点○

1　各4点×5　2　各5点×6　3　(1)　4点　(2)　5点　(3)　6点　4　(1)　4点
(2)　5点　(3)　6点　5　(1)　4点　(2)・(3)　各5点×2　(3)　6点　計100点

＜数学解説＞

基本　**1**　(式の計算，平方根の計算，因数分解，連立方程式，2次方程式)

(1)　$2x^4y^2\times\left(-\frac{3}{2}xy^2\right)^3\div\left(-\frac{5}{4}x^3y^5\right)^2=2x^4y^2\times\left(-\frac{27x^3y^6}{8}\right)\times\frac{16}{25x^6y^{10}}=-\frac{108x}{25y^2}$

(2)　$(2+\sqrt{6})^2-(\sqrt{2}+2\sqrt{3})(2\sqrt{2}+\sqrt{3})=4+4\sqrt{6}+6-(4+\sqrt{6}+4\sqrt{6}+6)=10+4\sqrt{6}-10-5\sqrt{6}=-\sqrt{6}$

(3)　$ax^2-2x^2-ay^2+2y^2=a(x^2-y^2)-2(x^2-y^2)=(a-2)(x^2-y^2)=(a-2)(x+y)(x-y)$

(4)　$2x:(y+4)=3:1$　$2x=3(y+4)$　$2x-3y=12$…①　$5x+6y=3$…②　①×2+②から，$9x=27$　$x=3$　これを①に代入して，$2\times3-3y=12$　$3y=-6$　$y=-2$

(5)　$\frac{x^2+2x}{2}-\frac{4x+5}{6}=\frac{x^2-2}{3}$　両辺を6倍して，$3(x^2+2x)-(4x+5)=2(x^2-2)$　$3x^2+6x-4x-5-2x^2+4=0$　$x^2+2x-1=0$　二次方程式の解の公式から，$x=\frac{-2\pm\sqrt{2^2-4\times1\times(-1)}}{2\times1}=\frac{-2\pm\sqrt{8}}{2}=\frac{-2\pm2\sqrt{2}}{2}=-1\pm\sqrt{2}$

2　(平方根，関数の変化の割合，場合の数，角度，面積比，体積)

(1)　$\sqrt{126-9n}=\sqrt{9(14-n)}=3\sqrt{14-n}$　$14-n=k^2$(kは整数)のとき，$\sqrt{126-9n}$は整数となる。nは自然数から，$0\leqq14-n<14$　$4^2=16$から，$k=0,\ 1,\ 2,\ 3$　$k=3$のとき，nは最小になるから，$14-n=3^2$　$n=14-9=5$

(2)　$\frac{a\times2^2-a\times(-3)^2}{2-(-3)}=-5$　$\frac{-5a}{5}=-5$　$-a=-5$　$a=5$

(3)　千の位の数が2のとき，一の位の数は0か4，百の位の数は千の位の数と一の位の数以外の数の

3通り，十の位の数は千と百と一の位の数以外の数の2通り。よって，$2\times3\times2=12$(個)　千の位の数が3のとき，一の位の数は0か2か4，百の位の数は千の位の数と一の位の数以外の数の3通り，十の位の数は千と百と一の位の数以外の数の2通り。よって，$3\times3\times2=18$(個)　千の位の数が4のときは，千の位の数が2のときと同様に12個。したがって，$12\times2+18=42$(個)

(4)　右の図において，三角形の内角と外角の関係から，●－▲＝34°…①　三角形の内角の和の関係から，●＋▲＝180°－92°＝88°…②　①＋②から，2●＝122°　●＝61°　円周角の定理から，$\angle x=61^\circ\times2=122^\circ$

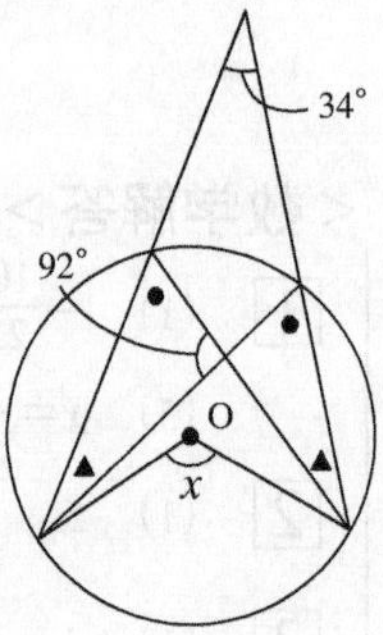

(5)　$\triangle ADE=\frac{2}{5}\triangle ADC=\frac{2}{5}\times\frac{3}{4}\triangle ABC=\frac{3}{10}\triangle ABC$　(四角形BCED)＝$\triangle ABC-\triangle ADE=\left(1-\frac{3}{10}\right)\triangle ABC=\frac{7}{10}\triangle ABC$　よって，△ADE：(四角形BCED)＝$\frac{3}{10}\triangle ABC:\frac{7}{10}\triangle ABC=3:7$

(6)　点Aから面BCDEへ垂線AHを引くと，$BH=\frac{2\sqrt{2}}{2}=\sqrt{2}$　△ABHにおいて三平方の定理を用いると，$AH=\sqrt{2^2-(\sqrt{2})^2}=\sqrt{2}$　求める体積は，四角すいA－BCDEの2倍だから，$\frac{1}{3}\times2\times2\times\sqrt{2}\times2=\frac{8\sqrt{2}}{3}$

3　**(平面図形の計量問題―平行線と線分の比の定理，中点連結の定理，三角形の相似)**

(1)　$CR_2=CA=1$　$CR_1=CB-R_1B=CB-AB=\sqrt{5}-2$　よって，$R_1R_2=CR_2-CR_1=1-(\sqrt{5}-2)=1-\sqrt{5}+2=3-\sqrt{5}$

重要　(2)　折り返した図形から，∠AQP＝∠RQP，∠APQ＝∠RPQ　平行線の錯角から，∠AQP＝∠RPQ　よって，∠AQP＝∠APQ　したがって，△APQは直角二等辺三角形になるので，四角形APRQは正方形になる。AP＝xとすると，QR＝AP＝x，CQ＝CA－QA＝$1-x$　平行線と線分の比の定理から，QR：AB＝CQ：CA　$x:2=(1-x):1$　$x=2-2x$　$3x=2$　$x=\frac{2}{3}$

重要　(3)　PQ//BCから，錯角は等しいので，∠CRQ＝∠RQP，同位角は等しいので，∠RCQ＝∠AQP　∠AQP＝∠RQPから，∠CRQ＝∠RCQ　よって，△QRCは二等辺三角形　同様にして，△PBRもPB＝BRの二等辺三角形　QA＝QR＝QCより，$QR=\frac{AC}{2}=\frac{1}{2}$　PA＝PR＝PBより，$PR=\frac{AB}{2}=\frac{2}{2}=1$　中点連結の定理から，$PQ=\frac{BC}{2}=\frac{\sqrt{5}}{2}$　点RからPQへ垂線RHを引くと，△PRQ∽△RHQより，PQ：RQ＝RQ：HQ　$\frac{\sqrt{5}}{2}:\frac{1}{2}=\frac{1}{2}:HQ$　$HQ=\frac{1}{2\sqrt{5}}$　点QからRCへ垂線QIを引くと，$RI=HQ=\frac{1}{2\sqrt{5}}$　よって，$CR=2RI=\frac{2}{2\sqrt{5}}=\frac{1}{\sqrt{5}}=\frac{\sqrt{5}}{5}$

4　**(確率)**

基本　(1)　A，B2人の座り方は，$14\times13=182$(通り)　そのうち，Aが1の席に座り，Bは2または5の席に座る場合は，2通り。よって，求める確率は，$\frac{2}{182}=\frac{1}{91}$

(2)　Aが5，6，9，10のいずれかに座り，Bはその前後または左右に座る場合は，$4\times4=16$(通り)　よって，求める確率は，$\frac{16}{182}=\frac{8}{91}$

重要　(3)　Aが1，3，4，8，12，14のいずれかに座った場合，Bの座り方は2通り，Aが2，7，11，13のいずれかに座った場合，Bの座り方は3通り，Aが5，6，9，10のいずれかの席に座った場合，Bの座り方は4通り。$2\times6+3\times4+4\times4=40$から，求める確率は，$\frac{40}{182}=\frac{20}{91}$

5 （図形と関数・グラフの融合問題）

基本 (1)　直線ABの傾きは，$\frac{6-4}{1-(-2)}=\frac{2}{3}$　直線ABの式を$y=\frac{2}{3}x+b$として点Aの座標を代入すると，$6=\frac{2}{3}\times1+b$　$b=6-\frac{2}{3}=\frac{16}{3}$　よって，直線ABの式は，$y=\frac{2}{3}x+\frac{16}{3}$　したがって，$\triangle OAB=\frac{1}{2}\times\frac{16}{3}\times\{1-(-2)\}=8$

(2)　$Q(q,\ q^2)$とする。直線PQの傾きは，$\frac{q^2-a^2}{q-a}=\frac{(q+a)(q-a)}{q-a}=q+a$　AB//QPから，$q+a=\frac{2}{3}$…①　QP＝ABから，$q-a=1-(-2)=3$…②　①－②から，$2a=-\frac{7}{3}$　$a=-\frac{7}{6}$

(3)　$y=2x+2$…③　線分APの中点をSとすると，$S\left(\frac{1+a}{2},\ \frac{6+a^2}{2}\right)$　点Sが③上にあるとき，平行四辺形ABPRの面積は直線③によって2等分されるから，点Sの座標を③に代入して，$\frac{6+a^2}{2}=2\times\frac{1+a}{2}+2$　$6+a^2=2+2a+4$　$a^2-2a=0$　$a(a-2)=0$　$a=0,\ 2$

重要 (4)　△OPA＝(四角形ABOP)－△OAB＝10－8＝2　直線OPの傾きは，$\frac{a^2}{a}=a$　点Aを通り直線OPに平行な直線を$y=ax+p$として点Aの座標を代入すると，$6=a+p$　$p=6-a$　$y=ac+6-a$…④　④とy軸との交点をTとすると，$\triangle OPA=\triangle OPT=\frac{1}{2}\times(6-a)\times a=\frac{6a-a^2}{2}$　$\frac{6a-a^2}{2}=2$から，$6a-a^2=4$　$a^2-6a+4=0$　二次方程式の解の公式から，$a=\frac{-(-6)\pm\sqrt{(-6)^2-4\times1\times4}}{2\times1}=\frac{6\pm\sqrt{20}}{2}=\frac{6\pm2\sqrt{5}}{2}=3\pm\sqrt{5}$　$a<\frac{8}{3}$から，$a=3-\sqrt{5}$

★ワンポイントアドバイス★

2 (6)は，1辺の長さがaの正八面体の体積は$\frac{\sqrt{2}}{3}a^3$で求められることを利用してもよい。

<英語解答>

1 (a) birthday　(b) matter　(c) cousin　(d) solve　(e) busy

2 (a) 1　(b) 4　(c) 3　(d) 2　(e) 3

3 (a) 3　(b) 4　(c) 2　(d) 1　(e) 4

4 (a) イ long　ロ at　(b) イ number　ロ danger
(c) イ on　ロ of

5 (a) イ 2　ロ 7　(b) イ 5　ロ 1　(c) イ 4　ロ 6

6 She was kind (nice) enough to help me with my homework.

7 (a) 3　(b) 2　(c) 4　(d) 2　(e) 4　(f) 4　(g) 1，4

8 (a) 4　(b) 1　(c) mind　(d) 2　(e) 最も利益になる商品のそばに，最も高価な商品を載せておくこと。　(f) 3　(g) 2，6

○配点○
1～3 各2点×15　4 各1点×6　5 各3点×3(各完答)　6 4点
7 (c) 4点 他 各3点×7　8 (e) 5点 他 各3点×7　計100点

＜英語解説＞

基本 1 （単語）

(a) birthday「誕生日」
(b) What's the matter with you?「どうしたの？」
(c) cousin「いとこ」
(d) solve「解く，解決する」
(e) busy「忙しい」

重要 2 （語句補充問題：接続詞，不定詞，動名詞）

(a) when he was young と過去の時点の内容なので，過去形を用いる。
(b) something to drink「飲み物」
(c) How far is it from A to B?「AからBまでどのくらいの距離ですか」
(d) surprise「驚かす」
(e) remember ~ing「～したのを覚えている」

3 （会話文）

(a) half past ~「～時半」
(b) 「それはいいね」と返事をしていることから，風邪の調子はよくなっていると判断する。
(c) try ~ on「～を試着する」
(d) 「終わるまで待っているよ」と言っているので，No problem「大丈夫だよ」が適切。
(e) 「お互い知っている」とあるので，以前会ったことがあると判断できる。

基本 4 （語句補充：熟語）

(a) all day long「1日中」 not ~ at all「全く～ない」
(b) a number of ~「かなりの～」 数の大小を表すために number の前に large や small をつけて表現することがある。be in danger「危ない」
(c) on time「時間通りに」 because of ~「～のせいで，～のために」

重要 5 （語句整序問題：不定詞，間接疑問文，文型）

(a) (I) asked him to tell me the way to the station(.) 〈ask ＋人＋ to ~〉「人に～するように頼む」
(b) Do you know how soon she will come(?) 間接疑問文の語順は，〈how soon ＋主語＋動詞〉の語順になる。
(c) This book gave me some idea of life in (England.) give ＋A＋B「AにBを与える」

やや難 6 （和文英訳）

〈形容詞＋ enough to ~〉「～するのに十分…だ」
〈help ＋人＋ with ~〉「人の～を手伝う」

7 （長文読解・物語文：要旨把握，語句補充，英文和訳，内容吟味）

（全訳） ある年は雨が降らなかった。食べ物も水もあまりなかったし，森の中に住んでいるすべての動物は非常に空腹でのどが渇いていた。

森の真ん中に野原があった。この野原には大きな梨の木があった。それは大きな黄色い梨でいっぱいだった。動物たちは食べる準備ができていた。しかし，梨の木の下にトラがいたので，(イ)動物は誰も梨を食べることができなかった。もちろん，トラは果物を食べないので，梨を食べたくなかった！しかし，また他の動物が梨を食べてほしくなかった。サルが木の近くに来ようとすると，トラはひどい音を出した。「近づくな，さもないと(ロ)お前を食べるぞ！」と叫んだ。

動物は果物を食べることができなかった。それからウサギがやって来た。「やぁウサギさん，あなたはとても賢い。私たちは何をすべきですか？私たちはとても空腹でのどが渇いていますが梨を食べることはできません」と動物たちは言った。

ウサギはしばらくの間考え，そして彼は考えを持っていた。「近くに来て，君たち。僕の話を聞いてよ，そうすれば君たちに何をすべきかを教えてあげるよ」

翌朝早く，すべての動物が野原の近くの森の中にいた。鳥とサルは木々の中に座っていた。A他の動物たちは木の後ろに隠れた。トラはまだ眠っていた。

すぐにウサギがやって来て大きな太いロープを運んだ。Bウサギは野原を横切って騒いだ。トラは片目を開けて怒って「なぜそんなに騒いでいるのだ？寝てるのが分からないのか？」と言った。

「トラさん！」とウサギが叫んだ。「あなたは走る必要があります！大きな風が来ています。それはすべてのものやすべての人を地球から吹き飛ばすでしょう」

その瞬間，森の中のすべての動物が騒ぎ始めた。鳥とサルは木々のてっぺんで飛び回った。ゾウや他の大きな動物は揺れ，木々を動かした。Cまもなく森全体が揺れ動いていた。それは世界の終わりのように聞こえた。

トラは(ハ)恐れていた。「どうすればいいのだ」と彼は泣いた。

「あなたは走らなければなりません」とウサギは言った。「私は今あなたを助けることができません。私はこのロープで他の動物を縛りに行かなければなりません。そうでなければ，風は彼らを吹き飛ばすでしょう」

「(ニ)お前は俺を縛らなければならない」とトラは言った。

しかし，ウサギは「いいえ，私は他の動物を助けなければなりません。あなたは大きく強い。あなたは遠くに走って逃げることができます」

「いや！」とトラは叫んだ。「お前は今それをしなければならない」

「わかりました，わかりました」とウサギは言った。「私は今あなたを縛ります」

そして，彼はトラを野原の近くの木に縛り付けた。

「もっと多くのロープだ，もっと多くのロープ！」とトラは言った。「俺は吹き飛びたくない！」

ウサギはより多くのロープを手に入れ，トラの周りにぐるぐると縛り付けた。

終わると，森の中で友達を呼んだ。

「出て来て」と彼は叫んだ。「これを見て。トラを見てごらん。今，(ホ)彼は私たちを木から遠ざけることができないよ」

その後，すべての動物が森から出てきた。彼らは梨の木の下に一緒に幸せに座って，すべての梨を食べた。

(a)　恐ろしいトラが梨の木の下にいたので，他の動物は梨を食べられなかったのである。

(b)　〈命令文，or ～〉「…しなさい，さもないと～」の文である。

(c)　A　すべての動物が森にきて，鳥とサルは木に座っていたので，空欄にはその他の動物について書かれていると判断できる。　B　この後，トラが「なぜ騒いでいるのだ」と言っていることから判断できる。　C　ゾウなどの大きな動物が木を揺らしたので，森全体が揺れたのである。

(d)　「どうしたらいいのだ」とトラが叫んでいることから，恐れていることがわかる。

(e)　この後，ウサギがトラを縛っているので，トラが自分を縛るように言ったとわかる。

(f)　〈keep +A+ away from ～〉「Aを～に近づけない」

(g)　1「雨が降らなかったが，大きな木にはたくさんの梨があった」 第1，2段落参照。1年雨が降らなかったが，野原には梨の木があったので適切。 2「トラは腹にひどい痛みがあったので，サルに叫んだ」 第2段落最終文参照。トラはサルが梨の木に近づかないようにするために叫んだので不適切。 3「ウサギは大きな風が来て，動物たちに被害を与えるということを知っていた」 第4段落参照。大きな風が来るというのは，ウサギがしばらく考えて思いついた考えなので不適切。　4「ウサギは朝早く梨を手に入れる計画を実行した」 第5段落参照。朝早くにトラをだまして梨を手に入れる計画を行ったので適切。 5「ウサギはトラに強い動物が弱い動物を助けるべきだといった」 第12段落参照。ウサギはトラに，大きくて強い動物なので遠くまで走って逃げることができると言ったので不適切。 6「トラは疲れて眠かったので，野原をこれ以上野原を走ることができなかった」 第16段落参照。トラは風で吹き飛ばされたくないため，走らずに木に縛り付けてもらったため不適切。 7「ウサギはトラが飛ばないように梨の木に縛り付けた」 第19段落参照。ウサギはトラが飛ばないようにではなく，動物たちが梨の木に近づけるようにトラを縛り付けたので不適切。

8　(長文読解・説明文：語句補充，指示語，要旨把握，内容吟味)

(全訳)　特売！低い，低価格！今すぐ買い物をしなさい！あなたはおそらく，このような多くの掲示を見てきた。ほとんどの人は，低価格で欲しい製品を購入することができるので，セールが大好きだ。彼らは良い価値を得たと感じているので，幸せである。つまり，彼らは思ったより少ない支払いをした。しかし彼らは本当に良い価値を得たか？価格の心理学を理解している専門家は，多分得なかったと言う。

企業は，自社の製品やサービスの価格を設定する方法について非常に注意を払っている。彼らは戦略として価格を使用する方法を理解している。ほとんどの価格戦略の中心には，アンカーと呼ばれる基本的な原則がある。アンカーは，製品の価値についてあなたが持っている最初の考えだ。この数値は記憶に残るため，非常に重要だ。たとえば，コートの値札を見る。それは100ドルとあるが，その価格は線で消されている。元の価格の上に赤で書かれた第二の価格がある。それは79ドルと書いてある！ 100ドルの数字がアンカーだ。それはあなたが見た最初の価格であり，(イ)それはあなたの心の中でコートの価値を設定する。あなたはそれが100ドルの価値があると信じているので，79ドルの低価格は掘り出し物のように思える。調査によると，(ロ)100ドルという高い元の価格だが，50ドルに引き下げられた製品は，最初から50ドルとだけ記されている同じ製品よりもはるかに速く販売される。

時折，常にではないが，アンカー価格は直接表示されません。それは買い手の心の中だけだ。買い物客は4.00ドルのペンよりも3.99ドルのペンを購入する可能性が高い。4ドルは彼らの(ハ)心の中のアンカーだ。彼らは考える：このペンは4ドルの価値があるが，私はそれよりも少ない支払いをしている。彼らは違いがわずか1セントであることを知っているが，3.99ドルは3で始まるので4.00ドルよりも3.00ドルに近いように見える。(ニ)数字9は，常にそのすぐ上にあるアンカー番号と比較されるため，買い物客に強力な効果がある。研究はまた，買い物客が34ドルの製品よりも39ドルの製品を購入する可能性が高いことを示している。彼らは39ドルの製品は40ドルの価値があると信じている。

価格の心理学は，メニューを含むあらゆる種類の場所で働いている。メニューは，レストランが提供する食べ物のリストだけではない。多くは慎重に設計されており，アンカー価格を使用している。メニューを開くと，通常は最初に見る場所が右上にある。メニューのその場所には，レストランのために最も利益になる食品を見つけるだろう。しかし，その近くに大きなステーキやロブスターなど，最も高価な食べ物がある。レストランは本当に多くの人々が最も高価な料理を注文するとは信じない。ただし，(ホ)それはアンカーだ。高いアンカー価格は，おそらくチキンやパスタ料理のような，レストランにとって利益になる料理を含むことで，他のすべての料理が良い価値があるように見えるのに役立つ。レストランのオーナーは他のしかけを持っている。彼らは€，$，または¥のようなお金の記号を使用していない場合，人々はより多くのお金を費やすことを発見した。だから多くのレストランは，記号(ヘ)なしで番号を書くだけだ。

価格設定には多くの戦略があるが，アンカー価格はおそらく最も強力だ。知っていても，買い物に対するアンカーの影響に抵抗することは難しい場合がある。

(a)　この後で，100ドルの価値があると信じているとあるので，心の中で価値が設定されたとわかる。

(b)　同じ価格でも，元の価格が書かれているほうが速く売れるのである。

(c)　「アンカー」とは心の中で設定される価値である。

(d)　この後，39ドルと40ドルについて書かれているので，「9」について述べているとわかる。

やや難　(e)　最も利益になる商品のそばに，ステーキやロブスターなどの高価なものを載せることで，同じ価値があるように感じさせるのである。

(f)　€や$などの記号を使わないと人々は多くのお金を費やすので，記号なしで値段を書くのである。

(g)　1 「人々は幸せを感じるために，できるだけ多くの製品を購入しようとする」 第1段落第3文参照。人々は，低価格で価値のあるものを手に入れたと思うと幸せに感じるので不適切。
2 「特売は必ずしも良い価値を提供しない」 第1段落最終文参照。価格の心理学の専門家は，良い価値を得ていないと言っているため適切。　3 「商品の最低価格はアンカー価格と呼ばれる」 第2段落第4文参照。製品にどのくらいの価値があるか最初の考えをアンカーというので，不適切。
4 「商品のタグに赤で書かれた元の価格がある場合，それはよく売れる」 第2段落第5文参照。元の価格が線で消されている場合よく売れるので，不適切。　5 「顧客は同じ製品に対して34ドルよりも39ドルを支払う可能性が低い」 第3段落第8文参照。34ドルよりも39ドルのほうを購入するので不適切。　6 「アンカー価格は，より多くの製品を販売する方法の1つだ」 第5段落第1文参照。アンカー価格は戦略の中でも強力であるとあるため適切。　7 「賢い買い物客になるためには，アンカー価格が何であるかを知る必要がある」 第5段落第2文参照。アンカー価格について知っていても，その影響に抵抗するのは難しいとあるので不適切。

★ワンポイントアドバイス★

文法問題，和文英訳問題，長文読解と幅広い知識が問われている。過去問や問題集を用いて，様々な形式の問題に触れるようにしたい。

＜国語解答＞

一　あ　遠方　い　言行　う　協調　え　徒労　お　奮発

二　問一　A　イ　B　エ　C　ア　D　ウ　問二　（例）　われわれも酋長と同様に，すでに決まっているはずのことに対して，祈る場合があるから。　問三　エ　問四　ア　問五　イ　問六　エ　問七　イ

三　問一　ア　問二　エ　問三　ア　問四　ウ　問五　ア　問六　エ　問七　ウ

四　問一　荊の花が落ち，葉が枯れたこと。　問二　2　オ　4　ア
問三　共議㆑分㆓居家之資産㆒　問四　ウ　問五　エ

○配点○

一　各2点×5　二　問一　各2点×4　問二・問七　各4点×2　問五　5点　他　各3点×3
三　問三　6点　他　各4点×6　四　各5点×6　計100点

＜国語解説＞

一　（漢字の書き取り）

あ「遠方」は読み問題の際に「えんほう」としないようにも注意。　い「言行」とは「言うことと行うこと」であり，「言行不一致」で「言っていることと行っていることがばらばら」という意味。似た熟語に「言葉と行動」という意味の「言動」がある。　う「協調」は「お互いに譲り合って調和すること」，「強調」は「強く主張すること」。　え「徒労」は「むだな苦労」のこと。
お「奮発」は「気力をふるい起こすこと」または「気前よく金銭を出すこと」で，一般には後者の意味で使われる。

二　（論説文―接続語の問題，文脈把握，脱文・脱語補充，内容吟味）

基本　問一　A　A以前では遡及的祈りが神を愚弄することであると述べ，以後ではわれわれも遡及的祈りを行っていることを述べていることから，相反する事項をつなぐイが正答。　B　B直後で問題提起を行っていることからエが正答。　C　C直前で述べていることに対し，C直後で更に注を加えているため，アが正答。　D　D直前がD直後の内容の理由となっているためウが正答。

問二　この場合の「笑う」とは「馬鹿にする，愚かさを指摘して嘲笑する」といった意味である。では酋長は何をしたのかというと，＿＿線1の前に「事の成否は決まっているのに，その幸運を祈る」とある。そのうえで，＿＿線1の直後で事故や入学試験を例に挙げ，われわれ現代人も「事の成否は決まっているのに，その幸運を祈る」ことがあるということを説明している。われわれも酋長と同様のことを行うという点，その行いの内容が「事の成否は決まっているのに，その幸運を祈る」ことであるという点をまとめる。具体例を記述するのではなく，具体例によって示される内容を記述する必要がある。

重要　問三　＿＿線2の前に「好意的な酋長が…受け入れられることなのである」，直後に「ではなくて…祈るのである」とあることから，大森が考える祈りの目的とは，良い結果が実際に存在していて，それを認知することにあると考えられる。大森はダメットの問いに対して「しかし…パラドックスじみたものは何もない」と反論しているので，つまりは＿＿線2がダメットの主張する「パラドックス」であるということがわかる。すると，「なかなか手強いパラドックスですが」から始まる段落前半で，ダメットが酋長の踊りについて「現在の行為を…結果をもたらそうとする」としたことが記述されているため，エが正答。

問四　［ X ］，［ Y ］を含む段落は，その前段落で引用されている大森の主張について説明したものである。よって，問三の解説同様，まず酋長の祈りは「現在の行為を…結果をもたらそうとす

る」ものではないという点からアが正答。また，X，Yを含む段落に「この期間は…編入されるわけです」とあることから，過去の事実について未だ知らない状態から，未来において過去の望ましい事実を知るために祈っていると考えられることからもアが選択できる。

やや難 問五　aの「いまだ誰にも知られていない過去」とは人間のもとに情報が届いていない，つまり認知できていない過去であり，それはeの「『神の眼』」と同じ意味を持つ。b・d・cはいずれも人間が過去物語りのネットワークに出来事を編入させることで認知される過去である。よってイが正答。

問六　ア　最終段落に「事故が起こった時点で…決定にすぎません」とあることから，過去とは人間の観測と非常に深いかかわりを持つことがわかるため，「人間から独立して」が不適当。

イ　「要するに」から始まる段落において，「彼らのもとに一定の…編入されるわけです」とあることから，「語られたものが」が不適当。語りではなく，単に情報の認知によって過去が決定するということである。このことは，最終段落で挙げられている行方不明者の生死の問題についても同様であり，行方不明者の生死は語りではなく，単にその情報が認知されることで確定するものである。　ウ　「要するに」から始まる段落では「この期間は…編入されるわけです」，最終段落で「事故に遭った家族の…編入されてはおりません」とあることから，「事実という点で絶対化される」が不適当。事実としての過去は，「過去物語りのネットワーク」に編入される以前はまだ過去ではないという点で絶対ではないということである。

問七　ア　問三・問四の解説同様，人間は過去の改変ではなく望ましい過去についての情報を得るために祈っているということなので不適当。　ウ　問四・問六の解説同様，人間は「過去物語りのネットワーク」に情報が編入されてはじめて過去の事実を認識するため不適当。　エ　「要するに」から始まる段落に「酋長の踊りや家族の祈りは決して無意味な行為ではありません」とあるため不適当。合格を祈る行為も，未だ結果を知らないうえでの祈りという点で酋長の踊りや家族の祈りと同類である。

三　(小説一情景・心情，文脈把握，内容吟味)

問一　＿＿線1の「胸底から頭をもたげようとする何か」とは，その前の「わしにも，その資格がある」という思いであり，「その資格」とは，更に前の「新たな時代を率いていく」ということである。イ　ここまでに「悔恨の念」にあたる描写はないため不適当。　ウ　ここまでに「自分の安易さ」を源三郎が感じている描写はないため不適当。光秀が権力を維持できるかどうかは確かにわからないが，「わしにも，その資格がある」ということから自分を安易と感じているというわけではなく，野心を持っていることがわかる。　エ　茶道具をしまいながら源三郎が「感慨にふけった」とあるが，それで「寂しさ」と断定するまでの根拠はないため不適当。

やや難 問二　「動揺しない」という「顔色一つ変えず」の意味と，＿＿線2直前の「まさか…及ばぬ。」から，計画が露見したのかと不安になったが，露見したのであれば呼び出しなどしないであろうということから，その不安は思い過ごしであるということを冷静に考えた結果が＿＿線2である。よってエが正答。ウと迷うところだが，「隠し通せる自信があった」が不適当。そうではなく，露見していないという考えに至ったということである。

問三　＿＿線3以降の信長の発言全体をもとに解答する。ア　「『そなたは城介に次ぐわが息子だ』」「『城介に万が一のことがあれば，天下はそなたにくれてやる』」という発言から，自分の跡を継ぐべき人間は信忠であり，源三郎のことはそれに次と考えていることがわかるため「自分の跡を継ぐべき」が不適当。　イ　「『仲のよい主従などに…天下など獲れぬ』」に根拠あり。　ウ　迷うところだが，「『立派になったな』」「『わしは嘘をつく者が…断っておいた方がいい』」という発言から，源三郎の織田家の天下平定に尽くしたいという発言を疑っていないことがわかる。疑っていれば，その場で源三郎は斬られたはずである。エ 「『そなたは…それでいいのだ』」，「『仲のよい主従などに…天下など獲れぬ』」に根拠あり。

基本 問四 ＿＿線4直後の「猜疑心の塊で…隙を見せたのだ」をもとに解答する。ア 「話題を逸らすことができ」が不適当。信長と源三郎の話題は，源三郎の信長に対する恨みで一貫している。イ「本来ならば許されないことであろう」と思うのであれば「勝った」という表現にはつながらず，不適当。 エ 「自分の言動を大げさに評価」している描写はここまでにないため不適当。また，「自分のことを確実に取り込もうとしている」描写もない。信長は源三郎の考えを聞いているだけである。

問五 イ「必死に一つにまとめようとしている」が「『仲のよい主従などに…天下など獲れぬ』」，「『わしへの憎悪をかき立てねば』」と矛盾するため不適当。ウ 「滑稽に思えた」のであれば「恐れ入りました」という発言にはつながらないため不適当。惟任についての信長の発言の前に「その通りだ」という源三郎の心情が述べられており，源三郎は信長の考えが正しいと感じたということである。エ 惟任についての信長の発言の前に「源頼朝の…気づいていた」とあることから，「革新性について感嘆した」が不適当。これまで源頼朝や足利尊氏が幕府を開けたのも，信長の言うような憎悪と野心があってこそのことなので，むしろ革新性はないと言える。

重要 問六 ＿＿線6直後の「そこまで買われていたのか」をもとに解答する。ア 「親としての愛情におぼれ」ているのであれば「『そなたが…斬るつもりだった』」という発言にはつながらないため不適当。 イ 問三の解説同様，信長は源三郎のことを信忠の次と考えているため「信忠をさしおいて」が不適当。ウ 源三郎は「『織田家の天下平定に力を尽くし』」たいと述べ，それを信長も疑っていない様子から，「危害を加えようとしている」が不適当。

問七 ア「相手のすべてがわかりあえる」のであれば当然源三郎の殺害計画もわかるはずなので不適当。 イ 「寛容な態度で接している」のであれば「『そなたが…斬るつもりだった』」という発言にはつながらないため不適当。また，源三郎が「そのような信長の態度を信用できず」にいる描写もない。むしろ「勝った」のように，信長が隙を見せたことを疑っていない。エ 「対立は一層激しくなり」「関係はもはや修復できない」のであれば「そこまで買われていたのか」という表現にはつながらないため不適当。信長の「『立派になったな』」，「『そなたは城介に次ぐわが息子だ』」，「『城介に万が一のことがあれば，天下はそなたにくれてやる』」という発言から，信長は源三郎に信頼を置いているということがわかる。

四 **（古文・漢文ー指示語の問題，文脈把握，その他，内容吟味）**

〈甲の口語訳〉 父と母が亡くなった後，すぐにこの三人(の兄弟)は非常に貧しくなった。相談して，「私たちの家を売って他の国に移住しよう」ということになった。そのとき隣国の人が三本の薔薇を買った。(三人は)これを全て売って対価を得た。その翌朝に，三本の薔薇の花は落ち葉は枯れてしまった。三人はこれを見て驚嘆した。いまだかつてこのようなことは見たことがない，と。(三人は)祈願して「私たちの三本の薔薇は，別れを惜しんで枯れたのだ。私たちは(ここに)とどまるべきだ。(そうすれば)またもと通りに花が咲くだろうよ」と。そこですぐに対価を(隣国の人に)返した。日が改まるにつれてもとの通りに花が満開になった。そのため，(家を)去らなかった。

〈乙の書き下し〉 田真は，前漢の京兆の人なり。兄弟三人あり。二親並びに没し，共に議して居家の資産を分かつ。之を分かつこと悉く訖はりて，唯だ庭前に三株の紫荊有り，華葉美茂す。真の兄弟ら議して之を分けんと欲し，明旦即ち其の荊を伐斫せんとす。宿を経て華葉枯れ萎み，根茎は憔顇す。真，旦に鋸を携へて往きて之を見，大いに驚き諸弟に謂ひて曰はく，「樹木の情無きすら，尚ほ分別せらるるを怨む。況や人の兄弟孔懐するをや。何ぞ離るべけんや。是れ人は樹木に如かざるなり」と。因りて対ひて悲泣し，復た樹を解かず。樹即ち声に応じて，青萃故のごとし。兄弟相感じ，便ち財産を合して，遂に純孝の門と成るなり。

〈乙の口語訳〉 田真は，前漢の京兆の人である。兄弟が三人いた。両親が共に死没し，(三人は)相談して家の財産を分けた。財産を分けることがすべて終わって，庭先には三本の紫の薔薇だけが残り，(その)花や葉は美しく茂っている。田真の兄弟たちは相談してこれを分けようとし，翌朝その薔薇を切り落とそうということにした。(しかし)一晩を経て花や葉は枯れてしぼみ，根や茎は痩せこけてしまっていた。田真は朝になって鋸を持って(庭に)行ってこれを見つけ，大変驚いて兄弟に「感情のない(はずの)植物ですら，やはり別れ別れにさせられるのを悲しむのだ。まして人の兄弟であればなおさらその情愛は深いはずである。どうして(私たちは)離れるべきことがあろうか，いや離れるべきではない。人(である私たち)は植物(が思っているように別れを惜しむ気持ち)に及ばなかったのだ」と言った。そういうわけで(兄弟たちは)顔を合わせて悲しんで泣き，二度と(薔薇の)木を切らなかった。(すると)すぐに(兄弟の)声に応えて，(薔薇は)青々ともと通りになった。兄弟はお互いに感動し，そのまま(分けた)財産を合わせて，最終的には孝行者の一族となった。

重要 問一 「かく」は「それ」という意味。____線1を含む一文は「いまだかくのごときことをば見ず，と。」であるが，この「，と。」は直前の「嘆ず」の内容であり，「これを見て嘆ず」ということなので，その前の「三荊，花落ち葉枯れたり」の部分を説明する。指示語の内容を二度おさえることが必要となる問題。

やや難 問二 2 ____線2の直後に「吾らとどまるべし」とあることから，荊は三兄弟と別れることを惜しんだと推測できるのでオが正答。 4 ____線4の直後に「況や人の兄弟の孔懐するをや」つまり「人ならばなおさら兄弟などへの情愛が深い」とあることから，荊は荊の兄弟つまり三本が別れ別れになることを「怨」んで枯れたものと推測できるのでアが正答。

問三 まず，訓読を参考に漢字ごとの読む順番を整理しておく。すると「共—①議—⑧分—⑦居—②家—③之—④資—⑤産—⑥」となる。②～⑥のまとまりを先に読みたいので一，二点を使うが，単に一，二点とすると⑧⑦の順番が成り立たなくなるので，「議」にレ点をつけ，「産」に一点，「分」に二点をつければ順番通りの訓読が成立する。

問四 「如かず」は「及ばない」という意味なのでウが正答。日本の「百聞は一見に如かず」もこの意味。「如く」は「ごとく」とも読み，その場合は「～と同じ，～のようだ」という意味である。「しく」と読む場合は「匹敵する」という意味。「同じ」なので「匹敵する」という意味の連関がある。

問五 ア 〈甲〉では荊の珍しさというよりも荊が一晩にして枯れたことについて見たことがないという旨の記述がなされているが，それも一行のみなので「中心」とは言えず，不適当。

イ 〈乙〉では「荊を売って豊かになっている」根拠はなく，単に荊を切るのをやめた，財産を合わせたということしか書かれていないため不適当。 ウ 〈乙〉では家を売るという話はされていないため不適当。三兄弟はあくまで家の財産を分けようとしただけである。

★ワンポイントアドバイス★

論説文は，引用箇所を筆者がどのような意図で引用しているのか考えながら読み進めよう。引用されているものに対して筆者は同意なのか反対なのか，立場を正確に把握しよう。小説は，登場人物の発言や心理描写から心情や考えを読み取ろう。古文・漢文は，文法や単語の知識をもとに描かれている内容を正しくとらえよう。

MEMO

大切なことはメモしておこうネ!

2020年度

★★★★★★★★★★★★★★★★★★★★★★★★★

入　試　問　題

2020年度

桐光学園高等学校入試問題

【数　学】（60分）　＜満点：100点＞

【注意】　1．定規とコンパスは使用してはいけません。

2．分数は最も簡単な分数で答えなさい。

3．無理数は根号を用い，最も簡単な式で答えなさい。

4．円周率はπとします。

1　次の問いに答えなさい。

⑴　$3x-\dfrac{4x-3y}{3}-\dfrac{5x+6y}{4}$ を計算せよ。

⑵　$\dfrac{(x^2y^3)^2}{8}\div(-6y^2)\times\dfrac{3}{y^2}\div\left(-\dfrac{1}{2}xy\right)^2$ を計算せよ。

⑶　$16x^2-y^2-4y-4$ を因数分解せよ。

⑷　$(\sqrt{200}+\sqrt{300})(\sqrt{0.03}-\sqrt{0.02}-\sqrt{0.01})$ を計算せよ。

⑸　等式 $4(a-2b)=-5(a-2b)+9$ を a について解け。

2　次の問いに答えなさい。

⑴　$5+\sqrt{3}$ の整数部分を x，小数部分を y とするとき，$\dfrac{y^2+2y+1}{x+y-5}$ の値を求めよ。

⑵　x の2次方程式 $2x^2+ax-2a-5=0$ の1つの解が整数aのとき，他の解を求めよ。

⑶　正の整数 m，n について，$3<\dfrac{m}{n}<5$ を満たす m の値がちょうど9個となるように，n の値を定めよ。

⑷　A，B，Cの3人がいっしょにじゃんけんを1回だけするとき，少なくとも1人は勝つ確率を求めよ。

⑸　図の直角三角形ABCにおいて，線分比AD：DCを求めよ。ただし，∠DAB＝∠DBAとする。

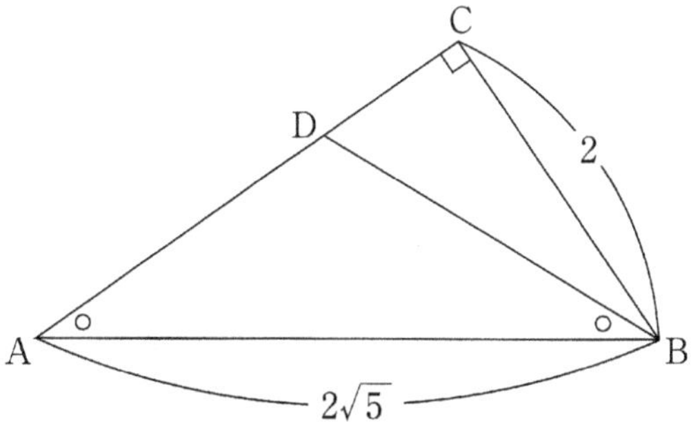

⑹　図のように，$BC=4$，$\angle BAC=60^\circ$ の直角三角形ABCと，BCを直径とする半円がある。点Pが弧BC上を動くとき，△ACPの面積の最大値を求めよ。

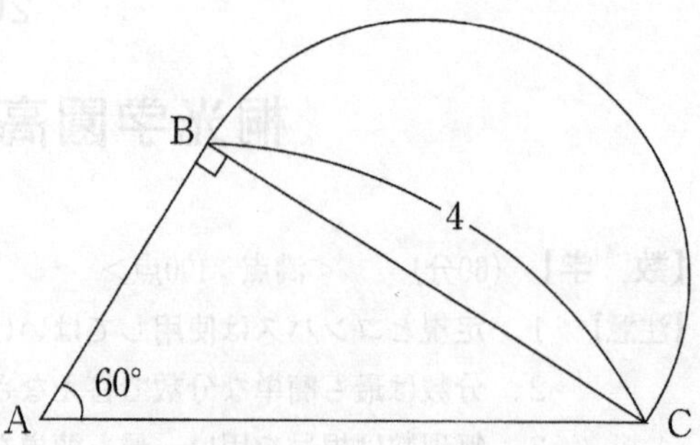

3　図のように，放物線$y=x^2$と直線$y=x+k$の２つの交点をx座標の小さい順にP，Qとする。さらに，点Sをy軸上，点Rを放物線上にとり，平行四辺形PQRSをつくる。このとき，次の問いに答えなさい。

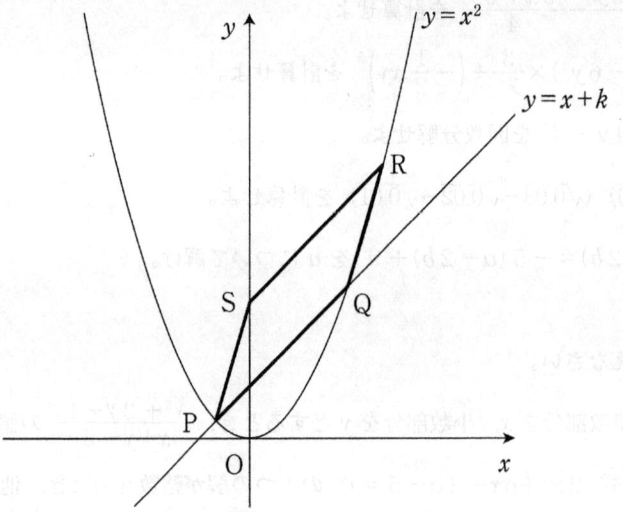

⑴　$k=2$ のとき，

①　点Rの座標を求めよ。

②　点Sの座標を求めよ。

⑵　点Sの座標が（0，20）のとき，点Pの座標を求めよ。

4　図のように△ABCは円に内接しており，∠BACの二等分線と円との交点のうちAでない方をD，線分ADとBCの交点をE，２直線AB，CDの交点をFとする。$DC=4$，$DE=2$，$BE=3$のとき，次の線分の長さを求めなさい。

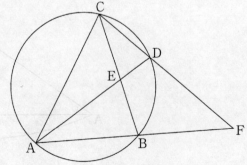

⑴　線分BD

⑵　線分AB

⑶　線分BC

⑷　線分BF

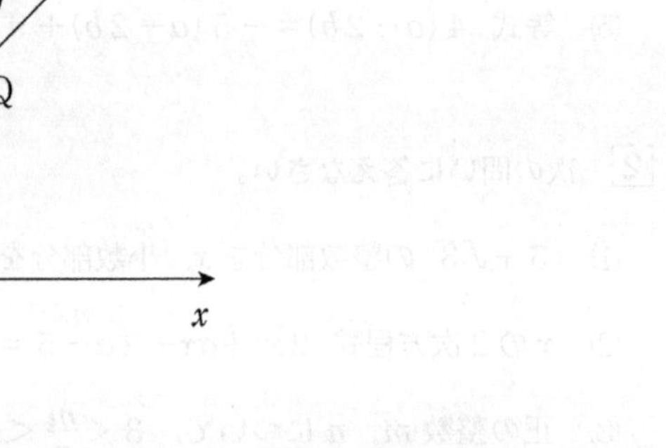

5 図1，図2はいずれも大きさが等しい正三角形が4つ組み合わさってできている。赤，青，緑，黄の4色の中から次のように何色か用いて塗り分けるとき，次の問いに答えなさい。ただし，同じ色は隣り合わないとする。

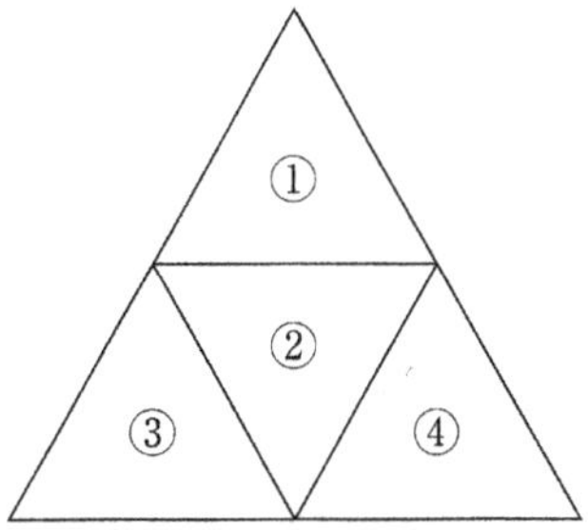

図1

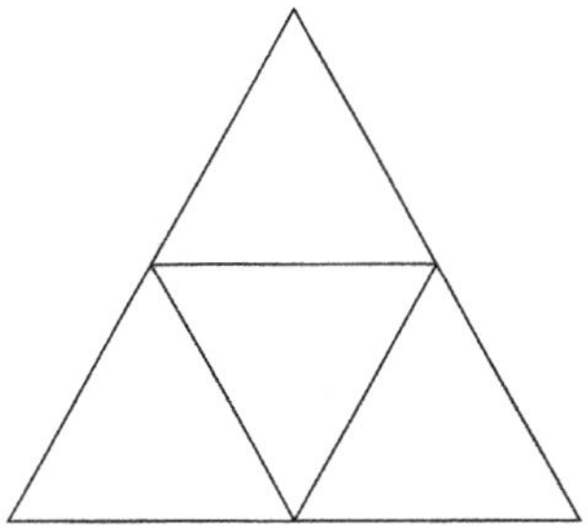

図2

⑴ 図1の①～④を4色すべてを用いて塗り分ける方法は何通りあるか。

⑵ 図1の①～④を4色のうち3色選び，その3色すべてを用いて塗り分ける方法は何通りあるか。

⑶ 図2で4色のうち3色選び，その3色すべてを用いて塗り分ける方法は何通りあるか。ただし，回転して同じになる塗り方は，同じものとみなす。

【英　語】(50分)　＜満点：100点＞

1 次の(a)～(e)の文の［　］に入れるのに最もふさわしい語をそれぞれ答えなさい。ただし，［　］に与えられた文字で始めること。

(a) You can [b　　] these books from the library for a week.

(b) Most scientists agree that CO_2 influences [g　　] warming.

(c) To [d　　] something is to make pictures with a pencil, pen or chalk.

(d) I think you need to see a [d　　] about the pain in your leg.

(e) In Japan we have to take off our [s　　] when we enter a house.

2 次の(a)～(e)の文で，(　)に入れるのに最もふさわしいものを１～４の中から１つずつ選び，番号で答えなさい。

(a) I introduced a friend of (　　) to Bob at the party yesterday.
　１．I　２．my　３．me　４．mine

(b) Suddenly everybody stopped (　　) and there was silence.
　１．talking　２．talk　３．to talk　４．they talked

(c) A new convenience store is going to (　　) next month.
　１．build　２．be built　３．be building　４．building

(d) I had (　　) for breakfast.
　１．a piece of cheeses　２．many cheese
　３．two pieces of cheese　４．a lot of cheeses

(e) Mary looked (　　) her little sisters while her mother was out.
　１．like　２．after　３．out　４．up

3 次の(a)～(e)の会話文で，(　)に入れるのに最もふさわしいものを１～４の中から１つずつ選び，番号で答えなさい。

(a) A : Excuse me.　Are you busy now?
B : (　　　　　　　　)
A : Thank you.　I would like to ask you some questions.
B : Sure.　Go ahead.
　１．Yes.　Can you come back later?
　２．No.　Come in.
　３．Sorry, but I have a lot of things to do.
　４．You must know how busy I am.

(b) A : Hello, this is the Asao Hotel.　May I help you?
B : I'd like to stay at your hotel tonight.
A : What kind of room are you looking for?
B : (　　　　　　　　)
　１．I hear your hotel is nice.

2．I'd like to stay in the city center.
3．I'm looking for a job at your hotel
4．I'd like a single room with a bath.

(c) A：Why don't we go for a drive?
B：(　　　　　　　　　　)
A：Well, what would you like to do?
B：Nothing. I'm just going to stay home.
1．I don't feel like it today.
2．Because I have to visit a friend.
3．I don't want to do my homework.
4．We had better start right now.

(d) A：Let's go out for lunch tomorrow.
B：Great idea. Let's meet at the coffee shop.
A：OK. (　　　　　　　　　　)
1．I've already had it.　　2．I'll be there at eleven o'clock.
3．Would you come with us?　　4．I'm still hungry.

(e) A：Hurry. I don't want to be late for the concert.
B：(　　　　　　　　　　)
A：It starts in 30 minutes, and it takes 20 minutes to get there.
B：Oh, we had better hurry.
1．What time is it now?　　2．Did we miss it?
3．When does it begin?　　4．Where is the concert held?

4 次の(a)～(e)の日本文の意味に合うように英文をつくるとき，（イ）（ロ）に入れるのに最もふさわしい語をそれぞれ答えなさい。

(a) 彼女は平和を求めて，その曲に合わせて踊りました。
She danced (イ) the music to call (ロ) peace.

(b) 18歳未満の人には選挙権がありません。
People (イ) the age of 18 don't have the (ロ) to vote.

(c) 彼は見かけほど年をとっていません。
He (イ) not as old as he (ロ).

(d) 朝一番でこの手紙を出していただけますか。
Would you (イ) mailing this letter (ロ) thing in the morning?

(e) どうぞおくつろぎになって，テーブルのものを自由にとって食べてください。
Please (イ) yourself at home and (ロ) yourself to anything on the table.

5 次の(a)～(c)の１～７の語(句)を並べかえたとき，（イ）（ロ）に入れるものをそれぞれ番号で答えなさい。ただし，文頭にくる語(句)も小文字にしてあります。

(a) Hiroshi is (　　)(　　)(イ)(　　)(ロ)(　　)(　　) school.

1．which　　2．about　　3．club　　4．at
5．to　　6．choose　　7．thinking

(b)　(　　)(　イ　)(　　)(　　)(　　)(　ロ　)(　　)?
1．think　　2．she　　3．do　　4．old
5．is　　6．you　　7．how

(c)　(　　)(　　)(　イ　)(　　)(　　)(　　)(　ロ　).
1．clean　　2．the room　　3．you　　4．want
5．keep　　6．to　　7．I

6　次の日本文を英語に直しなさい。ただし，(　)内に与えられた語をそのままの形で順に用いること。

彼女はその試合に参加するのを楽しみにしています。
(is / forward / part)

7　次の英文を読み，設問に答えなさい。

Often children who are successful in school come from rich and middle-class homes while childen who are less successful grow up in *poverty. *Educators are trying to close this (イ)gap, but for a long time researchers weren't able to find the reasons for the difference. Did rich parents have better *genes? Did they value education more? Was it that rich parents bought more books and educational toys for their children? Was it because (ロ)they were more likely to stay married than poor parents? Or was it that rich children ate healthier food? (ハ)Moved less often? Watched less TV? Got more sleep? Without being able to (　ニ　) the important *factors and remove the unimportant ones, there was no way to begin to close the gap.

The first researchers to find a *specific answer were Betty Hart and Todd R. Risley, child psychologists at the University of Kansas. In 1995 they published the results of a research project on *language acquisition. Ten years earlier, they started visiting 42 families with newborn babies in Kansas City, and for the following three years they visited each family once a month, and recorded everything that occurred between the child and the parent or parents. The researchers then made a written record of each visit and examined each child's language development and each parent's communication style. They found, first, that *vocabulary growth was (　ホ　) among social classes, and that the gap between the classes opened (　ヘ　). By age 3, children coming from *professional homes had vocabularies of about 1,100 words, and children coming from *welfare homes had vocabularies of about 525 words.

When Hart and Risley asked what caused that difference, the answer they found was very surprising. They compared the vocabulary scores with their *observations of each child's home life. They found that the size of each child's vocabulary was closely related to (ト)[1. the child 2. words 3. spoke 4. of 5. the parents 6. the number 7. to]. In the professional homes, parents spoke to their children an average of 487 times each hour. In welfare homes, the average was 178 times per hour.

Also, (チ)the kinds of words and *statements that children heard *varied by class. The most basic difference was in the number of "discouragements" and "encouragements" a child heard. Discouragements are *negative comments such as "don't do this," "don't do that," and "shut up." Encouragements are words of praise and *approval. By age 3, the average child of a professional heard about 500,000 encouragements and 80,000 discouragements. For the welfare children, the situation was the opposite : they heard, on average, about 75,000 encouragements and 200,000 discouragements. Hart and Risley found that parents who spoke more to their children used more difficult language. Parents talked about the past and future, feelings, *abstract ideas, how one thing causes another — all of them *contributed to mental development.

【注】 poverty 貧困　educator 教育学者　gene 遺伝子　factor 要因　specific 明確な
language acquisition 言語習得　vocabulary 語い　professional 知的専門職の人（の）
welfare 生活保護を受けている　observation 観察　statement 発言　vary 様々である
negative 否定的な　approval 承認　abstract 抽象的な　contribute to ～に影響する

［設問］

(a) 下線部(イ)と同じ意味で使われている語を同じ段落から1語で抜き出して答えなさい。

(b) 下線部(ロ)の内容を説明した文として最もふさわしいものを次の1～4の中から1つ選び，番号で答えなさい。

1．裕福な家庭では，貧しい家庭よりも子どもが早く結婚する傾向にある。
2．裕福な家庭の子どもは，貧しい家庭の子どもよりも結婚願望が強い。
3．裕福な家庭では，貧しい家庭よりも離婚率が低い傾向にある。
4．裕福な家庭の母親は，貧しい家庭よりも専業主婦である割合が高い。

(c) 下線部(ハ)より推測できることとして最もふさわしいものを次の1～4の中から1つ選び，番号で答えなさい。

1. Poor families change their homes more often than rich families.
2. Rich families tend to travel by train or bus, not in their own car.
3. Rich people don't get angry so often and usually keep calm.
4. Poor children don't express their feelings as well as rich children.

(d) 空所（ニ）に入れるのに最もふさわしいものを次の1～4の中から1つ選び，番号で答えなさい。

1. ask　2. discover　3. invite　4. create

(e) 空所（ホ）（ヘ）に入る組み合わせとして，最もふさわしいものを次の1～4の中から1つ選び，番号で答えなさい。

1．（ホ）the same （ヘ）early　2．（ホ）very different （ヘ）again
2．（ホ）the same （ヘ）again　4．（ホ）very different （ヘ）early

(f) 下線部(ト)が本文の内容に合う英文になるように，［　］内の１～７の語(句)を並べかえ，番号で答えなさい。

(g) 以下は下線部(チ)の内容を説明した文です。空所（A）～（D）に入れるのに，最もふさわしいものを１～８の中から１つずつ選び，番号で答えなさい。

「調査によると，裕福な家庭では親が子どもに対して（　A　）言葉よりも（　B　）言葉を使うことが多いのに対し，貧しい家庭では結果は（　C　）ものとなった。子どもにたくさん話しかける家庭では，時間，感情，因果関係といった（　D　）言葉を使うことが多く，それが子どもの知能の発達に役立っている。」

1．未来の　2．過去の　3．平易な　4．難解な
5．肯定的な　6．否定的な　7．同じ内容の　8．逆の内容の

(h) 本文の内容と一致するものを次の１～８の中から３つ選び，番号で答えなさい。

1．Children who grow up in poor families tend to be less successful in school.
2．According to the research, one of the main reasons some children have poor vocabulary is that their parents don't have good genes.
3．Hart and Risley found children who were successful in school watched less TV.
4．The research done by Hart and Risley shows that the number of books children read influences their mental development.
5．Hart and Risley finished collecting the data about the families with newborn babies in 1988.
6．Hart and Risley found social classes depended on vocabulary growth in childhood.
7．One of the ways Hart and Risley chose for their research was studying parents talking with their children.
8．Children who can understand abstract ideas always belong to rich families.

8 次の英文を読み，設問に答えなさい。

In 1971 when Larry Stewart was 22 years old, he lost his job. For weeks he drove from city to city and looked for [A]. He found nothing. In a small town in Mississippi, his car *ran out of gas and he ran out of money. He couldn't pay for a hotel room, so he slept in his car. He had no money to buy food, so he got really (イ). For two days, he ate nothing at all.

Early in the morning, Larry went to a small restaurant. Only one man was working there; he was the restaurant's owner. Larry ate a big breakfast. When the owner gave him the *bill, Larry *reached into his back pocket. "Oh, no!" he said. "I lost my wallet!" Of course (ロ)<u>that</u> wasn't true; Larry's wallet was in his car, but there was no money in it.

The owner *bent down and reached under Larry's table. When he stood up, he had a $20 bill in his hand. "I think you dropped this," he said. He put the money in Larry's hand. "Yes, I think I (ハ)did," Larry said. He paid for his breakfast, then pushed his car to a gas station and filled the tank.

Larry decided to drive to Kansas City, Missouri, because he had a cousin there. "Maybe my cousin can help me to find work," Larry thought. On the way to Kansas City, Larry thought about the restaurant owner. "He didn't really find that $20 under my table," Larry decided. "He gave me his money."

In Kansas City, Larry found a job. Later he started a cable TV business, and it was a [B]. Nine years after he arrived in Kansas City, Larry was a rich man.

One day Larry went to a restaurant in Kansas City and ordered a hamburger for lunch. (ニ)[1. tired 2. order 3. the waitress 4. his 5. took 6. who 7. looked] and sad. Larry thought back to 1971, *when he was tired, hungry, and out of work. He thought about the small restaurant in Mississippi and the owner. When the waitress brought the bill, Larry gave her $20. "Keep the [C]," he told her. The waitress started to cry. "Thank you, sir," she said. "Thank you very much."

When Larry left the restaurant, he went to his bank and got some $100 bills. All day he walked around Kansas City with the money. When he saw people who looked sad or poor, he gave them a $100 bill. At the end of the day, he felt wonderful.

Larry had a new hobby : [ホ]. Sometimes he gave $100 bills to people on the street. Sometimes he went to fast-food restaurants or *laundromats and gave money to people there. He returned to the restaurant in Mississippi and gave the owner an envelope with $10,000 in it. When the man opened the envelope, he tried to hand it back. "No, sir," Larry told him. "I came to pay you back." *Altogether, Larry gave away more than one million dollars.

"We are here on earth to help one another," Larry said. "Help the people who helped you. Help others, too. Don't just pay it back. (ヘ)Pay it forward."

【注】 run out of ～を使い果たす　bill 請求書・紙幣　reach 手を伸ばす　bend down かがむ
when その当時　laundromat コインランドリー　altogether 全部で

［設問］

(a) 空所［A］～［C］に入れるのに最もふさわしい語の組み合わせを次の１～４の中から１つ選び，番号で答えなさい。

1. [A] change [B] work [C] success
2. [A] work [B] success [C] change
3. [A] success [B] work [C] change
4. [A] work [B] change [C] success

(b) 空所（イ）に入れるのに最もふさわしいものを次の１～４の中から１つ選び，番号で答えなさい。

１．busy　２．sleepy　３．poor　４．hungry

(c) 下線部(ロ)が示す内容として最もふさわしいものを次の１～４の中から１つ選び，番号で答えなさい。

１．お腹いっぱい朝食を食べたこと。　２．ポケットの中に手を入れたこと。
３．自分の財布を無くしたこと。　４．財布を車の中に忘れたこと。

(d) 下線部(ハ)の内容を10字以上20字以内の日本語で具体的に答えなさい。

(e) 下線部(ニ)が本文の英文の内容に合う英文になるように，［　］内の１～７の語(句)を並べかえ，番号で答えなさい。ただし，文頭にくる語(句)も小文字にしてあります。

(f) 空所 ホ に入れるのに最もふさわしいものを次の１～４の中から１つ選び，番号で答えなさい。

１．giving money away　２．meeting new people
３．eating at restaurants　４．putting money in a bank

(g) 下線部(ヘ)が示す内容として最もふさわしいものを次の１～４の中から１つ選び，番号で答えなさい。

１．見返りを期待しなさい。
２．借金はできるだけ早く返しなさい。
３．受けた恩を他の人にも分け与えなさい。
４．人生を前向きに生きていきなさい。

(h) 本文の内容と一致するものを次の１～８の中から３つ選び，番号で答えなさい。

１．When Larry was young, he used up all his money, so he lost his job.
２．Larry had to sleep in his car because there was no hotel in the small town in Mississippi.
３．Larry paid for his breakfast and gas with the money given to him by the restaurant owner.
４．Larry drove to Kansas City to see his cousin who worked at a cable TV company.
５．In Kansas City, Larry's cable TV business made him rich.
６．Larry became so rich that he began to run a restaurant and a bank.
７．Finally Larry paid more than one million dollars to the restaurant owner.
８．Larry discovered an important thing in life, thanks to the restaurant owner.

問七 〰〰線「決めちゃいなさい」とありますが、この時の「監督」の気持ちを分かりやすく説明しなさい。

三 問題文〈甲〉・〈乙〉を読んで、後の問いに答えなさい。なお、問題文〈乙〉については設問の都合上、送り仮名や返り点を省略した部分があります。

〈甲〉

楚《そ》の襄王《じやうわう》、晋《しん》の国をうたむとす。※1孫叔敖《そんしゆくがう》、これを1いさめ申していはく、「園の※2楡《にれ》の上に、蟬《せみ》、露を飲まむとす。うしろに※3蟷螂《たうらう》のをかさむとするを知らず。蟷螂、また蟬をのみ2まもりて、うしろに※4黄雀《くわうじやく》のをかさむとするを知らず。黄雀、また蟷螂をのみまもりて、楡のもとに弓を引いて、童子《どうじ》のをかさむとするを知らず。童子、また黄雀をのみまもりて、前に深き谷、後《しりへ》に堀株《ほりかぶ》のあることを知らずして、身をあやまてり。これみな、 X をのみ思ひて、後害《こうがい》をかへりみざるゆゑなり」と申せり。王、この時、悟《さと》りを開きて、晋を攻《せ》むといふこと、とどまりたまひぬ。

（『十訓抄』第六　忠正を存すべき事）

〈乙〉

「園中ニ有リレ樹。其ノ上ニ有リレ蟬。蟬高居シ悲鳴シテ飲ミレ露ヲ、不ルレ知ラ三蟷螂ノ在ルヲ二其ノ後ロニ一也。蟷螂委《ゆだ》ネテレ身ヲ曲附シ、欲シレ取ラントレ蟬ヲ、而モ不ルレ知ラ三黄雀ノ在ルヲ二其ノ傍ラニ一也。黄雀延ベレ頸《くび》ヲ、欲シレ啄《ついば》マント二蟷螂ヲ一、不ルレ知ラ三弾丸ノ在ルヲ二其ノ下ニ一也。3此ノ三者ハ、皆務メテ欲シレ得ント二其ノ前利ヲ一、而モ4不顧其後之有患也ト。」

（『説苑』）

※1 孫叔敖《そんしゆくがう》…楚の襄王《じやうわう》の家臣。　※2 楡《にれ》…木の種類。
※3 蟷螂《たうらう》…かまきり。問題文〈乙〉の「蟷螂」も同じ。
※4 黄雀《くわうじやく》…雀の一種。

問一 ――線1「いさめ」とありますが、その漢字表記と意味の組み合わせとして最も適当なものを次の中から選び、記号で答えなさい。

ア 勇め（後押しをする）　イ 諫め（意見する）
ウ 諍め（言い合いになる）　エ 諷め（非難する）

問二 ――線2「まもりて」とありますが、本文における意味として最も適当なものを次の中から選び、記号で答えなさい。

ア 保護して　イ 見つめて　ウ 逃がして　エ 攻撃して

問三 X に入る言葉として最も適当なものを問題文〈乙〉の中から探し、抜き出しなさい。

問四 ――線3「此 三 者」とありますが、何を指しますか。その組み合わせとして正しいものを次の中から選び、記号で答えなさい。

ア 樹・蟬・露　イ 蟷螂・黄雀・弾丸
ウ 蟬・蟷螂・黄雀　エ 樹・露・弾丸

問五 ――線4「不 顧 其 後 之 有 患 也」は、「其の後の患へ有るを顧みざるなり」と訓読します。これを参考にして、解答欄に返り点をつけなさい。なお、送り仮名は不要です。

問六 問題文〈甲〉の話の内容として正しいものには「1」を、そうでないものには「2」を、それぞれ解答欄に書きなさい。

A 襄王は晋の国を攻めるつもりでいた。
B 孫叔敖は襄王に幼少期の体験談を話した。
C 童子は命と引き換えに黄雀を守りぬいた。
D 襄王は孫叔敖によって自らの短慮に気づかされた。

問四 ――線3「それがエースなの」とありますが、この時の「監督」の説明として最も適当なものを次の中から選び、記号で答えなさい。

ア アネゴの肩の調子を心配して交代を要求する私の言葉にも一理あるとは思いつつも、父の命日でもあり県大会前の練習試合でもあるので、信頼のおけるアネゴにかけてみることにした。

イ 個人的な理由で絶対に勝ってよねと言ったことで、アネゴに無理をさせていることを反省しながらも、こういうピンチを乗り越えて、真のエースになってほしいと思い交代しないことにした。

ウ 試合前の自分の言葉のせいで、調子の悪いアネゴに多くのプレッシャーをかけたことを理解しながらも、チームメイトの思いを背負うことのできる存在として、アネゴを信じて任せることにした。

エ アネゴが肩の不調について自分に何も相談してくれなかったことが残念であったが、ずっとエースピッチャーとして投げ続けてきたアネゴの経験と力量を信じて、このまま続投させることにした。

問五 ――線4「うちのエースにして～なりなさい」とありますが、この言葉に込められた「監督」の思いの説明として最も適当なものを次の中から選び、記号で答えなさい。

ア ピッチャーで四番バッターも務めるという非凡な才能を持っているだけでなく、ピンチの時でも強い言葉でみんなを励ます、精神力の強さも兼ね備えた人間になってほしい。

イ 肩の調子が悪くても相手打線を抑えられる優れたピッチャーであるというだけではなく、劣勢の試合中でも穏やかな表情で打席に立つ、平常心を持っている人間になってほしい。

ウ ささいな仕草でも相手に圧力をかけられる大きな存在であるだけでなく、エラーをした仲間に挽回するチャンスを与えることも忘れない思いやりのある人間になってほしい。

エ 選手としてチームを勝利に導く力量があるだけではなく、みんなのさまざまな思いを背負いながら責任を引き受けることができる、器の大きな人間になってほしい。

問六 ――線5「私の口調は～ものになった」・6「アネゴの口調は～いなかった」とありますが、この時の「私」と「アネゴ」の説明として最も適当なものを次の中から選び、記号で答えなさい。

ア 私は、葬儀屋の娘としての経験から友人の父の命日を覚えていないのが普通だと思っていた。一方アネゴは、自分自身の活躍で試合には勝利できたが、仲間であるサキの父の命日だけは覚えておかなくてはいけなかったと自分のことしか責めていなかった。

イ 私は、命日を忘れるのは仕方ないと言いながらも他の先輩たちをつい責めてしまった。一方アネゴは、自分を情けないと言いながらも、友達としてエースとしてやるべきことをやり、チームメイトも一丸となって勝利したのだから誰を責める気持ちもなかった。

ウ 私は、監督の言葉を聞いても気づかずに結果としてアネゴ一人に多くのものを背負わせてしまった他の先輩たちを責めた。一方アネゴは、監督の言い方では気が付かない仲間たちの素直さを思い自分があの時はっきりと言うべきであったと自分を責めていた。

エ 私は、チームメイトの父親の命日に関する事ならば葬儀屋の娘である自分がまず気づくべきであったと後悔した。一方アネゴは、調子が悪いながらも自分自身で活躍することが出来、さらにみんなで協力して試合に勝ったのだから誰も責めなかった。

だから。友達なんだから。でも、誰も気づきすらしなかった。監督以外は誰もね」

今日は私の父の命日だから。

監督はそう言って、先輩たちに気づかせようとした。そして、ようやくアネゴは気づいた。

「アネゴだけだったんですか？」

5私の口調はわずかにそれを責めるものになった。

「ああ見えて、結構、みんな素直だから。そう言われれば、そのまんま受け取っちゃう。中には、そう言えばサキの親父さんが亡くなったのも、去年のこの頃じゃなかったっけと思った人はいただろうけどね」

6アネゴの口調は誰も責めていなかった。

（『短編学校』集英社　所収　本田《ほんだ》孝好《たかよし》「エースナンバー」より）

※1　サークル…ソフトボールのピッチャーが投球する場所に書いてある円。

※2　監督のお父さんなら～…試合開始直前に監督は笑いながら、「今日は私の父の命日（亡くなった日）だから絶対勝ってよね」と選手に声をかけた。

※3　クローザー…最終局面に登場し、試合を締めくくる切り札的な投手。ソフトボールは七回で試合終了となる。

※4　詭弁《きべん》…理屈に合わない事をこじつけること。

※5　ゲッツー…攻撃側のチームからアウトを取る戦術的方法の一つ。後に出てくる「フォースアウト」も同じ。

※6　だみ声…にごった感じの声。

※7　法事…死者を祈るために行う仏事。

問一　次の文は、本文の［ア］～［エ］のどこに入りますか。最も適当なものを選び、記号で答えなさい。

［ギアが一つ、上がった。］

問二　――線1「監督はしばらく考え、首を振った」とありますが、この時の「監督」の気持ちの説明として最も適当なものを次の中から選び、記号で答えなさい。

ア　肩を痛めているというアネゴが、サキのミスを帳消しにするため頑張っているので、このまま様子を見ようと思った。

イ　自分が「絶対、勝ってよね」といったために、アネゴが無理をしているので、怪我をしないうちに交代させようと思った。

ウ　どうしても勝ちたいので、最後までアネゴに投げさせたいが、本人の希望通り次の回で交代させようと思った。

エ　肩の調子が悪いことを知ったが、アネゴはサキの事情を理解して投げているとわかり、そちらを優先しようと思った。

問三　――線2「試合の事情が～変わりません」とありますが、この時の「私」の心情の説明として最も適当なものを次の中から選び、記号で答えなさい。

ア　相手が予想外に手ごわいからといって、急に試合前の計画を変えたりせずこの回でピッチャーを交代させてほしい。

イ　予想外に苦戦しているからといって、個人的な理由で、肩の調子が悪いアネゴにこれ以上無理をさせないでほしい。

ウ　アネゴは肩を痛めながらも一年生に負けたくないと意地になっているが、大事を取って交代させてほしい。

エ　アネゴはサキのために投げているが、五回で交代するつもりだったので初めの予定どおり交代させてほしい。

あの日、命日だったのは、監督の父親ではなく、サキ先輩の父親だった。

もともとサキ先輩がソフトボールを始めたのは野球好きの父親の影響だったという。サキ先輩がまだレギュラーではなかった一年生のときから、父親は必ず試合を見にきてくれていたらしい。上の学年の人たちは、だから、みんなサキ先輩の父親のことを知っていた。

「最初はどこの酔っぱらいかと思ったよ。サキも何にも言わないし。まあ、恥ずかしかったんだろうけどさ」

およそ高校女子ソフトの応援には相応《ふさわ》しくない※6だみ声で、それでも野次《やじ》は一切なしで懸命に応援してくれるその姿は、いつしかうちの部の試合にはなくてはならない名物になっていった。

「先輩たちなんかさ、親父さんの姿がないのを見て、その日、サキが休みだって気づくぐらいだった。まあ、もっとも」とアネゴは苦笑しながら教えてくれた。「その後、一人で現れたけどね。風邪を引いた娘は家で寝ているのに、その親父だけ、応援にやってきた。娘の分までってんで、気張ったんだろうね。いつもよりいっそう、熱の入った応援でさ。その日は、負けてた試合を、たまたま親父さん登場の直後の回に逆転しちゃった。で、誰からともなく言い出した。そういや、一年のサキのお父さんが応援にくると、必ず試合に勝ってたんじゃなかったっけって。それで、サキの親父不敗伝説なんてのができちゃった。実際には、そんなことないんだよ。だって、毎試合、見にきてるんだから。だったら、うちらのチーム、不敗かよって話さ」

その親父さんがぱったりと応援にこなくなったのは、年が明けようとするころだった。

ちょっと病気で……。

サキ先輩はそう説明した。

「サキも知らされていなかったらしい。それほど深刻なものだとはね」

親父さんが亡くなったのは、先輩たちが二年に上がって、すぐのことだった。

「それをね、忘れたんだよ」

アネゴは苦しそうに言った。

「あれほど一生懸命応援してくれたサキの親父さんの命日を、私たちは、誰一人覚えてなかった。みんなでお葬式にも出たのに。みんな、あんなに泣いたのに。誰も覚えてなかった」

友人の父親の命日。葬儀に出たのならば季節くらいは覚えているだろうが、正確な日付まで覚えているというのは、むしろ稀《まれ》なケースだろう。忘れた先輩たちに非があるとは思えなかった。

葬儀屋の娘としての意見を言わせてもらうなら。

頭にそう付け足して私がそのことを言うと、アネゴは微笑《ほほえ》んだ。

「そうだね。そうかもしれない」

「それでも自分を責めるんですか？」

私はそう聞いた。

「責めちゃいない。ただ情けないだけ」

アネゴはそう答えた。

「誰もわかってなかったんだ。あの日、サキが試合にきた意味を。命日なんだから、きっと※7法事だってあったはずなんだ。でも、サキは試合を優先した。ただの練習試合でも、親父さんが喜ぶのは自分がそっちに出ることだって思ったから、だからサキはやってきた。私たちはその思いをちゃんと受け止めてやらなきゃいけなかった。チームメイトなんれ以上のふざけたガッツポーズを返していた先輩の目は光っているように見えた。お尻を突き出したポーズを解いたサキ先輩は、やがて次の打者に向けて、小さく頷いた。それに頷き返したアネゴが、帽子のつばに手を当てて、軽く頭を下げた。何だろう、と私は思った。打席に入りながらやれば、通常の、打席に入る際の意味のない挨拶になるだろう。が、打席に入る前に、自軍のベンチの端に向かってやる意味がわからなかった。つられて目線で追ったが、そこには誰もいなかった。逆転劇の直後の興奮で、誰もアネゴの仕草に気づいてはいないようだった。視線を戻すと、すでにアネゴは打席に入っていた。相手ピッチャーに向ける凛《りん》とした視線とは裏腹に、その頬《ほお》が少し緩んでいる気がした。

「はーい。ヒヨッコの一、二年生諸君。よく見ておいて。あれがうちのエース」と監督が言った。「[4]うちのエースにして、うちのキャプテン。ああいう、いい女になりなさい」

　動揺したわけではないだろう。ギアの上がったうちのチームとの地力の違いを見せつけられ、最後に頼ったのが自分の渾身《こんしん》の力だったということだ。コースを狙わず、力任せに放たれたストレート。アネゴの体が力みなく動いた。すっと空間を切り裂いた鮮やかな軌跡が、ボールを高々と青空に飛ばした。センターは一歩だけ後ろに下がり、すぐに諦《あきら》めた。

　ホームランゾーンとして設置されたフェンスの上をボールは軽々と越えていった。

「まったくねえ」

　ベースを一周したアネゴが、本塁のところで、二塁ランナーだったサキ先輩とハイタッチをかわしていた。

「今年はともかく、来年は怖いわね。頼むわよ、ヒヨッコちゃんたち」

　明らかに球威は衰えたものの、アネゴがコントロールを乱すことはなかった。ラストイニングの七回、緩い球を効果的に使い、二つのアウトを重ねた。

　最後の打者もツーストライク。遊び球はなかった。三球目。力強く振り抜いたバットはただ空《くう》を切った。乾いた音を立ててミットにボールを収めたキャッチャーが、バッターアウトの主審の声に押し出されるように、アネゴに向かって駆け出した。飛びついてきたキャッチャーを抱き止め、よっしゃーとアネゴは拳を突き上げた。

　よっしゃー。

　サークルの中に集まった他の八つの拳が、それに続いて空を突き上げた。

　先にグラブを差したバットを肩に担ぎ、小学生の男の子が駅前の広場を駆けていった。

「あのときはすみませんでした」と私は頭を下げた。

「何のこと？」

　監督は私に聞き返した。

「何も知らないで、生意気なこと言いました」

「知ったこっちゃないです、って？」

「あ、覚えてましたか」

「うん。覚えてた。しっかりと」

　私たちは目を合わせて、ちょっとだけ笑った。

　あとで知った話だ。

「当たり前だよ。あんな一年坊にいつまでも舐《な》められてたまるか」

「お姉様の怖さを教えてやんなきゃ」

「そう、そう。うちら、ドSの集まりだしね」

いやん、私、Mよ、と誰かが言い、あんたが一番Sでしょうが、と笑い声が上がった。

「勝つよ」

アネゴの言葉に、おう、とみんなが応じた。[イ]

相手の一年生エースはよく投げたと思う。いやらしく粘られて四球を選ばれても、セイフティバントで揺さぶられても、崩れることなく自分の投球を続けた。

一点を返して同点。なお一、三塁。荒いプレーの一つでもあれば、もう一点入っていてもおかしくなかった。そうさせないのは、一年生エースの気合いの入った投球のせいだろう。投球につられて、野手たちが堅い守りを見せていた。もう一つ取れたかもしれない先の塁が取れない。

[ウ]

粘られながらも、次の打者を三振に取り、一年生エースがガッツポーズをした。

「まずいね」

奈美《なみ》が呟き、私は、うん、と頷《うなず》いた。[エ]一気に畳みかけておきたい場面だった。

エラーを繰り返したサードのサキ先輩が打席に入った。

相手のキャッチャーはきわどい球を二球続けて要求した。きわどかったが、ストライクを取りに行く気がないのは見ていてわかった。一点勝負。二塁はあいている。歩かせるつもりだろう。一つアウトを取れた今、塁を埋めてあわよくば※5ゲッツー。悪くともバックホームでフォースアウト。もう相手がただの練習試合などと考えていないのは明らかだった。最初は力試しのつもりだっただろう。けれど、勝てば、その自信はチームにとって何物にも代え難い財産になる。相手は本気で勝ちにきていた。

一度、打席を外したサキ先輩がふうと長く息を吐いて、グリップを握り直した。

「届かない距離じゃないわよ」

私の隣で監督が呟いた。

「決めちゃいなさい」

相手が投げた三球目。その手からボールが離れたとき、ピッチャーの顔が小さく歪《ゆが》むのがわかった。大きく外へ外すはずのボールが、何でもないストレートとしてホームベース上にすっと投げ込まれた。

「今年はともかく、来年は怖いわね」

監督が苦笑しながら呟いたとき、ファーストの頭上を鋭く抜けたライナーはフェアーグラウンドに落ち、追いかけてくるライトを避けるようにファールグラウンドに転がっていた。

「あのピッチャー、まだまだ伸びそう」

三塁ランナーはボールの行方を確認してから、ゆっくりホームを駆け抜け、一塁ランナーも余裕を持ってホームに滑り込んだ。生還した二人のランナーが手をパチンと合わせ、おーと拳を突き上げて大きく叫んだ。二塁上の打者に向けて、おどけたガッツポーズを送る。

「サキ先輩、泣いてる？」

私の隣で奈美が呟いた。塁上を見ると、おどけたガッツポーズに、そないんだよ」

アネゴは打席に入り、一年生ピッチャーを睨《にら》みつけた。一年生に負けるわけにはいかない。アネゴの意地だろう。

その回、アネゴは塁に出たが、後続があっさりと断たれた。

六回、アネゴは簡単に先頭打者を打ち取ってから九番と一番に連打を浴びた。肩をかばうような仕草は微塵《みじん》もなかったが、球威の衰えは明らかだった。

「まだばてる球数でもないでしょうに」

監督が呟《つぶや》いた。

「私に行かせてください」

監督がちょっと驚いたように私を見た。

「珍しいわね。うちの※3クローザーが登板直訴《じきそ》なんて」

クローザーが冗談であることくらい私にもわかった。私はただ、すでにゲームの勝敗が決まったあとで、アネゴを休ませるためだけに投げる控え投手だ。

「アネゴ、肩に違和感があるそうです」

監督の眉根《まゆね》が寄せられた。

「森野にそう言ったの？　いつ？」

「試合前です。今日は五回まで。六回、七回は任せると言われました」

1監督はしばらく考え、首を振った。

「じゃ、事情が変わった」

確かにそうだろう。試合前、五回が終わったころには、悪くとも五対○、あわよくば七対○、十対○だってあり得たはずの試合だった。

「2試合の事情が変わっても、アネゴの事情は変わりません。球がいってません。明らかにおかしいです」

快音が鳴った。グラウンドを見ると、高く上がった打球を懸命に追いかけたセンターがスライディングキャッチしていた。これでツーアウト。

「負けたくないのは監督の勝手です。そんなものを生徒に背負わせないでください。お父さんの命日なんてそんなこと、私たちの知ったことじゃありません」

監督がきっとなって私を見た。何かを言いかけ、そしてまた首を振った。ア

「生徒になんて背負わせてない。エースに背負わせただけよ」

「※4詭弁《きべん》です」

思わずかっとなった私の温度に合わせるように、監督の言葉の温度も上がった。

「詭弁でも何でも、3それがエースなの」

ストライク。

上がった主審の声に振り返ると、相手の三番を三振に仕留めたアネゴがゆっくりとこちらに歩いてくるところだった。

「勝つよ」

ベンチに戻ったアネゴが言った。

「もう一点もやらない。だからあと二点。死ぬ気で取って。お願い」

延長はなしと試合前に取り決めた。あと二回の攻撃で二点。勝つなら取るしかない。

言葉にこもっていたアネゴの気迫に、みんながしんとなった。

「取る。取るよ」

やがてキャッチャーが言った。

た、ということ。

ウ　嵐によって流されてきた生き物たちを、食べるためではなく、流線形の背中を眺めるために掬い上げて、夢中で観察していた、ということ。

エ　水面に見える種類も定かではない魚の影が、暗がりに見え隠れする様子を見て、魚の向こう側に感じられる未知の世界に興奮していた、ということ。

問四　――線3「出初式もその一つです」とありますが、「その」の指す内容は何ですか。簡潔に書きなさい。

問五　〰〰線「天然知能は、（　）知性なのです」とありますが、それはどういうことですか。その説明として最も適当なものを次の中から選び、記号で答えなさい。

ア　天然知能とは、外部の価値判断に依存しながら、自分にとっての外部を受け容れ創造し続けることによって、自分が自分であることの証明を可能とするものである。

イ　天然知能とは、一般的な評価や他者の意見に依存せずに、既に自分の中にある世界観を具現化することで、自らの存在を自ら認めることを可能とするものである。

ウ　天然知能とは、未知のものとの接触から世界を広げ、刻一刻と変化していく自己を受け入れることによって、外部との差を認めることを可能とするものである。

エ　天然知能とは、周りの目を気にせず、未知の世界をありのままに受け入れ、新たな自己をつくり上げてゆくことを可能とするものである。

二　次の文章を読んで、後の問いに答えなさい。

現在は社会人となっている「私（＝森野《もりの》）」は高校時代のソフトボール部監督と駅前で偶然に会いコーヒーを飲みながら、一番思い出に残っている試合について話し合っている。その日の練習試合ではサードの「サキ」のエラーが重なり五回の時点で〇対一で負けていた。

続く打者を三者連続三振。その回の守備が終わっても、アネゴの投球に「ナイスピッチ」と声をかける人はいなかった。もう前にすら飛ばさせない。孤高の※1サークルからベンチへと引き上げてくるアネゴからは、そんな気迫を感じた。

「次から、私、行きます」

やってきたアネゴのグラブを受け取り、バットを渡しながら、私は囁《ささや》いた。

「いいよ。投げ切る」

先頭打者として打席に向かいかけたアネゴの腕を私はつかんだ。

「練習試合ですよ。今日は、ここまで。本番の県大会でやっちゃってください」

アネゴはちらりとベンチの方を見た。

「負けるわけにはいかない試合だ」

「※2監督のお父さんなら大丈夫です。もう死んでるらしいですから。たぶん文句も言いません。言ったとしたって聞こえません」

「監督の親父《おやじ》は関係ない」とアネゴは言った。「私が負けるわけにはいかし、ただ毎日生きるだけでも、創造です。今までなかったあなたが、一瞬ごと、時々刻々と、創られるわけですから。

あなたは、創るということに対して、アーティストを思い浮かべ、「何かを創るなんてことは、そういうイメージを持っているアーティストだけの仕事だろう」、と思ったかもしれません。しかし、アーティストの頭の中にイメージが存在するとき、それは既に存在するものになってしまいます。自分の内なるイメージを外に出して形にするだけなら、それは創造ではありません。なかったものを創るとは、自分の知らない向こう側からやってくることを待つしかないのです。

自分からは感じることもできない、自分の知らない向こう側、これを**外部**と言うことにします。創造とは、外部からやってくるものを受け容れること、なのです。アーティストがイメージするものは、外部からやってくるものが降臨する場所、やってくるきっかけに過ぎない。アーティストとは、平凡な私たちよりほんの少し、外部への感度がいいだけで、創造についてやっていることは同じ、外部を受け容れること、なのです。

（郡司《ぐんじ》ペギオ幸夫《ゆきお》『天然知能』講談社より）

※1　マメコガネ…コガネムシ科の昆虫。光沢のある緑色の体を持つ。
※2　出初式《でぞめしき》…日本の消防関係者によって、一月初旬に行われる仕事始めの行事。はしごに登り、ポーズをとる。
※3　いなせさ…男気があり、粋《いき》であり、心意気のあること。江戸における美意識のひとつ。
※4　博物学的、分類学的…ここでは「収集や分類をとおして事物の理解を深める学問のように」という意味。
※5　恣《し》意《い》的…気ままで自分勝手な様子。必然性のない様子。

問一　===線あ〜おのひらがなを漢字に、漢字をひらがなに直しなさい。

問二　――線1「世界に対する〜大別されるでしょう」について。

(1)　ここで筆者の言う「人工知能」は、どのような「対処の仕方」をするでしょうか。その説明として最も適当なものを次の中から選び、記号で答えなさい。

ア　外部からの指令を忠実に実行する。
イ　自分にとって価値があるか否かによって行動を決める。
ウ　利害の有無にとらわれず柔軟に判断を下す。
エ　あらゆるものを受け容れる。

(2)　次のA〜Dで、「自然知能」の例にあたるものには「1」を、「天然知能」の例にあたるものには「2」を、それぞれ解答欄に書きなさい。

A　虫の名前を覚え、昆虫を採り、標本を作る。
B　自作の動物図鑑を作る。
C　道端の茂みから突如現れたマメコガネに興奮する。
D　岩や石を拾い集め、紘物の種類ごとに分ける。

問三　――線2「子供の頃、ドブ川で〜天然知能でした」とありますが、その説明として最も適当なものを次の中から選び、記号で答えなさい。

ア　大雨の翌日に迷い込んできた魚の水面に映る姿の一部をじっと見つめることで、その魚の種類を特定することに熱中していた、ということ。
イ　ひやかす大人の声も気にせず、必死に捕まえた魚を家に戻ってタライに移し、どのようにしようかと考えることができて嬉しかっるでしょう。腹部を覆う羽は茶色でメタリックグリーンに縁取られていますが、頭部と胸部も緑色。腹は焦げ茶色ですが白い毛がたくさん生えています。こういった分類上の基準を満たすか否かで、マメコガネか否か判定されます。目の前の甲虫がマメコガネであったなら、世界に関する知識は再確認されますが、そうでない場合、新種の可能性さえ出てくる。こうしてマメコガネは、世界にとっての知識に寄与する材料となるのです。

　天然知能は、目の前の甲虫を見て、知識としてマメコガネかもしれないと思いながら、マメコガネが、自分の知らないところからやってきた点に興奮します。マメコガネは、自分の知らないことを担いできたに違いない。3出初式もその一つです。天然知能は、マメコガネと自分の出会いの中に、自分の知らない向こう側から、何かがやってくることを感じるのです。

　世界の真理としての自然知能、個の経験に依拠した素早い判断である人工知能。これらに対して、天然知能には、「てんねん」という音の感じからも、論理的ではない、愚直な感じがありますが、しかし同時に、底抜けに明るい、楽天的な、生きることへの無条件な肯定が感じられます。論理的に評価し、判断する能力としては、低いかもしれない。しかし本書では、天然知能だけが、自分で見ることのできない向こう側、徹底した自分にとっての外側、を受け容れる知性であり、創造を楽しむことができる知性である、ということを、示していきます。結果、天然知能は、**自分が自分らしくあることを、肯定できる、唯一の知性**なのです。

　人工知能や自然知能には創造性がなく、天然知能だけが創造性を持つのです。なぜそう言えるのでしょうか。人工知能や自然知能は、知覚したものだけを自分の世界に取り込み、知覚できないものの存在を許容できません。そこには外部を取り込み、世界を㋔刷新する能力がないのです。天然知能は、知覚できないものの存在を感じ、それを取り込もうと待ち構えている。この意味で天然知能は、自らの世界の成立基盤を変えてしまうのです。

　人工知能と人間に、何か題材を決めて絵画を制作させ、一般にアンケートを取ってどちらがいいか選んでもらう。このようにして、創造性を評価しようものなら、人工知能はたちどころに、一般の人がいいと感じる絵画の傾向を学習し、それをもって、アンケート調査で勝つ限りでの、人間が描いたよりずっと「創造的な」絵画を描けるでしょう。優劣は、優劣の基準を決めない限り、存在しないのです。逆に決めたが最後、人工知能の一人勝ちです。

　このような創造性は、外部から勝手に評価基準を与えた、擬似的創造性に過ぎません。当事者にとっては何の意味もない。多くの人が投票によって「創造的」と考える作品は、それを制作した当事者にとって、創造的ではないのです。人工知能や自然知能は、だから、創造性を楽しむことができない。

　天然知能だけが、「創造を楽しむ」ことができるのです。だからこそ、天然知能は、自分が自分らしくあることを、肯定できるのです。ちょっと説明しましょう。

　創造とは、今までなかったものを創ることです。別にあなたはアーティストでもないだろうし、創造なんて、と思うかもしれません。しか

することがあっても、別の場合には一切無意味であるものも受け容れる。評価㋓じくが定まっておらず、場当たり的、※5恣意《しい》的で、その都度《つど》知覚したり、知覚しなかったり。これが天然知能です。

2子供の頃、ドブ川でナマズを捕っていた私は、天然知能でした。近所には里山が広がり、草深い土手に区切られた用水路で、フナやドジョウを捕っていた私は、食べるためでも、博物学的興味からでもなく、ただ魚を捕り、しばらく飼っては、近くの沼に逃しに行っていました。その地方では梅雨の終わりに大雨が降り、近隣の沼に棲息する大型のナマズ、ライギョ、五十センチにはなるだろう、コイが、近所の、江戸時代に作られた堀に流されてきました。

大雨の翌日は決まって快晴で、水の引いた堀の淀みに、ナマズやコイが、背びれを見せながら潜んでいました、それを小さなタモ網で掬い上げることの無上の喜び。堀の上から冷やかす大人の声も気にせず、当時は自転車さえ捨てられていた堀の中で、ただ魚を捕り続けました。帰宅するとタライに魚を放し、その背中をひたすら眺めました。

自然知能は、博物学的に魚を同定しようとしますから、ナマズやコイのイメージは常に図鑑に示されたような、横から見たイメージになります。人工知能では、自らの経験が作り出した用途でイメージが決まります。食べ物として利用するとき、ナマズやコイは三枚おろしや切り身であり、インテリアとして利用されるときには、水槽《すいそう》の中で水草と一体になったイメージとなり、その都度、それ以上でもそれ以下でもないイメージが確定します。

天然知能が見るナマズやコイのイメージは、水面から見る影であり背中です。それは常に上から見た黒々とした流線型で、奥の暗がりからフッと現れ、また奥へと消えて行っては、天然知能を興奮させます。天然知能は、自分には見えない暗がり、どうなっているのかわかるはずもない**向こう側**からやってくるもの、向こう側へ行くものに興奮するのです。魚が向こう側との接点であるとき、自然の中で生きている姿を見るしかない。すなわち、私たちは、水中の魚を、上から見るしかないのです。

向こう側は、他人に聞いても誰にもわかりません。客観的に意味のないものです。だから自然知能は無視します。自然知能は、問題や謎として知覚されたものだけに興奮するのです。人工知能は、知覚できたデータだけを問題にしますから、まずはデータを見せてくれ、と言うでしょう。**見えないものに興奮するのは、天然知能だけの特権なのです。**

マメコガネに対して三つの知能はどう反応するでしょうか。人工知能は、この甲虫がマメやブドウに対する害虫となり得るものの、日本では海外ほど暴走しない、だから自分の畑もさほど荒らさない、その程度の害虫と判断するでしょう。もちろん、それは一つの人工知能の判断で、別の経験を持った人工知能は、別の判断をするはずです。色の綺麗なものは何でも収集する人工知能なら、マメコガネの羽を自分のコレクションに収めるべき、と判断するでしょう。人工知能に共通するのは、自らの経験によって鍛えあげられた一元的価値観で、全ての知覚されたものを評価するという点です。それは一般的には、自らにとって有益か有害か、という判断に帰着すると考えていいでしょう。

自然知能は、目の前の甲虫がマメコガネであることの確認に躍起にな

【国語】（五〇分）〈満点：一〇〇点〉

一 次の文章を読んで、後の問いに答えなさい。

夏の初めになると、道路脇の小さな崖に繁茂《はんも》したマメ科の植物、そこに乗っていた※1マメコガネを思い出します。学生時代の通学路、職場に通った道と、場所は様々なのですが、いつも夏の崖は、縦横無尽《じゅうおうむじん》に蔓《つる》を広げ、大きな分厚い、野生のマメ類に特徴的な緑の葉に㋐覆われていました。そういった葉を見つけると、必ず葉の端や、蔓上の小さな芽などに、マメコガネを探したものでした。

マメコガネは、光沢のある茶色の背中（羽）が、やはりメタリックの緑色に縁取られた、大人の爪ほどのコガネムシです。何より魅惑的なのはそのポーズで、前から三対目の脚は、大きく上に持ち上げられたり、横にまっすぐ突き出されたりしているのです。前二対の脚で、葉や、他のマメコガネの背中にしがみつきながら、後ろの脚はしっかりと、華麗なポーズをキメている。

マメコガネは※2出初式《でぞめしき》をやっているに違いないのです。江戸の火消しは、※3いなせさと度胸を示すパフォーマンス、それに訓練を兼ね備えた形で、出初式をやっていたのでしょう。何よりそれは人に見せるものだったはずです。マメコガネの出初式は、誰も見るものがいない。抜けるような青空のもと、暴力的な緑の繁茂の上で、誰に見せるでもなく、いつまでも㋑じまんのポーズをキメ続けている。いや私だけが、それをじっと見ていたのでした。出初式を真似するマメコガネ、だからそれはいつも、マネコガネだったのです。

さて、1世界に対する対処の仕方は、三つに大別されるでしょう。人工知能の対処の仕方、自然知能の対処の仕方、天然知能の対処の仕方です。これを、身近な虫や魚に対する向き合い方において考えてみます。

第一に、人工知能です。食べるためとか、害虫として駆除するとか、自分にとっての用途、評価が明確に規定され、その上で対処するという向き合い方が、人工知能の対処に相当します。それは一昔前の日本ではよく見られた風景の一部であり、むしろ動物的な気さえして、未来的な人工知能とはソリが合わないようにも思えます。しかし私はこれを、人工知能の思考様式に対応させたいと思います。なぜならそれは、自分にとって有益か有害かを決め、その評価のみで自分の世界に帰属させるか（食べて取り込む、益虫として利用するか）、有害なものとして排除するか（有毒なものを無視する、害虫として駆除するか）、いずれかに決め、自分にとっての世界を広げるものだからです。

第二に、自然知能です。ここでは、自然科学が規定する知能という意味で、自然知能という言葉を使います。自然知能という言い方は、様々ありますが、本書で言う自然知能とは、自然科学的思考一般の事です。昆虫少年の思考様式が、自然知能の対処の㋒てんけいとなります。自然知能に従う昆虫少年は、世界を理解するために、※4博物学的、分類学的興味から虫や魚に対処していきます。学名は無理としても、正式な和名を覚え、捕虫網を持って昆虫採集し、毒瓶で虫を殺して標本を作る。こうして世界に対する知識を蓄積していく。これが自然知能です。

第三に天然知能です。第一の人工知能が「自分にとっての」知識世界を構築する対処、第二の自然知能が「世界にとっての」知識世界を構築する対処であったのに対し、天然知能はただ世界を、受け容れるだけです。誰にとってのものでもなく、知識ですらない。或る場合には評価を

2020年度

解　答　と　解　説

《2020年度の配点は解答欄に掲載してあります。》

＜数学解答＞

1　(1)　$\dfrac{5x-6y}{12}$　(2)　$-\dfrac{x^2}{4}$　(3)　$(4x+y+2)(4x-y-2)$　(4)　$1-\sqrt{2}-\sqrt{3}$
(5)　$a=2b+1$

2　(1)　$\sqrt{3}$　(2)　$\dfrac{3}{2}$　(3)　$n=5$　(4)　$\dfrac{2}{3}$　(5)　5：3　(6)　$4\sqrt{3}$

3　(1)　①　R(3，9)　②　S(0，6)　(2)　P(−2，4)

4　(1)　4　(2)　6　(3)　7　(4)　$\dfrac{14}{3}$

5　(1)　24通り　(2)　72通り　(3)　24通り

○配点○

1　各4点×5　2　各5点×6　3　(1)　①　4点　②　5点　(2)　6点
4　(1)　4点　(2)・(3)　各5点×2　(4)　6点
5　(1)　4点　(2)　5点　(3)　6点　計100点

＜数学解説＞

基本　1　（式の計算，因数分解，平方根の計算，式の変形）

(1)　$3x-\dfrac{4x-3y}{3}-\dfrac{5x+6y}{4}=\dfrac{36x-4(4x-3y)-3(5x+6y)}{12}=\dfrac{36x-16x+12y-15x-18y}{12}=\dfrac{5x-6y}{12}$

(2)　$\dfrac{(x^2y^3)^2}{8}\div(-6y^2)\times\dfrac{3}{y^2}\div\left(-\dfrac{1}{2}xy\right)^2=\dfrac{x^4y^6}{8}\times\left(-\dfrac{1}{6y^2}\right)\times\dfrac{3}{y^2}\times\dfrac{4}{x^2y^2}=-\dfrac{x^2}{4}$

(3)　$16x^2-y^2-4y-4=16x^2-(y^2+4y+4)=(4x)^2-(y+2)^2=(4x+y+2)(4x-y-2)$

(4)　$(\sqrt{200}+\sqrt{300})(\sqrt{0.03}-\sqrt{0.02}-\sqrt{0.01})=(10\sqrt{2}+10\sqrt{3})\left(\dfrac{\sqrt{3}}{10}-\dfrac{\sqrt{2}}{10}-\dfrac{1}{10}\right)=$
$10(\sqrt{2}+\sqrt{3})\left(\dfrac{\sqrt{3}}{10}-\dfrac{\sqrt{2}}{10}-\dfrac{1}{10}\right)=(\sqrt{2}+\sqrt{3})(\sqrt{3}-\sqrt{2}-1)=\sqrt{6}-2-\sqrt{2}+3-\sqrt{6}-\sqrt{3}=1-$
$\sqrt{2}-\sqrt{3}$

(5)　$4(a-2b)=-5(a-2b)+9$　$4a-8b=-5a+10b+9$　$4a+5a=10b+8b+9=18b+9$
$9a=18b+9$　$a=2b+1$

2　（式の値，2次方程式，不等式，確率，平面図形の計量問題）

(1)　$1<3<4$から，$\sqrt{1}<\sqrt{3}<\sqrt{4}$　$1<\sqrt{3}<2$　よって，$x=5+1=6$　$y=\sqrt{3}-1$
$\dfrac{y^2+2y+1}{x+y-5}=\dfrac{(y+1)^2}{x+y-5}=\dfrac{(\sqrt{3}-1+1)^2}{6+\sqrt{3}-1-5}=\dfrac{3}{\sqrt{3}}=\dfrac{3\sqrt{3}}{3}=\sqrt{3}$

(2)　$2x^2+ax-2a-5=0$…①　①に$x=a$を代入して，$2a^2+a^2-2a-5=0$　$3a^2-2a-5=0$
$(3a-5)(a+1)=0$　aは整数だから，$a=-1$　これを①に代入して，$2x^2-x+2-5=0$
$2x^2-x-3=0$　$(2x-3)(x+1)=0$　$x=\dfrac{3}{2}$，-1　よって，他の解は，$\dfrac{3}{2}$

(3)　$3<\dfrac{m}{n}<5$から，$3n<m<5n$　この不等式を満たす整数mは9個あることから，$5n-3n-1=9$　$2n=10$　$n=5$

(4)　3人のじゃんけんの出し方は全部で，3×3×3＝27(通り)　あいこになる場合は，(A，B，C)＝(グー，グー，グー)，(チョキ，チョキ，チョキ)，(パー，パー，パー)，(グー，チョキ，パー)，(グー，パー，チョキ)，(チョキ，グー，パー)，(チョキ，パー，グー)，(パー，グー，チョキ)，(パー，チョキ，グー)の9通り　よって，少なくとも1人が勝つ場合は，27－9＝18(通り)　したがって，求める確率は，$\dfrac{18}{27}=\dfrac{2}{3}$

(5)　△ABCにおいて三平方の定理を用いると，$AC=\sqrt{(2\sqrt{5})^2-2^2}=\sqrt{16}=4$　$AD=x$とすると，$DC=4-x$　$BD=AD=x$　△DBCにおいて三平方の定理を用いると，$BD^2=DC^2+CB^2$　$x^2=(4-x)^2+2^2$　$x^2=16-8x+x^2+4$　$8x=20$　$x=\dfrac{20}{8}=\dfrac{5}{2}$　よって，$AD:DC=\dfrac{5}{2}:\left(4-\dfrac{5}{2}\right)=\dfrac{5}{2}:\dfrac{3}{2}=5:3$

重要　(6)　$AC=BC\times\dfrac{2}{\sqrt{3}}=4\times\dfrac{2\sqrt{3}}{3}=\dfrac{8\sqrt{3}}{3}$　半円の中心をOとして，点Oを通りACに垂直な直線とACとの交点をH，半円との交点をPとしたとき，△ACPの面積は最大になる。$OH=2\times\dfrac{1}{2}=1$　$PO=2$　$PH=3$　よって，△ACPの最大値は，$\dfrac{1}{2}\times\dfrac{8\sqrt{3}}{3}\times3=4\sqrt{3}$

3　**(図形と関数・グラフの融合問題)**

(1)　①　$y=x^2\cdots$(ⅰ)　$y=x+2\cdots$(ⅱ)　(ⅰ)と(ⅱ)からyを消去すると，$x^2=x+2$　$x^2-x-2=0$　$(x+1)(x-2)=0$　$x=-1,\ 2$　これを(ⅰ)に代入して，$y=(-1)^2=1$，$y=2^2=4$　よって，P(－1，1)，Q(2，4)　点Sのx座標は0で，点Pとのx座標の差は1になるから，点Rのx座標は，2＋1＝3　これを(ⅰ)に代入して，$y=3^2=9$　よって，R(3，9)

②　Sのy座標をsとすると，$s-1=9-4$　$s=6$　よって，S(0，6)

重要　(2)　SR//PQから，直線SRの式は，$y=x+20\cdots$(ⅲ)　(ⅰ)と(ⅲ)からyを消去すると，$x^2=x+20$　$x^2-x-20=0$　$(x+4)(x-5)=0$　$x>0$から，$x=5$　$5^2=25$　よって，R(5，25)　Pの座標を$(p,\ p^2)$とすると，5－0＝5，25－20＝5から，点Qの座標は，$(p+5,\ p^2+5)$　点Qは(ⅰ)上の点だから，点Qの座標を(ⅰ)に代入して，$p^2+5=(p+5)^2$　$p^2+5=p^2+10p+25$　$10p=-20$　$p=-2$　$(-2)^2=4$　したがって，P(－2，4)

4　**(平面図形の計量問題－円の性質，三角形の相似，円に内接する四角形の定理)**

基本　(1)　円周角の定理から，∠BCD＝∠BAD，∠CBD＝∠CAD　仮定から，∠BAD＝∠CAD　よって，∠BCD＝∠CBD　△DBCは二等辺三角形になるから，BD＝DC＝4

(2)　△ABE∽△CDEから，AB：BE＝CD：DE　AB：3＝4：2　$AB=\dfrac{3\times4}{2}=6$

(3)　△ACD∽△CEDから，AD：CD＝CD：ED　AD：4＝4：2　$AD=\dfrac{4\times4}{2}=8$　AE＝AD－ED＝8－2＝6　AB＝AEから，△ABEは二等辺三角形なので，△CEDも二等辺三角形になる。よって，CE＝CD＝4　したがって，BC＝3＋4＝7

重要　(4)　△ABCと△DBFにおいて，円に内接する四角形の定理から，∠CAB＝∠FDB，∠ABC＝∠ADC＝∠ACD＝∠DBF　2組の角がそれぞれ等しいので，△ABC∽△DBF　AB：BC＝DB：BF　6：7＝4：BF　$BF=\dfrac{7\times4}{6}=\dfrac{14}{3}$

5 （場合の数）

基本 (1)　②が①，③，④と異なる色になる場合を考える。②の色は4通り。①，③，④の色は②以外の3色の並べ方で，3×2×1＝6(通り)　　よって，4×6＝24(通り)

(2)　4色のうち3色選ぶのは，4色のうち1色選ぶのと等しいので，4通り。②の色は3通り。残りの2色で①，③，④を塗る場合の数は，例えば残りの2色を赤と青にすると，(①，③，④)＝(赤，赤，青)，(赤，青，赤)，(青，赤，赤)，(青，青，赤)，(青，赤，青)，(赤，青，青)の6通り　よって，4×3×6＝72(通り)

重要 (3)　4色のうち3色を選ぶのは4通り。②の色は3通り。①と③と④の色は，②以外の2色で2個塗る色は2通りあるので，2通り。よって，4×3×2＝24(通り)

★ワンポイントアドバイス★

4は，円周角の定理から，等しくなる角に印をつけて，相似な図形や，二等辺三角形を見つけよう。

＜英語解答＞

1 (a) borrow　(b) global　(c) draw　(d) doctor　(e) shoes

2 (a) 4　(b) 1　(c) 2　(d) 3　(e) 2

3 (a) 2　(b) 4　(c) 1　(d) 2　(e) 3

4 (a) イ to　ロ for　(b) イ under　ロ right　(c) イ is　ロ looks
(d) イ mind　ロ first　(e) イ make　ロ help

5 (a) イ 1　ロ 5　(b) イ 4　ロ 2　(c) イ 3　ロ 1

6 She is looking forward to taking part in the game.

7 (a) difference　(b) 3　(c) 1　(d) 2　(e) 4　(f) 6425371
(g) A 6　B 5　C 8　D 4　(h) 1，5，7

8 (a) 2　(b) 4　(c) 3　(d) (テーブルの下に)20ドル札を落としたこと。
(e) 3654271　(f) 1　(g) 3　(h) 3，5，8

○配点○

1・3　各2点×10　2・4　各1点×15　5　各3点×3　6　5点　7 (f)　3点
(h)　各3点×3　(g)　各1点×4　他　各2点×5　8 (d)・(e)・(h)　各3点×5
他　各2点×5　計100点

＜英語解説＞

基本 1 （単語）

(a) borrow「借りる」

(b) global「世界的な」

(c) draw「絵を描く」

(d) see a doctor「医者にみてもらう」

(e) take off「脱ぐ」

重要 2 （語句補充：代名詞，動名詞，受動態，名詞，前置詞）

(a) a friend of mine「私の友だちの一人」

(b) 「～することをやめる」という意味の場合，stop の後は動名詞のみを目的語にとる。

(c) 受動態は〈be動詞＋過去分詞〉の形になる。

(d) 数えられない名詞を数えるときには，piece を複数形にして数える。

(e) look after ～「～の世話をする」

3 （会話文）

(a) この後質問を受けていることから，忙しくないことがわかる。

(b) 探している部屋の種類を尋ねられている。

(c) ドライブに誘われている。Why don't we ～?「～するのはどうですか」

(d) コーヒーショップで待ち合わせることになった場面から判断できる。

(e) 30分したら始まるとあるので，いつ始まるのかを尋ねる疑問文になる。

4 （語句補充：前置詞，比較，助動詞，代名詞）

(a) to ～「～に合わせて」 call for ～「～を求める」

(b) under ～「～未満で」 right「権利」

(c) he looks で「見かけ」を表す。

(d) Would you mind ～ ing?「～してくれませんか」と依頼を表す文になる。

やや難 (e) make yourself at home「くつろぐ」

help yourself to ～「～を自由にとって食べる」

5 （語句整序：関係代名詞，間接疑問文，不定詞，接続詞）

(a) (Hiroshi is) thinking about which club to choose at (school.) 〈which ＋名詞＋ to〉「どの～を…したらいいか」

やや難 (b) How old do you think she is(?) Yes / No で答えられない間接疑問文は，疑問詞を前に出す。

(c) I want you to keep the room clean(.) 〈want ＋人＋ to〉「人に～してほしい」

重要 6 （和文英訳）

look forward to ～ ing「～するのを楽しみに待つ」

take part in ～「～に参加する」

重要 7 （長文読解・説明文：語句補充，内容吟味，英文和訳，語句整序［関係代名詞］，要旨把握）

（全訳） 多くの場合，学校で成功している子供は裕福で中流階級の家庭から来るが，成功しなかった子供は貧困で育つ。教育者はこのギャップを埋めようとしているが，長い間，研究者は(イ)違いの理由を見つけることができなかった。金持ちの親はより良い遺伝子を持っていたか？彼らは教育をもっと大切にしたか？金持ちの親が子供のためにもっと本や教育玩具を買ったのか？それは，(ロ)彼らが貧しい親より結婚し続ける可能性が高いからか？それとも，金持ちの子供たちはより健康的な食べ物なのか？ (ハ)引っ越す頻度が少ない？テレビをあまり見ないからか？もっと眠ったからか？重要な要因を(ニ)発見し，重要でない要因を取り除くことができなければ，ギャップを縮めることはできなかった。

特定の答えを見つけた最初の研究者は，カンザス大学の児童心理学者であるBetty HartとTodd R. Risleyだった。1995年，彼らは言語習得に関する研究プロジェクトの結果を発表した。 10年前，彼らはカンザスシティで生まれたばかりの赤ちゃんのいる42の家族を訪問し始め，その後3年間，月に一度各家族を訪問し，子供と親の間で起こったすべてを記録した。その後，研究者は各訪問の文書記録を作成し，各子供の言語発達と各親のコミュニケーションスタイルを調べた。彼らは，最初に，語彙の成長は社会階級間で(ホ)非常に異なり，階級間のギャップは(へ)早期に開いたことを発見した。3歳までに，知的専門職の家庭の子供たちは約1100語の語彙を持ち，生活保護を受けている家庭の子供たちは約525語の語彙を持っていた。

HartとRisleyがその違いの原因を尋ねたとき，彼らが見つけた答えは非常に驚くべきものだった。彼らは，語彙スコアを各子供の家庭生活の観察と比較した。彼らは，各子供の語彙のサイズが，(ト)親が子供に話しかけた単語の数に密接に関連していることを発見した。知的専門職の家では，親は1時間に平均487回子供に話しかけた。生活保護の家庭では，平均は1時間あたり178回だった。

また，(チ)子どもたちが聞いた言葉や発言の種類は階級によって異なった。最も基本的な違いは，子供が聞いた「落胆」と「奨励」の数だった。落胆は，「これをしない」，「それをしない」，「黙れ」などの否定的なコメントだ。励ましは賞賛と承認の言葉だ。3歳までに，知的専門職の家庭の平均的な子供は500000の励ましと80000の落胆について聞いた。生活保護の家庭の子どもたちにとっては，状況は逆だった。彼らは平均して，約75000の励ましと200000の落胆を聞いた。HartとRisleyは，子供たちにもっと話す親はより難しい言葉を使うことを発見した。両親は，過去と未来，感情，抽象的な考え，あるものが別のものをどのように引き起こすかについて話した－それらはすべて精神発達に貢献した。

(a)　gap「違い」＝ difference

(b)　「彼ら(裕福な親)が貧しい親より結婚し続ける可能性が高い」ということは，裕福な家庭では離婚率が低いということである。

(c)　Was it that rich children moved less often than poor children? という英文になる。

(d)　(ニ)　the important factors と remove the unimportant ones が反対の内容になる。

(e)　(ホ)　社会階級によって大きな違いがあることがわかる。　(へ)　3歳までに大きな違いが生じていることがわかる。

(f)　(～ related to) the number of words the parents spoke to the child.　the parents spoke to the child は前の名詞を修飾する接触節である。

(g)　裕福な家庭は，賞賛や承認の言葉が多く，否定的な発言が少なくなっている。また，難しい言葉を多く使っていることがわかる。一方で，貧しい家庭はその逆になっている。

(h)　1 「貧しい家庭で育った子供たちは，学校ではあまり成功しない」　第1段落第1文参照。豊かな家庭の子どもたちの方が成功するので，適切。　2 「調査によると，一部の子供たちの語彙が少ない主な理由の1つは，両親が良い遺伝子を持っていないことだ」　第3段落第3文参照。語彙の数は，両親が話しかけた回数に関係があるため，不適切。　3 「Hart と Risley は，学校で成功した子供たちがテレビをあまり見ないことに気づいた」　テレビと学校での成功の関係については触れられていないので，不適切。　4 「Hart と Risley が行った研究は，子どもたちが読む本の数が彼らの精神発達に影響を与えることを示している」　第4段落最終文参照。本と精神発達についての記述はないため不適切。　5 「Hart と Risley は，1988年に新生児を持つ家族に関するデータの収集を終了した」　第2段落第2，3文参照。1995年の10年前からデータの収集を始め，3年間行ったので適切。　6 「Hart と Risley は，社会階級が子供時代の語彙の成長に依存していることを発見した」　子どもの語彙が社会階級を決めるわけではないので不適切。　7 「Hart と Risley が研究のために選んだ方法の1つは，両親が子供と話すことを研究することだ」　第2段落第3文参照。両親が子供に話す回数や話す内容を研究したため，適切。　8 「抽象概念を理解できる子どもは，常に豊かな家族に属する」　第4段落最終文参照。常に豊かな家族に属するという記述はないため，不適切。

8　**（長文読解・説明文：語句補充，指示語，要旨把握，内容吟味，語句整序［関係代名詞］）**

（全訳）　ラリー・スチュワートが22歳だった1971年，彼は職を失った。数週間，彼は都市から都市へと運転し，A仕事を探した。彼は何も見つからなかった。ミシシッピ州の小さな町で，ガソリンを使い果たし，お金を使い果たした。彼はホテルの部屋の代金を払えなかったので，車で寝た。彼には食べ物を買うお金がなかったので，本当に(イ)お腹がすいた。二日間，彼は何も食べなかった。

早朝，ラリーは小さなレストランに行った。そこで働いていたのは一人の男だけだった。彼はレストランのオーナーだった。ラリーは朝食を食べた。オーナーが彼に請求書を渡したとき，ラリーは彼の後ろのポケットに手を伸ばした。「あぁ！」彼は言った。「財布を失くした！」もちろん，(ロ)それは真実ではなかった。ラリーの財布は彼の車の中にあったが，お金はなかった。

オーナーは身をかがめて，ラリーのテーブルの下に手を伸ばした。彼が立ち上がったとき，彼は手に20ドルの紙幣を持っていた。「これを落としたと思いますよ」と彼は言った。彼はそのお金をラリーの手に渡した。「はい，私は(ハ)落としたと思います」とラリーは言った。彼は朝食の代金を支払った後，車をガソリンスタンドに押し込み，タンクを満たした。

ラリーは，ミズーリ州カンザスシティに車を運転することを決めた。「たぶん，いとこが仕事を見つけるのを手伝ってくれるかもしれない」とラリーは思った。カンザスシティに向かう途中，ラリーはレストランのオーナーについて考えた。「彼は私のテーブルの下でその20ドルを本当はみつけなかった」とラリーは思った。「彼はお金をくれたのだ」

カンザスシティで，ラリーは仕事を見つけた。後に彼はケーブルテレビ事業を開始し，B成功した。彼がカンザスシティに到着してから9年後，ラリーは金持ちだった。

ある日，ラリーはカンザスシティのレストランに行き，ランチにハンバーガーを注文した。(ニ)注文を取ったウェイトレスは疲れて悲しそうに見えた。ラリーは1971年のことを考え直した。彼はミシシッピ州の小さなレストランとその所有者について考えた。ウェイトレスが請求書を持ってきたとき，ラリーは彼女に20ドルを渡した。「Cおつりは取っておいて」と彼は彼女に言った。ウェイトレスは泣き始めた。「ありがとうございます」と彼女は言った。「どうもありがとうございました」

ラリーはレストランを出ると，銀行に行き，何枚か100ドル紙幣を受け取った。彼は一日中，お金を持ってカンザスシティを歩き回った。彼は悲しそうな人や貧しい人を見たとき，100ドル紙幣を渡した。一日の終わりに，彼は素晴らしいと感じた。

ラリーには新しい趣味ができた。(ホ)お金を渡すことだ。時々彼は路上で人々に100ドル紙幣を渡した。時々彼はファーストフードのレストランやコインランドリーに行き，そこの人々にお金を与えた。彼はミシシッピ州のレストランに戻り，所有者に10000ドルの封筒を渡した。男が封筒を開いたとき，彼はそれを返そうとした。「いいえ」とラリーは彼に言った。「私はあなたに返済しに来たんです」全部で，ラリーは100万ドル以上を寄付した。

「私たちは互いに助け合うために地球にいます」とラリーは言った。「あなたを助けた人々を助けてください。他の人も助けてください。それを返済するだけでなく，(ヘ)他の人に恩を返してください」

(a)　A　22歳の時に仕事を失ったので，仕事を探しているのである。　B　金持ちになったので，仕事は成功したと判断できる。　C　change「おつり」

(b)　2日間何も食べていなかったので，お腹がすいている。

(c)　直前のラリーの発言を指している。

(d)　オーナーが言っている，「20ドル紙幣を落とした」ということを指している。

(e) The waitress who took his order looked tired (and sad.) The waitress who took his order がこの文の主語になっている。

(f) お金を渡すことを素晴らしいと感じたので，新たな趣味になった。

(g) pay it forward「誰かから受けた恩を，直接その人に返すのではなく，別の人に送ること」

(h) 1「ラリーは若かったとき，すべてのお金を使い果たしたので，仕事を失った」 第1段落参照。お金を使い果たしたので職を失ったわけではないので不適切。 2「ミシシッピ州の小さな町にはホテルがなかったため，ラリーは車で寝なければならなかった」 第1段落第4文参照。お金を払えなかったのでホテルに泊まらなかったため不適切。 3「ラリーは，レストランのオーナーがくれたお金で朝食とガソリン代を支払った」 第3段落最終文参照。オーナーがくれた20ドルで朝食代と，ガソリン代を払ったので適切。 4「ラリーはカンザスシティに車で行き，ケーブルテレビ会社で働いていたいとこに会った」 第5段落第2文参照。ケーブルテレビはラリーが始めた仕事であるため不適切。 5「カンザスシティで，ラリーのケーブルテレビ事業は彼を金持ちにした」 第5段落参照。ケーブルテレビ事業が成功したため，ラリーは金持ちになったので適切。 6「ラリーはとても裕福になったので，彼はレストランと銀行を経営し始めた」 第6段落，第7段落参照。レストランと銀行はラリーが訪れた場所なので不適切。 7「最後に，ラリーはレストランのオーナーに100万ドル以上を支払った」第8段落最終文参照。100万ドルの支払いは，これまでの全ての額なので不適切。 8「ラリーは，レストランのオーナーのおかげで，人生で重要なことを発見した」 レストランのオーナーのおかげで，人を助けるということに気付いたので適切。

★ワンポイントアドバイス★

長文読解問題は比較的長い文章が出題されている。十分に時間を確保するために，文法問題をすばやく処理できるようにしよう。

＜国語解答＞

一 問一 あ おお い 自慢 う 典型 え 軸 お さっしん 問二 (1) イ (2) A 1 B 1 C 2 D 1 問三 エ 問四 (例) 意外なところから来て，知らないことをもたらし，それによって自分を興奮させるもの。 問五 エ

二 問一 イ 問二 エ 問三 イ 問四 ウ 問五 エ 問六 イ 問七 (例) 亡き父の供養のために出場した試合なのだから，サキ自身の手で勝利を決定づけてほしいという気持ち。

三 問一 イ 問二 イ 問三 前利 問四 ウ 問五 不㆑顧㆓其後之有㆒㆑患也 問六 A 1 B 2 C 2 D 1

○配点○

一 問一・問二(2) 各2点×9 問二 (1) 3点 問四 8点 他 各5点×2

二 問一 3点 問七 8点 他 各4点×5

三 問一・問二・問六 各3点×6 他 各4点×3 計100点

＜国語解説＞

[一] **（論説文―内容吟味，文脈把握，指示語の問題，漢字の読み書き）**

問一　(あ)　他の訓読みは「くつがえ(す)」。音読みは「フク」で，「転覆」「覆面」などの熟語がある。(い)　自分に関することを得意になって他人に示すこと。「慢」を使った熟語は，他に「我慢」「緩慢」などがある。(う)　同様のものの中でその特性を最もよく表しているもの。(え)「軸」を使った熟語は，他に「主軸」「枢軸」などがある。(お)　これまでの事態を改め全く新しくすること。「刷」の訓読みは「す(る)」。

問二　(1)「第一に，人工知能です」で始まる段落に，人工知能について「自分にとって有益か有害かを決め，その評価のみで自分の世界に帰属させるか……有害なものとして排除するか……いずれかに決め」と説明している。この内容を述べているものを選ぶ。　(2)「第二に，自然知能です」で始まる段落に，A，B，Dの例にあたる内容が書かれている。「第三に，天然知能です」で始まる段落以降で「天然知能」について説明しており，「天然知能が見る」で始まる段落に「自分には見えない暗がり，どうなっているのかわかるはずもない向こう側からやってくるもの，向こう側へ行くものに興奮する」とあり，これがCのマメコガネの例にあたる。

問三「私」がナマズを捕っていた時の様子を，「天然知能が見る」で始まる段落で「天然知能が見るナマズやコイのイメージは，水面から見る影であり背中です。それは常に上から見た黒々とした流線型で，奥の暗がりからフッと現れ，また奥へと消えて行っては，天然知能を興奮させます」と描写している。その後に「自分には見えない暗がり，どうなっているのかわかるはずもない向こう側からやってくるもの，向こう側へ行くものに興奮する」と続けており，この内容を説明しているものを選ぶ。

やや難　問四　マメコガネの「出初式」については，「マメコガネは，光沢の」で始まる段落と「マメコガネは出初式を」で始まる段落で具体的に描写している。――線3を含む段落，マメコガネが自分の知らないところからやってきて，自分の知らないことを担いできて，その点が自分を興奮させるとあり，マメコガネの出初式も「その一つ」だという文脈から判断する。

重要　問五　直後の段落で「天然知能だけが創造性を持つ」と述べ，その理由として「天然知能は知覚できないものの存在を感じ，それを取り込もうと待ち構えている。この意味で天然知能は，自らの世界の成立基盤を変えてしまう」と述べている。この「自らの世界の成立基盤を変えてしまう」を「新たな自己をつくり上げてゆくことを可能とする」と言い換えているエが適当。

[二] **（小説―情景・心情，内容吟味，文脈把握，脱文・脱語補充）**

問一「ギアが一つ，上がった」は，自動車などのギアを一つ上げてスピードを出すように，能力をさらに出すことを意味する。サキのヒットで逆転した場面で「ギアの上がったうちのチームとの地力の違いを見せつけられ」とあるので，「うちのチーム」がさらに力を出し始めた場面を探す。[イ]の前で，前回はあっさりと後続が断たれた「うちのチーム」に対してアネゴは「勝つよ」と声をかけ「アネゴの言葉に，おう，とみんなが応じた」とあり，[イ]の後の段落では，「うちのチーム」によって相手投手が苦戦しながらも力投を続けている様子が描写されている。前後で「うちのチーム」の戦いぶりが変わっている[イ]に入るのが適当。

問二　本文の後の注釈に「試合開始直前に監督は笑いながら，『今日は私の父の命日……だから絶対勝ってよね』と選手に声をかけた」とある。本文後半の「あとで知った話だ」以降の内容から，本当は監督ではなくサキの父親の命日であったことが明かされ，アネゴだけがそのことに気づいたとある。この事情を理解したうえで，監督の気持ちを考える。

問三「私」は，試合前にアネゴから肩に違和感があるから「六，七回はまかせる」と言われている。それにも関わらず，監督は試合開始直前に「今日は私の父の命日……だから絶対勝ってよね」

と言い，自分が勝ちたいからといってアネゴに投球を続けさせようとしていると「私」は思っている。

問四　「私」の「アネゴ，肩に違和感があるそうです」という言葉によって，監督はアネゴが肩の調子が悪いにも関わらず，サキのために試合に勝とうとしていることを知ったのである。監督がそのようなアネゴに対してどのような気持ちをもって「エース」と言っているのかを読み取る。

重要　問五　この段階では明かされていないが，本文後半の「あとで知った話だ」以降にあるように，アネゴは，この時誰もが忘れていたサキの父親の命日で，サキは法事よりも試合に出場することを選んだことにたった一人気づき，サキのためにもチームを勝利に導こうとしていたのである。そのことを知っている監督がアネゴを称した言葉であることから考える。

問六　サキの父親は生前チームを「懸命に応援してくれ」ており，みんなでお葬式にも出ていたのだが，アネゴ以外はサキの父親の命日であることを覚えていなかったのである。――線5の「それ」はサキの父親の命日を忘れていた先輩たちを指し示しており，――線6は，アネゴは「誰も責めていなかった」と述べている。

やや難　問七　～～線「決めちゃいなさい」は，同点にした場面で打席に入ったサキに向けられた監督の言葉である。この日はサキの亡き父の命日であり，サキは父の法事よりも試合に出場することを選んだと推察できる。サキはこれまで「エラーを繰り返し」ていたが，いつも応援してくれていた亡き父の供養のためにもサキ自身の手で勝利を決めてほしいという監督の気持ちをまとめる。

三　(古文・漢文―内容吟味，指示語の問題，脱文・脱語補充，語句の意味)

〈甲〉

〈口語訳〉　楚の国の襄王が，晋の国を討とうとした。(家臣の)孫叔敖が，これを諫めて申し上げるには，「園庭の楡の木の上で，蝉が，露を飲もうとしています。後ろにかまきりが(蝉を)捕まえようとしているのを知りません。かまきりは，また蝉だけを見つめていて，後ろに黄雀が(かまきりを)捕まえようとしているのを知りません。黄雀は，またかまきりだけを見つめていて，楡の木の下に弓を引いて，子どもが(黄雀を)捕まえようとしているのを知りません。子どもは，また黄雀だけを見つめていて，前に深い谷が，後ろに掘り株があることを知らないで，身を危険にさらしています。これはみな，目先の利益だけを思って，後の害をかえりみないためです」と言った。王は，この時，悟りを開いて，晋の国を攻めるということを，思いとどまられた。

〈乙〉

〈書き下し文〉「園中に樹有り。其の上に蝉有り。蝉高居し悲鳴して露を飲み，蟷螂の其の後ろに在るを知らざる。蟷螂身を委ねて曲附し，蝉を取らんと欲し，而も黄雀の其の傍らに在るを知らざる。黄雀頸を延べ，蟷螂を啄まんと欲し，弾丸の其の下に在るを知らざるなり。此の三者は，皆務めて其の前利を得んと欲し，而も其の後の患へ有るを顧みざるなり」と。

〈口語訳〉「庭園に木があります。その上に蝉がいます。蝉は高い所にとまり鳴きながら露を飲み，かまきりが自分の後ろにいるのを知りません。かまきりは身をかがめて脚を曲げ，蝉を捕ろうとしています。かまきりもまた，自分の傍に黄雀がいるのを知りません。黄雀は首を伸ばし，かまきりをついばもうとしていますが，自分の下に弾丸(を持った私がいるの)を知らないでいるのです。この三者は，皆目先の利益を得ようとして，後ろに災いがあるのを振り返らないでいるのです」と。

問一　「諫める」は，目上の人に過ちを指摘して改めるように言うこと。後の「蝉」と「蟷螂」，「黄雀」，「童子」の話は，晋の国を攻めようとする襄王を思い止まらせるためのものである。

問二　「まもる」は漢字で書くと「目守る」で，見守る，じっと見つめるという意味になる。

問三　前に挙げている「蝉」，「蟷螂」，「黄雀」，「童子」は，何だけを思っていたのかを考える。〈乙〉に「此の三者は，皆務めて其の前利を得んと欲し」とあるのに着目する。

基本 問四　園中の樹に蝉がいて，その蝉をかまきりがねらっていて，そのかまきりを黄雀がねらっていて，またその黄雀を「私」がねらっているという内容である。「此三者」は，自分がねらわれていることを知らない「蝉」と「螳螂」と「黄雀」を指す。

やや難 問五　「其後此」を先に読む。次に「患」を読んだ後に一字返って「有」を読むので，「有」の下にレ点を付ける。その後に「顧」に返るので，「有」の下のレ点に返り点の一点を加え，「顧」の下に二点を付す。「顧みざる」の「ざ」が「不」にあたるので，「不」の下にレ点を付け，「顧」から「不」に返る。文末の「也」はそのままで読む。

重要 問六　A 〈甲〉の冒頭に「楚の襄王，晋の国をうたむとす」とあるので，正しい。 B 「園の楡の上に」で始まる会話は，孫叔敖の幼少期の体験談ではないので，正しくない。 C 「楡のもとに弓を引いて，童子のをかさむとするを」とあるので，正しくない。 D 孫叔敖の話を聞いた襄王が，文末で「王，この時，悟りを開きて，晋を攻むといふこと，とどまりたまひぬ」とあるので，正しい。

★ワンポイントアドバイス★

現代文の読解問題では，注釈が大きなカギとなる。注釈は解答にあたって必要だから付されていると考え，しっかりと目を通しておこう。

2019年度

★★★★★★★★★★★★★★★★★★★★★★

入　試　問　題

2019年度

桐光学園高等学校入試問題

【数　学】（60分）　　＜満点：100点＞

【注意】　1．定規とコンパスは使用してはいけません。

2．分数は最も簡単な分数で答えなさい。

3．無理数は根号を用い，最も簡単な式で答えなさい。

4．円周率はπとします。

1　次の問いに答えなさい。

⑴　$x-\frac{2x-y}{4}-\frac{x-2y}{6}$ を計算せよ。

⑵　$x=3\sqrt{5}+2$，$y=3\sqrt{5}-2$ のとき，x^2+xy+y^2 の値を求めよ。

⑶　x^3+x^2-x-1 を因数分解せよ。

⑷　方程式 $\frac{x-1}{3}=\frac{y+1}{4}=\frac{x-y}{5}$ を解け。

⑸　a，b は定数とする。2次方程式 $x^2+ax+b=0$ の2つの解が $x=-3$，2のとき，2次方程式 $bx^2+ax+1=0$ の解を求めよ。

2　次の問いに答えなさい。

⑴　2次関数 $y=ax^2$ について，x の変域が $-2\leqq x\leqq 4$ のときの y の変域が $-8\leqq y\leqq b$ であるとき，定数 a，b の値を求めよ。

⑵　3個のさいころを同時に投げたとき，出た目が連続した3つの数である確率を求めよ。

⑶　対角線の長さが4㎝，6㎝であるひし形に内接する円の面積を求めよ。

⑷　図の正四角すいの体積を求めよ。

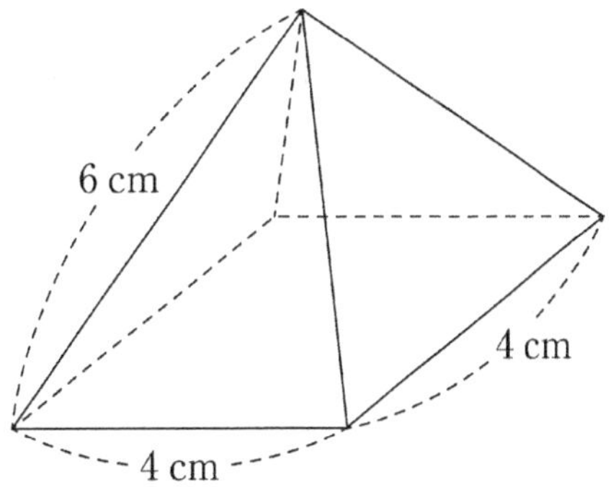

⑸　次のページの図のように，点Oを中心とし，線分ABを直径とする半径2㎝の円がある。∠ABC＝30°となるような点Cを円周上にとり，線分BCの中点をMとする。直線AMと円の交点のうち，点Aと異なる点をDとするとき，線分CDの長さを求めよ。

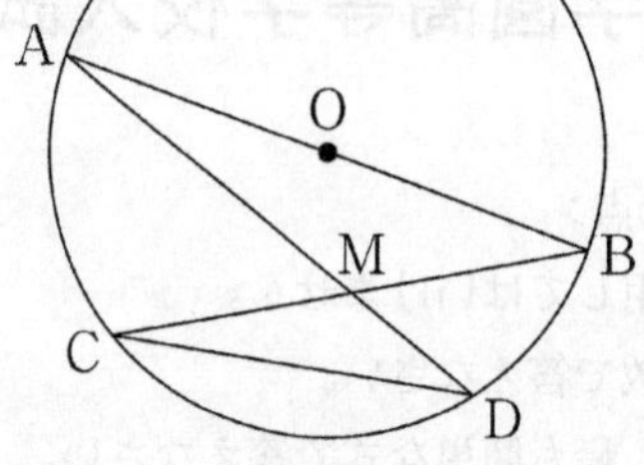

3 2点A，Bは放物線 $y=x^2$ と直線 $y=2x+3$ の交点である。また，x座標が正である点Pをx軸上にとったとき，△APBの面積は14となった。このとき，次の問いに答えなさい。

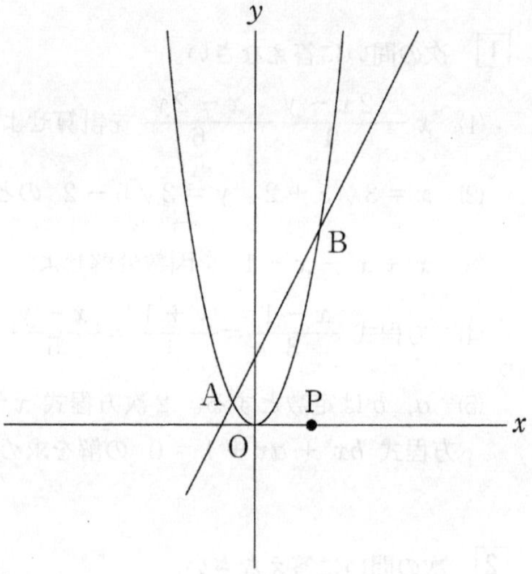

⑴ 点Bの座標を求めよ。

⑵ 点Pの座標を求めよ。

⑶ y軸上に点Qをとったとき，△PQBの面積が△APBの面積の$\frac{1}{2}$となった。考えられる2つの点Qのうち，原点に近い方の点の座標を求めよ。

⑷ ⑶のとき，点Bを通り四角形AQPBの面積を2等分する直線と，直線AQとの交点の座標を求めよ。

4 図のように，△ABCの辺AB，AC上にそれぞれ点D，Eを AD：DB＝1：3，AE：EC＝1：1となるようにとる。また，辺BC上に点Fをとり，DEとAFの交点をPとする。△APEの面積と四角形BFPDの面積が等しいとき，次の問いに答えなさい。

⑴ △ADEの面積と△ABCの面積の比を求めよ。

⑵ △ADEの面積と△FDEの面積の比を求めよ。

⑶ △ADPの面積と四角形CEPFの面積の比を求めよ。

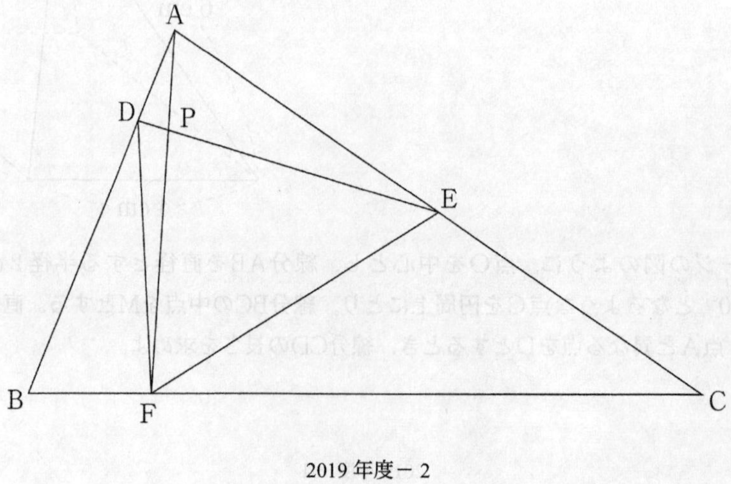

5 下の図のようなゴールへ向かってコマを進めるすごろくがあります。さいころを１個投げて１，２，３の目が出た場合は，その目の数だけコマを進め，４，５，６の目が出た場合は，コマはその場所から動かないものとします。ちょうどゴールのマスに止まったときのみ『上がり』とします。２，３の目が出て，出た目の数がゴールまでのマス目の数より大きい場合は，ゴールのマスまで進み，出た目の数から，ゴールまで進んだ数を引いた数だけ戻ります。次にさいころを投げたときは，ゴールに向かってコマを進めます。

	A	B	C	D	ゴール

例えば，Ｃのマスにいて，さいころを１回投げ，３の目が出た場合はＤに止まります。Ｄのマスにいて，さいころを１回投げ，２の目が出た場合はＤに止まり，３の目が出た場合はＣに止まります。

このとき，次の問いに答えなさい。

(1) コマがＡにあります。そこからちょうど２回さいころを投げて『上がり』になる確率を求めよ。

(2) コマがＢにあります。そこからちょうど２回さいころを投げて『上がり』になる確率を求めよ。

(3) コマがＡにあります。そこからちょうど３回さいころを投げて『上がり』になる確率を求めよ。

【英　語】（50分）　＜満点：100点＞

1　次の［A］・［B］の問いに答えなさい。

［A］　次の(a)~(c)の各組で，下線部の発音が他の３つと異なるものを１～４の中から１つずつ選び，番号で答えなさい。

(a)　１．h<u>o</u>bby　２．m<u>o</u>nkey　３．ab<u>o</u>ve　４．w<u>o</u>nder

(b)　１．r<u>ea</u>lize　２．Kor<u>ea</u>n　３．tr<u>ea</u>sure　４．th<u>ea</u>ter

(c)　１．decrea<u>se</u>　２．confu<u>se</u>　３．disea<u>se</u>　４．advi<u>se</u>

［B］　次の(a)・(b)の各組で，与えられた語の第一アクセント（第一強勢）の位置が他の３つと異なるものを１～４の中から１つずつ選び，番号で答えなさい。

(a)　１．col-lect　２．sur-vive　３．cus-tom　４．in-vent

(b)　１．ac-tiv-i-ty　２．math-e-mat-ics　３．en-vi-ron-ment　４．im-pos-si-ble

2　次の(a)~(e)の文の［　］に入れるのに最もふさわしい語をそれぞれ答えなさい。ただし，［　］に与えられた文字で始めること。

(a)　A［ v　　］is a long journey, especially by sea or in space.

(b)　A［ l　　］is a flat green part of a plant. It grows from a branch.

(c)　A［ r　　］sometimes appears in the sky when the sun shines through rain.

(d)　"What subject do you like best?"
　　"My［ f　　］subject is English, of course."

(e)　To［ f　　］is to come or go after a person or a thing.

3　次の(a)~(e)の会話文で，(　)に入れるのに最もふさわしいものを１～４の中から１つずつ選び，番号で答えなさい。

(a)　A : What would you like to order, sir?
　　B : I'll have steak and lobster.
　　A : How would you like your steak?
　　B : (　　　　　　　　　　)
　　１．That would be nice.　２．Well-done, please.
　　３．They were delicious, thanks.　４．No, thank you.

(b)　A : Why don't we have dinner together next Tuesday?
　　B : That's a good idea.
　　A : (　　　　　　　　　　)
　　B : Yes, I think I can.
　　１．You can stay home in the morning.
　　２．Where is the restaurant?
　　３．Because it's a good restaurant.
　　４．Can you come about six o'clock?

(c) A : How long are you going to be in Kyoto?
B : (　　　　　　　　　) So we have two more days.
A : Enjoy your stay!
1. A tour by taxi in Kyoto must be interesting.
2. The bus tour leaves soon.
3. We went by airplane from Osaka.
4. We came here two days ago.

(d) A : Excuse me. Could you tell me how to get to Omotesando Hills from here?
B : (　　　　　　　　　)
A : Which line should I take?
B : Take the Chiyoda Line to Omotesando Station. It's near the station.
1. Shall I call a taxi?
2. I'm sorry, but I don't know where it is.
3. Well, the best way is to go by train.
4. It is about twenty minutes from here on foot.

(e) [on the phone]
A : Dr. White's office. Can I help you?
B : Yes, my daughter has a terrible stomachache. Can she see the doctor today?
A : I'm afraid he's very busy today, (　　　　　　　　　)
B : I don't think she can wait so long. I'll try another doctor. Thanks, anyway.
1. but he can see her at 9:00 tomorrow morning.
2. but we can give you some medicine.
3. but he will see your daughter as soon as you come here.
4. but we can come and wait in our office if you like.

4 次の(a)~(e)の日本文の意味に合うように英文をつくるとき，（イ）（ロ）に入れるのに最もふさわしい語をそれぞれ答えなさい。

(a) 日本文化に興味があるなら，歌舞伎を観てはどうですか。
What (イ) watching Kabuki if you are interested (ロ) Japanese culture?

(b) はるばるカナダから来てくれてありがとう。
It is very nice (イ) you to come all the (ロ) from Canada.

(c) 今後は何でも一人でできるように努力します。
In the (イ), I'll try my best (ロ) that I can do anything by myself.

(d) ほとんど毎朝，起きるのがつらい。
I have a hard (イ) getting up (ロ) every morning.

(e) 近頃，非常に多くの人がインターネットで買い物をします。
A great (イ) of people buy something on the Internet (ロ) days.

5 次の(a)~(c)の1~7の語（句）を並べかえたとき，（イ）（ロ）に入れるものをそれぞれ番号で答えなさい。ただし，文頭に来る語（句）も小文字にしてあります。

(a) (　　)(　　)(イ)(　　)(　　)(ロ)(　　) in the race.

1. looking　2. taking　3. am　4. I

5. to　6. part　7. forward

(b) (　　)(　　)(イ)(　　)(　　)(　　)(ロ).

1. as　2. so　3. it is　4. was yesterday

5. hot　6. not　7. it

(c) You (　　)(　　)(イ)(　　)(　　)(　　)(ロ) now.

1. to　2. had　3. right　4. speak

5. not　6. her　7. better

6 次の日本文を英語に直しなさい。なお，(　) 内に与えられた語をそのままの形で順に用いること。

私は，英語だけでなくフランス語も話す少年に偶然会った。

(happened, spoke, but)

7 次の英文を読み，設問に答えなさい。

Most people in Australia live in cities along the coast. Very few people live in the huge middle area. Houses in the area are far away from (イ). Australians call this part of the country "the *Outback." In the past, when people in the Outback had an accident or got very sick, there were no doctors nearby to take care of them. Today, people in the Outback can call a special service called the Royal Flying Doctor Service and get *medical advice in a few minutes. The Royal Flying Doctors use airplanes to reach people in places that don't have doctors.

A *minister, Reverend John Flynn, started the Royal Flying Doctor Service in the 1920s. He often traveled by truck through central and northern Australia for his church. He understood a lot of people died because there was no doctor around them. He thought, "There must be some way to help these people. First, I will build (ロ) for them."

Flynn worked very hard, and by 1927, there were ten small hospitals in central and northern Australia. Nurses took care of the sick and *injured people. But Flynn was not satisfied. He had hospitals and nurses, but he didn't have many doctors. And there was another problem. It was difficult for the doctors to treat people who still lived far away from the hospitals. Then, he had (ハ)an idea! "The doctors can travel by airplane. We will also build a place for a plane to land near every Outback home." Many people laughed at the idea. Airplane travel in 1927 was a new and dangerous thing.

There was one more problem : people so far away couldn't *get in touch with a doctor. Flynn said, "We will use a *radio to send and receive messages." At that time, radios could not work in most of the Outback because there was no (ニ). But an engineer invented a radio that worked with a foot *pedal. With this invention people were able to ask for help from far away.

Everything was ready. The Royal Flying Doctor Service began in May 1928. The Service was a great success, and Flynn was very happy. In the first year, doctors made fifty flights. They flew 18,000 miles, helped 225 people, and saved 4 lives. Flynn now wanted (ホ)［１. in all　２. to　３. of　４. the Service　５. parts　６. be］the Outback. His church did not have enough money for this plan, so the different states in Australia agreed to help. Each state built one or two hospitals.

In 1942, the Royal Flying Doctor Service *came up with another good idea. Every home in the Outback got a carefully prepared *first-aid kit. Each kit had the same *drugs, *bandages, and so on. Everything in the kit had its own special number. Later, the kits had a picture of the human body with a number for each different part. When people got sick or injured, they used the (ヘ) to call the medical center. The doctor asked about the problem by number. Then the doctor told the caller to use medicine from the kit by numbers, too. For example, the doctor said, "(ト)Take one pill from number 8 every three hours," or "Put number 22 on your injured leg."

Today there are 3,000 medical kits, 22 hospitals, and 53 Royal Flying Doctor Service airplanes. Each year, the service helps about 274,000 people.

【注】 Outback　アウトバック・奥地　　medical　医療の　　minister　牧師　　injured　怪我をした
get in touch with　～と連絡をとる　　radio　無線機　　pedal　ペダル
come up with　～を思いつく　　first-aid kit　救急箱　　drug　薬　　bandage　包帯

［設問］

(a) 空所（イ）に入れるのに最もふさわしいものを次の１～４の中から１つ選び，番号で答えなさい。

１. the one　２. another　３. the other　４. each other

(b) 空所（ロ）に入れるのに最もふさわしい１語を本文中から抜き出してそのままの形で書きなさい。

(c) 下線部（ハ）の内容を35字以上45字以内の日本語で答えなさい。ただし，句読点も１字に数えます。

(d) 空所（ニ）に入れるのに最もふさわしいものを次の１～４の中から１つ選び，番号で答えなさい。

１. airport　２. road　３. electricity　４. telephone

(e) 下線部（ホ）を含む文が本文の内容に合う英文になるように，［ ］内の１～６の語（句）を並べかえ，番号で答えなさい。

(f) 空所（ヘ）に入れるのに最もふさわしいものを次の１～４の中から１つ選び，番号で答えなさい。

１．radio　２．medicine　３．doctor　４．airplane

(g) 下線部（ト）の意味として最もふさわしいものを次の１～４の中から１つ選び，番号で答えなさい。

１．３時間かかるので，８番の薬を１錠持って行きなさい。
２．３時間以内に，８個の薬から１錠取り出しなさい。
３．３時間たったら，８種類の薬を１錠ずつ服用しなさい。
４．３時間おきに，８番の薬を１錠飲みなさい。

(h) 本文の内容と一致するものを次の１～８の中から３つ選び，番号で答えなさい。

１．A lot of people living in the Outback don't want to move to cities along the coast.
２．The Royal Flying Doctor Service provides medical advice for people in the Outback.
３．Flynn was driving a truck and was killed in an accident on the way to his church.
４．In 1927, it was not common to travel by airplane and it was also dangerous.
５．People in the Outback could send and receive messages more easily than now.
６．Flynn's church spent all the money needed to build at least one hospital in each state in Australia.
７．A special first-aid kit was given to every home in the Outback.
８．The Royal Flying Doctor Service has helped about 274,000 people since 1928.

8 次の，Ikey（アイキー），McGowan（マッゴーワン），Rosie（ロージー）についての英文を読み，設問に答えなさい。

The Blue Light *drug store was on the East Side of New York, near First Avenue. All the medicines there were made by hand. Ikey worked there at night. A thin, clever man, with a long nose and glasses, he was friendly to all who came for help when they were ill.

Ikey lived in a room in a house not far from the drug store. His *landlady was Mrs Riddle, and she had a daughter, Rosie. Ikey was deeply in love with Rosie, but he never told her about it. (イ)That was strange, because he was very good at talking to people in the drug store.

There was another man living at Mrs Riddle's house. He was in love with Rosie, too. His name was McGowan. Ikey had no hope of winning Rosie's love, but McGowan was very hopeful. He was also Ikey's friend. He often came to the drug store, after a night fighting in the street, for something to put on a black eye or a cut.

One afternoon, he came into the drug store in a hurry, and went straight to speak to his friend Ikey.

"I need some special medicine," he said.

"Take off your coat," said Ikey, "And tell me where it hurts. Were you in a fight again? Someday you'll get a knife in your back."

"It wasn't a fight," said McGowan, with a laugh. "But you're right. It hurts under my coat — in my (ロ). Rosie and I are going to run away tonight to get married."

Ikey was mixing some medicine while he listened, and he tried not to drop it all on the floor.

McGowan's smiling face now looked worried.

"We first thought of the plan two weeks ago. Sometimes Rosie says 'yes' to it and sometimes 'no'. For the past two days she's said 'yes', and we're hoping to leave in five hours. I don't want her to change her plans *at the last minute."

"And (ハ)where does medicine come into it?" asked Ikey.

"Well, you see, old Mr Riddle doesn't like me. For a week now he's told Rosie not to come out with me. I'm worried that she won't want to leave tonight because of him."

"Isn't there a medicine that you can give to a woman to get her deeper love for you? I had a friend, Tim Lacy. He gave a *potion like that to his girlfriend and they got married two weeks later."

McGowan didn't notice Ikey's *knowing smile at these words of his, and he went on.

"If I can just give a love-potion to Rosie at dinner tonight, I'm sure that (ニ)."

"And when are you running away?"

"Nine o'clock. Dinner's at seven. At eight, Rosie goes to bed with a bad head. At nine, I come round the back of the house and then she comes down the *fire escape from her window. Then we're going straight to church to get married."

"We have to be careful about selling love-potions. But because you're my friend, I'll make it for you, and you'll see (ホ)[1. Rosie's 2. you 3. it 4. for 5. feelings 6. how 7. changes]," said Ikey.

Then he carefully made a sleeping-potion. Anyone who took it surely slept for many hours without waking up.

(ヘ)He gave the potion to his friend, and told him to put it into a drink if possible. McGowan thanked him, and left.

After that, Ikey sent a note to Mr Riddle, and told him about McGowan's plans.

Mr Riddle came to the drug store that afternoon. He was a strong, red-faced, angry man.

"Thanks for telling me, Ikey," he said. "That *lazy man. My room is just over Rosie's room. After dinner, I'll wait up there with my gun. If McGowan comes this evening, he'll go straight to hospital — and not to church — tonight."

"Rosie falls asleep in her room, and old Riddle waits upstairs with his gun. So McGowan's chances aren't looking good," thought Ikey happily after Mr Riddle left.

Next morning, at 8 o'clock, Ikey finished work and started walking to Mrs Riddle's house (ト)to learn the latest news. There in the street he met McGowan. McGowan shook Ikey's hand, and thanked him warmly.

"It worked," he said with a smile. "Rosie and I are now married. You must come for dinner over at our place some time soon."

"But the potion?!" asked Ikey.

"Oh, that!" laughed McGowan. "In the end I felt bad about *questioning Rosie's love, but old Riddle was not friendly to me at dinner. I felt that it wasn't right for him to be so hard on the man who wanted to marry his daughter. So I put the potion in his coffee!"

【注】 drug store 薬局　landlady 下宿屋の女主人　at the last minute 土壇場で
potion （不思議な力のある）薬　knowing smile 意味ありげな笑い
fire escape 避難用のはしご　lazy だらしない　question ～を疑う

［設問］

(a) 下線部（イ）の内容を30字以上40字以内の日本語で答えなさい。ただし，句読点も１字に数えます。

(b) 空所（ロ）に入れるのに最もふさわしいものを次の１～４の中から１つ選び，番号で答えなさい。

１．back　２．arm　３．heart　４．eye

(c) 下線部（ハ）の表す意味として最もふさわしいものを次の１～４の中から１つ選び，番号で答えなさい。

１．君の頼んだ薬はどこから薬局に入荷するの。
２．君の飲んだ薬は体のどこの部位に効くの。
３．君の必要な薬はどのように作られているの。
４．君の欲しい薬はその計画にどのように関わるの。

(d) 空所（ニ）に入れるのに最もふさわしいものを次の１～４の中から１つ選び，番号で答えなさい。

１．she'll come with me　２．she'll change her mind
３．she won't love me　４．she won't run away with me

(e) 下線部（ホ）が本文の内容に合う英文になるように，［ ］内の１～７の語を並べかえ，番号で答えなさい。

(f) 下線部（へ）の行動をアイキーがとった理由として最もふさわしいものを次の１～４の中から１つ選び，番号で答えなさい。

1．ロージーを眠らせ，マッゴーワンと結婚させないようにするため。

2．ロージーの父を眠らせ，ロージーとマッゴーワンを結婚させないようにするため。

3．ロージーの気持ちを固め，マッゴーワンと駆け落ちができるようにするため。

4．ロージーの父を落ち着かせ，ロージーとマッゴーワンに教会で式を挙げさせるため。

(g) 下線部（ト）の表す意味として最もふさわしいものを次の１～４の中から１つ選び，番号で答えなさい。

1．ニューヨークの最新の情報を得るために

2．ロージーの父の最新の考えを確認するために

3．マッゴーワンの計画の結果を知るために

4．ロージーとマッゴーワンの幸福な顔を見るために

(h) 本文の内容と一致するものを次の１～８の中から３つ選び，番号で答えなさい。

1．Ikey worked for the drug store from morning till late at night.

2．Ikey and McGowan lived in the same house near the drug store.

3．Ikey thought it impossible to win Rosie's love because he was not good-looking.

4．McGowan wanted to get married to Rosie as soon as possible.

5．Mr and Mrs Riddle didn't want their daughter to love McGowan.

6．Though Tim gave a love-potion to his girlfriend, she didn't like him better at all.

7．Mr Riddle didn't shoot McGowan because he found McGowan to be honest.

8．As Mr Riddle took the sleeping-potion, Rosie and McGowan were able to get married.

問五　――線4「寡　人　徳　薄（＝わたくしは徳の少ない者だ）。」とありますが、このように荘王が臣下に対して謙遜した態度をとるのを、問題文〈甲〉の語り手はなぜだと捉えていますか。その理由の説明にあたる部分を問題文〈甲〉から二十字で探し、最初の四字を抜き出しなさい。

問六　――線5「有　陰　徳　者　必　有　陽　報　也。」について。

(1)　この部分は、「人知れず恩徳を施した（＝陰徳）者は、きっと良い報い（＝陽報）がある」という意味です。これを参考にして、返り点を付けなさい。

(2)　「陰徳」「陽報」とはどのようなことを指していますか。問題文〈甲〉を参考にして、それぞれ解答欄に合う形で書きなさい。

にけり。この事を思はずにあやしくおぼして、その故を尋ね問はせたまふに、この人申していはく、「昔、后に纓を取られたてまつりて、思ひやるかたなくおぼえし時、たれとなくまぎらはしたまひし事、我今に忘れ侍らず」と泣く泣く申しけり。

（『唐物語』）

〈乙〉

晋※3与《と》レ楚戦《フ》。有《リテ》二一臣一、常《ニ》在《リ》レ前《ニ》、五《タビ》合《シテ》五《タビ》獲《とリ》レ首《ヲ》、却《しりぞケテ》レ敵《ヲ》卒《つひニ》得《タリ》レ勝《ツヲ》レ之《ニ》。荘王怪《シミテ》而問《ヒテ》曰《ハク》、「4寡《くわ》人《じん》徳薄《シ》。又未《ダ》二嘗《かつテ》異《ニセ》レ子《しヲ》《まだあなたを特別に扱ってはいない。》。子何《ノ》故《ニ》出《ダシテ》レ死《ヲ》不《ルコト》レ疑《ハ》如《クナルカト》レ是《かクノ》。」対《こたヘテ》曰《ハク》※4、「臣《ハ》当《まさニ》レ死《ス》。往《以前》者《ニ》酔《ヒテ》失《セシニ》レ礼《ヲ》、王隠忍《シテ》不《リキ》レ加《ヘ》レ誅《ヲ》也。臣終《つひニ》不《ル》下敢《ヘテ》以《テシテ》二隠蔽之徳《ヲ》一、而不《ンバアラ》中顕《あきラカニ》報《ゼ》上レ王《ニ》也。常《ニ》願《フコト》下肝脳塗《まみレ》レ地《ニ》、用《もつテ》二頸血《ヲ》一湔《そそガント》上レ敵《ニ》久《シ》矣。臣《ハ》乃《すなはチ》夜絶《タレシ》レ纓《ヲ》者也《ト》。」遂《つひニ》敗《リテ》二晋軍《ヲ》一、楚得《タリ》二以《テ》強《キコトヲ》一。此《レ》5有陰徳者必有陽報也。

（『説苑』復恩）

※1　楚の荘王…古代中国の王国、楚の荘王。後出の「主」も同じ。

※2　纓…冠の後ろに尾のようにつける装飾の具。

※3　晋…楚と同じく、古代中国の王国名。楚と戦を交え、荘王のもとに大敗した。

※4　臣…わたくし。

問一　――線a「思ひ」・b「おぼし」・c「取り」とありますが、それぞれの主語の組合わせとして最も適当なものを次の中から選び、記号で答えなさい。

ア　a　荘王　b　后　c　后

イ　a　臣下　b　荘王　c　后

ウ　a　后　b　臣下　c　荘王

エ　a　荘王　b　臣下　c　臣下

問二　――線1「いかでか」とありますが、その内容の説明として最も適当なものを次の中から選び、記号で答えなさい。

ア　どうして王は宴に興じてばかりいるのだろうか。

イ　なぜかあの臣下の者が気になって仕方がないことだ。

ウ　なんとかして后の気を引きたいものだ。

エ　なんとしても王に取り入ろうではないか。

問三　――線2「かかる事」とありますが、その内容として最も適当なものを次の中から選び、記号で答えなさい。

ア　王の政治に異を唱えようとした臣下がいる、ということ。

イ　后に対する王の態度をたしなめた、ということ。

ウ　何者かが無礼にも后の袖を引いた、ということ。

エ　王が怒りに任せて臣下の纓を取った、ということ。

問四　――線3「その人と見えざりけり」とありますが、その解釈として最も適当なものを選び、記号で答えなさい。

ア　王から宴に招かれる者のようには見えなかった。

イ　后が探し出したい者が誰であるかわからなかった。

ウ　王を非難する者のようには見えなかった。

エ　后が思いを寄せている者が誰であるかわからなかった。

ウ 「あたし」を嫌っている三崎さんとは話すまいとずっと思っていたが、図書室に本を借りにくるのであれば図書委員としての仕事はしっかりやり遂げようと決断した。

エ 自分の思いを伝えることはためらわれたが、三崎さんに対して親しみを感じ始めたと言うチャンスは今しかないと判断して思い切った行動に出た。

問七 ――線8「あたしは、〜見送っていた」とありますが、この時の「あたし」の説明として最も適当なものを次の中から選び、記号で答えなさい。

ア 気の利いた返事が上手く言えなかったとの反省はあるものの、それでも自分がやるべきことをやり遂げたという満足感に浸っている。

イ 自分にとっては渾身の一言を放った実感を抱きつつも、人の心は簡単に分かり合えるものでもないので、油断せず今後を見守ろうとしている。

ウ 日頃の自分にはなかなかできなかった思い切った言動に自らの変化を感じ取り、その余韻にひたるとともに、今後の展開に期待をし始めている。

エ 自分が嫌いな人に対して自分の好きな本を紹介する初めての体験に緊張するとともに、大変な疲労感を伴うものだと感慨に耽《ふけ》っている。

三 **問題文〈甲〉・〈乙〉を読んで、後の問いに答えなさい。なお、問題文〈乙〉については設問の都合上、送り仮名や返り点を省略した部分があります。**

> 父の死により即位した荘王《そうおう》は全く政治を顧みず、日夜宴《うたげ》を催し、諫言《かんげん》する（＝目上の者へ忠告する）者は全て誅殺《ちゅうさつ》する（＝罪を責めて殺す）と宣言しました。そんなある日の宴の席で、臣下の一人が闇に乗じて后の袖を引き、怒りを買います。王の計らいで幸いにも誅殺を逃れたその臣下は、後に晋から攻められた際、懸命に戦って勝利に貢献します。
>
> 問題文〈乙〉は、問題文〈甲〉の話の元となった漢文から、「かたきの国（＝晋）」から攻められるも、勝利を収めた後の荘王と臣下とのやり取りに対応する場面の引用です。

〈甲〉

昔、※1楚《そ》の荘王《さうわう》と申す人、群臣を集めてよもすがらあそびたまひけり。その御かたはらに浅からずa思ひ聞こえさせたまひつる后さぶらひたまふを、人知れず「1いかでか」と思ひたてまつれる臣下ありけり。ともし火の風に消えたりけるひまに、后の御袖を取りて引きたりけるを、限りなくいきどほり深くやbおぼしけん、御手をさしやりてこの男の冠《かうぶり》の※2纓《えい》をc取りて、「2かかる事なん侍《はべ》る。早く火をともして纓なからん人をそれと知らせ給へ」と申したまふを、主《あるじ》、もとより人をあはれみ情け深くおはしければ、「ともし火消えたるほどに、これに侍《はべ》る人びとおのおの纓を取りてたてまつるべし。そののち火はともすべし」とのたまはするに、この男、涙もこぼれてうれしくおぼえけり。かくてともし火あきらかなれど、たれもみな纓なかりければ、3その人と見えざりけり。かかれどもこの人、「いかにしてか主のなさけをむくいたてまつらん」と心のうちに思へりけるに、主、かたきの国にせめられて、あやふきほどにおはしけるを、この人ひとり身をすてて戦ひければ、主勝たせたまひていると考えられますか。最も適当なものを次の中から選び、記号で答えなさい。

ア　粘り強く物事に取り組みおっとりして真面目な印象。

イ　柔軟で臨機応変に物事を処理してゆくしたたかな印象。

ウ　大した考えもなく周りの雰囲気に流されやすい印象。

エ　場の雰囲気に合わせ気遣いを見せる物腰柔らかな印象。

問二　――線2「ほんのちょっと、〜と思った」とありますが、この時の「あたし」の気持ちを表したものとして最も適当なものを次の中から選び、記号で答えなさい。

ア　三崎さんは大人っぽい趣味の人なのかもしれない。

イ　三崎さんとはもしかしたら趣味が合うのかもしれない。

ウ　三崎さんは本当は私とおしゃべりしたいのかもしれない。

エ　三崎さんにはこの図書室は居心地が悪いのかもしれない。

問三　――線3「いい趣味」・6「ひねくれた趣味」とありますが、これらの表現の違いから「あたし」のどのような一面がわかりますか。次の中から選び、記号で答えなさい。

ア　自分たち読書家は皆友達という仲間意識を持つ一方で、他者の読書傾向に厳しい目を向けている。

イ　自分の本選びのセンスが絶対で、他の人のセンスを認めないという頑固さを持っている。

ウ　自分は読書がいい趣味だと密かに思いながらも、人前では自信を持って言い出せない気弱さがある。

エ　自分は周囲の子には理解し得ない面があるものの、独自のこだわりを持っているという自負もある。

問四　――線4「しおり先生は〜勘違いしたのかもしれない」とありますが、「あたし」がこのように考えた理由として最も適当なものを次の中から選び、記号で答えなさい。

ア　しおり先生の方から本の候補を提案してきたから。

イ　しおり先生があたしの読書傾向とは違うと判断したから。

ウ　あたしの読書傾向とは元々違っていたから。

エ　どう考えてもあたしには答えられない難問だったから。

問五　――線5「ときどき、先生は〜わからないことを言う」とありますが、この時の「あたし」は「しおり先生」をどのように思っていますか。それについて述べたものとして最も適当なものを次の中から選び、記号で答えなさい。

ア　「あたし」の理解を超えた先生の言葉を訝《いぶか》しんでいる。

イ　「あたし」の読書傾向から逸脱した先生の言葉に困惑している。

ウ　「あたし」を困らせる先生の言葉を腹立たしく思っている。

エ　先生が「あたし」に発した子供じみた言葉に動揺している。

問六　――線7「あたしの〜付け足した」とありますが、この時の「あたし」について述べたものとして最も適当なものを次の中から選び、記号で答えなさい。

ア　自分の凝り固まった物の見方で、いつまでも片意地を張って言いたいことも言わないでいるのは、本当に馬鹿馬鹿しいと突然気がついた。

イ　苦手だった相手に気まずさを覚えながらも、自分の大事な本を託すと同時に三崎さんはどう読んでくれるかを知りたいという気持ちが芽生えた。

「えと……。そうじゃなくて」

彼女が持っていた本は、あたしがリクエストに応えて、『おすすめおしえてノート』に記した作品の一つだった。地味なタイトル、地味な※3装幀《そうてい》、地味なあらすじと三拍子揃っていて、この本を自分から手に取ろうと思う人間なんて、まずいないだろうと思える本だった。著者の名前だって『さ行』なのかと思ったら『た行』を探さないとダメだったりして、とにかく探し出すのは難しい。それなら、三崎さんがこの本を手にしている理由は、一つしかない。

「あれ、三崎さんだったの」

「あれ?」

彼女は眉間《みけん》に皺《しわ》を寄せて、少し難しい表情をする。

「えっと、その、あれ」

わたしは、カウンターに置かれているノートに指し示した。すると、気が付いたのか彼女は少し驚いたふうに眼を開いて、それから俯いた。

「えっと、うん」

もしかしたら、恥ずかしかったのかもしれない。せっかく匿名で書いたのに、こうしてバレてしまったら、たぶん気まずくなる。

「あ、ごめん、えっと、これ、勧めたの、あたしで」

「そうなんだ」

彼女は俯いたまま、顔を上げない。会話終了。気まずい沈黙がやってきて、あたしは必死になって続ける言葉を探す。結局、黙ったまま貸し出し手続きをした。本の上に彼女の生徒証を乗せて、それを差し出す。

「はい。期限、二週間だから」

三崎さんは黙ったまま頷いた。彼女が本を受け取って、7あたしの指先からその質量が去っていく瞬間、慌てて付け足した。

「よかったら、感想、聞かせて」

振り絞るみたいにこの喉から出てきた声は、ここが教室だったら、たちまち騒々しさでかき消えてしまうほど弱々しいものだった。

けれど、言葉は奇跡的に届いたみたい。

「うん」

三崎さんは、手にした本を胸に押し当てるようにして頷く。

心なしか、その口元が笑っているように見えた。

8あたしは、本を受け渡すために立ち上がった姿勢のまま、図書室を去って行く彼女の背中を黙って見送っていた。緊張のせいか、それとも別の原因があるのか、心臓の鼓動がうるさく音を立てて、耳の奥にまで響いている。どきどき、していた。久しぶりの感覚だった。掌《てのひら》に汗が湧き出て、胸が苦しくなり、頬が熱くなる。夢中になって、物語のページを捲《めく》るときのよう。心躍る冒険に、主人公と共に旅立つときみたいな、そういう不思議な感覚がした。

気に入ってくれると嬉しいなと思った。

「だって、自分が好きな本を、好きになってくれるかもしれないんだよ」

しおり先生の言葉の意味が、ほんの少しだけ理解できた気がした。

（相沢沙呼《あいざわさこ》『その背に指を伸ばして』小説すばる二〇一八年七月号より）

※1　ブッカーがけ…ブッカーと呼ばれる透明のカバーをつける作業。

※2　ラノベ…ライトノベルの略。中高生向けの挿絵が多く入れられた小説。

※3　装幀《そうてい》…本のカバーや表紙のデザイン。

問一　——線1「ゆるふわな思考回路を持ってる子」とありますが、この表現から「あたし」は「三崎さん」に対してどのような印象を持っ

5ときどき、先生はこういうわけのわからないことを言う。あたしの、その不審げな気持ちがありありと表情に出てしまったんだろう。先生は気恥ずかしそうに苦笑いをした。

「ごめんごめん。気にしないで。あくまで、先生の感想だから」

少し席を外すから、お願いね、と言って彼女は図書室を出て行ってしまう。

もう遅い時間なので、図書室に人の姿はほとんどない。ぽつんと放置されてしまったけれど、『おすすめおしえてノート』にペンを走らせるのなら、一人きりの方が集中できる。見当を付けていた中から、二冊を紹介することを決めて、その物語の魅力について簡潔に書き込むことにした。

この、6ひねくれた趣味を持った質問者は、どんな子なのだろう。質問する人間も、回答する人間も、名前を記入するかどうかは自由で、この質問者にはもちろん、名前が書かれていなかった。

あまりの睡魔に、あくびを噛み殺す。

昨日、読んだ本があまりにも面白かったので、ついつい夜更かししてしまった。今日は図書委員の当番ではなかったから、こうして放課後にカウンターに居座る必要もなかったのだけれど、なにか面白い本でもないかなぁって本を借りに来たついでに、先生に留守番を任されてしまった。さっきまで※1ブッカーがけの作業を手伝っていた図書委員の女子が、カウンターの少し離れたところで読書をしている。書店のカバーが掛かっていたので、私物だ。あの紙の質感は、※2ラノベに間違いない。どんなのを読んでいるのか、ちょっと気になる。同じ二年生の間宮さんで、あんまり話をしたことがない子だった。趣味が合うのなら、仲良くなりたいなって思うけれど、でも違ったら困っちゃうから、話し掛けることができない。

ちらちらと、間宮さんに眼を向けていたせいで、気が付くのが遅れてしまった。

「あの」

顔を上げると、すぐ目の前に、ここのところよく観察していた人間が立っている。

三崎さんだった。

ぎょっとして、心臓が跳ね上がる。なんなの、いったいなんの用事？　ついに宣戦布告にでもやって来たの？　あんたたち陽キャが、陰キャの聖域を占領しようって算段なの？

「本を借りたいんだけれど、どうしたらいいの」

「え、あ、えっと」

混乱気味に、カウンターを振り返る。こういうときに限って、しおり先生の姿はない。間宮さんは読書に夢中で、こっちに気付かないふりでもしているみたいだった。他の一年生も、奥で掲示物を作る作業をして、背中を向けている。

「それじゃ、その、本と生徒証を――」

彼女が持っている本に眼をやって、言葉を途切れさせた。思わず呟《つぶや》いてしまう。

「それ」

あたしの言葉に、三崎さんは不思議そうな顔をした。

「借りられない？」

「思いつくものある?」

「うーん」

普通の子だったら答えられないかもしれない。だって、だいたい女の子を主人公にした小説って、ほとんどが恋愛ものだし、そうでなければ部活のこととか友情のことが描かれている。そうでない作品なんて、あったとしても普通の子は読んだりしないだろう。けれど、あたしには何冊か心当たりがあった。ペン立てからシャーペンを取り出し、ノートを広げてカウンターに向き直る。数冊の候補の中から、どの本を、どんなふうに紹介したら、興味を持ってもらえるだろう? そんなふうに考え込んでいるところを、4しおり先生は候補がまったく思い付かないのだと勘違いしたのかもしれない。

「先週、あおちゃんが借りていったやつはどう? 近くなかった?」

「ああ、あれね……。ううーん、あれは好きじゃなかった」

「あ、そうなんだ。残念」

しおり先生は頬に手を当てて、首を傾げた。わかりやすく眉尻が下がっている。

「でも、どうして? あおちゃん、好きな本だと思ったのになぁ」

「どうしてって」

そう問われると、首を傾げてしまう。あたしはちょっと考えて答えた。なんだか、しおり先生があまりにも残念そうな表情だったので、きちんと理由を説明しておかないと悪いと思ったのだ。

「なんていうか……、あたし、結末がはっきりしないお話って苦手なんだと思う」

小さく頷《うなず》いて、先生はあたしの隣に腰掛けた。眼鏡の奥の優しい眼差《まなざ》しが、言葉の続きを待つように、あたしのことを見た。

「あの本の短編って、どれも最後はぼかして終わってるでしょ。なんか、卑怯だよ。主人公がどういう行動を取ったのか、その結果はどうなったのか、なんにも書いてない。ハッピーエンドなのかもしれないし、バッドエンドなのかもしれなくて、そういう、丸投げされてる感じが苦手」

手にしたシャーペンを、くるくると回転させながら、読書のときに感じた不満を語る。

すると、先生はくすくすと笑い出した。

「なに」

「ううん。前に似たようなことを言った子がいたなぁって」先生はそう言って、頷いた。「あおちゃんの言う通り、確かにそうかもしれないね」

「先生は、どうしてああいうのが好きなの」

「うーん、そうね。たぶん、それがきっと、本を読むことの魅力の一つ、だからかなぁ」

わけがわからない。思わず眉が寄って、先生を見てしまう。

「だって、そこにどんな結末を描くのかは読み手の自由なのよ。物語がどう終わるのか、そのあとどうなったのか、すべて読み手の価値観に委《ゆだ》ねられていて、わたしたちの心を試しているような感じがするでしょう」

するでしょう、なんて言われても、まったくわからない。

「物語の主人公を幸せにできるかどうかは、わたしたちの心しだい。それはつまり、わたしたち自身を幸せにできるかどうかも、わたしたちしだいってこと」

それからも、連日のように三崎さんは図書室へやって来た。

奇妙な話だった。あたしが一年生だった去年の間、三崎さんの姿を図書室で見かけたことは一度もなかった。それなのに、いったいどんな心変わりがあったのか、お昼休みだけじゃなく、放課後にですら彼女は図書室に姿を現すようになった。

お昼休み、三崎さんはあたしたちが司書室でお弁当を食べ終えたころにやってくる。ふらふらと書架の間を歩き、雑誌の類を手に取って、テーブルでそれを退屈そうに捲《めく》りだす。たいていの場合、それは1ゆるふわな思考回路を持ってる子が好きそうなファッション誌だった。そのページを捲り続けて、授業が始まるギリギリの時間に帰っていく。放課後にも、彼女はまっすぐ図書室にやってくる。やっぱり同じ雑誌を捲って、ときどき図鑑の類を眺めたりして、三十分くらい過ごしてから帰っていく。勉強をするわけでも、小説を読むわけでもない。いったいなにをしに来ているのか、本当にわけがわからない。

耳をつんざくような笑い声をあげるわけでもなく、ひとりきりで静かに過ごす三崎さんの姿は、なんだか新鮮で不思議な絵面《えづら》だった。だから、改めて眺めていると気付くこともある。たとえば、三崎さんが黙ったまま、俯《うつむ》き加減に雑誌を眺めているところは物憂《ものう》げで、ツヤツヤとした髪が長いから、黒縁の眼鏡でも掛ければ、文学少女風に見えるかもしれない。2ほんのちょっと、しおり先生みたいに見えなくもないと思った。まぁ、読んでる雑誌がファッション誌の時点で文学少女失格なんだけれど。

「あおちゃん」

三崎さんが帰ったあと、受付のカウンターでぼけっと頬杖《ほおづえ》を突いていたら、しおり先生にそう呼びかけられた。

「どうしたの。読書もしないで、珍しいね」

「ちょっと考え事してただけ」

「ふぅん?」先生は眼鏡の奥の眼をまたたいて、不思議そうに首を傾《かし》げた。それから、手にしていたノートを差し出してくる。「あおちゃん、暇ならこれに答えてあげてくれる?」

先生が差し出したのは、『おすすめおしえてノート』だった。なんの変哲もないよくあるノートに、図書委員の先輩が親しみやすい文字とカラーペンで飾り付けたものだ。普段はカウンターに置いてあって、自分がこういう本を探してて読みたいと書くと、しおり先生や図書委員が答えてくれるようになっている。もちろん、図書室の利用者がオススメしたい本のことを書くのもオッケーで、秘《ひそ》やかに文字だけの交流がそこで繰り広げられている。先生は最後のページを開いていた。あたしはそれを受け取って、書かれている内容に眼を通す。少し硬質な印象を受ける丁寧な文字で、こう書かれていた。

『女の子が主人公のお話を読みたいです。でも、恋愛、部活、友情、そういうのは苦手です』

「あおちゃん、趣味が合いそうじゃない?」

先生の言葉に、あたしは鼻を鳴らす。まぁ、確かにそうかもしれない。これは物語の要素を全否定するような、難しいリクエストと言えるのかもしれなかった。しおり先生は、だいたい図書委員の読書傾向を把握していて、あたしがどんな本が好きなのかも知っていた。これは、あたしが答えるのに最適な質問だろう。

3いい趣味、してるじゃん。

点が「似ている」のですか。その説明として最も適当なものを次の中から選び、記号で答えなさい。

ア　言葉によって、それまで直観的に見ていた世界の輪郭がはっきりさせられた点。

イ　世界を、言葉や文字によってではなく、地図や文字盤などのイメージによってとらえている点。

ウ　言葉や文字が意味を持たない状態で、感覚のみで直接、得体の知れない世界をとらえている点。

エ　直観やイメージによってとらえていた世界を、改めて言葉によって抽象的に理解している点。

問八　X　に入るものとして最も適当なものを次の中から選び、記号で答えなさい。

ア　私がここまで「考える」といってきたのは「感じる」ことと同じだったのです。

イ　私がこれまで「絵（イメージ）で考える」といってきたのは絵で感じることだったのです。

ウ　私がこれまで「絵（イメージ）で考える」と言ってきたことは、決して言葉では伝わらないのです。

エ　私がこれまで「絵」と「言葉」で区別していたことには意味がなかったのです。

問九　――線6「この故《ゆえ》に」とありますが、「この」の指示内容に注意して、説明したものとして最も適当なものを次の中から選び、記号で答えなさい。

ア　言葉以前の「絵で考える」ような直接的・感覚的な世界は、私的な内面的な世界なので、第三者が決して入り込むことが出来ない世界であるが故に、ということ。

イ　子どもは、直接的・感覚的な世界で得た複雑な感情を表現する際に、いともたやすく、「詩」に直接つながるような素晴らしい言葉を拾い出せるが故に、ということ。

ウ　幼児教育や初等教育では、「ためになる」本や「知識が豊かになる」本よりも、子どもの無意識に直接作用するような言葉のない絵本が必要であるが故に、ということ。

エ　幼児教育や初等教育が「絵で考える」世界に生きている子どもたちを、「言葉で考える」世界に引き入れ、望ましい方向に導くことが出来る、が故に、ということ。

オ　幼児が「言葉で考える」より「絵で感じる」世界に住んでいるために、その世界に入り込んで、その子の感覚や感情を望ましい方向に働きかける可能性があるが故に、ということ。

二　次の文章を読んで、後の問いに答えなさい。

「あたし（＝あおちゃん）」は、図書委員の女子生徒で、教室では陽気で無神経な「陽キャ」グループから、陰気な感じの「陰キャ」だと大声で馬鹿にされていました。その頃、信頼する司書の「しおり先生」にお気に入りの本を生徒に貸し出すときに見せる笑顔の理由を質問したところ、「だって、自分が好きな本を、好きになってくれるかもしれないんだよ」と言われたことが今でも心に残っています。二年生になってから、「陽キャ」グループであるはずの「三崎さん」が一人で図書室に来るようになりました。

このような言葉以前の直接的、感情的な世界は、第三者がほとんど入りこむことのできない世界です。芸術教育（詩を含めて）はこの世界にタッチしようと試みるのですが、まだ信頼すべき方法が㋔かくりつされたとはいえない状態です。

幼児は、まだ「ことばで考える」より、「絵で考える」、もしくは「絵で感じる」世界に住んでいるといえます。つまり、第三者が、その世界に入りこんで、その感覚、あるいは感情を望ましい方向に育て得る可能性が残されているといえそうです。

幼児教育や、初等教育が重要な意味をもつのは、まさに、6この故《ゆえ》にです。だから絵本は、この時期に最も大きい働きをするだろうと思うのです。

絵本は「おもしろくてためになる」とか、「知識が豊かになる」といった、単純なもののためにではなく、彼の無意識に直接作用するものでなければならないと思うのです。

（安野光雅『空想工房』平凡社より）

※パラドックス…逆説。一般に、常識的な前提から、受け入れがたい結論が出てしまうこと。

問一　═══線㋐～㋔のひらがなを漢字に直しなさい。

問二　——線1「理解している」・2「判断します」とありますが、その主語として適当なものを次の中からそれぞれ選び、記号で答えなさい。

ア　その言葉　イ　人　ウ　大人　エ　彼　オ　コオロギ

問三　——線A「ジレンマ」とありますが、その意味として最も適切なものを次の中から選び、記号で答えなさい。

ア　出発点　イ　策略　ウ　解答　エ　板挟み

問四　次の文は、本文のＡ～Ｅのどこに入りますか。最も適当なものをえらび、記号で答えなさい。

> 毎日このようなおまじないごっこにうんざりしたヘレン・ケラーは、突然走り出して方向を失い、とうとう川にはまってしまいます。

問五　——線3「おそろしいことに」とありますが、筆者はなぜ「おそろしい」と述べているのですか。その説明として最も適当なものを次の中から選び、記号で答えなさい。

ア　子どもがコオロギというものを、コオロギという言葉を知る以前に感覚的に知ってしまうことは、普遍的で一般的な世界を知って、成長する過程で何らかの障害をもたらすことになってしまうから。

イ　子どもがコオロギという言葉を覚える前に、その虫に彼にしか通用しない名前や言葉を与えることは、普遍的な世界の把握以前に、独自だが誤った方法で世界を把握することになってしまうから。

ウ　子どもがコオロギという言葉を覚えなければ、その虫を発見出来なかったとするなら、直接的・感覚的な関わりによって、世界を捉える在り方が間違えであることになってしまうから。

エ　子どもがコオロギという言葉を覚えたことで、その虫を理解したと思うことは、初めてその虫に出会ったときに感じた新鮮で感動的な直接的関わり合いを忘れてしまうことになるから。

問六　——線4「それ」とありますが、それが指している内容を簡潔に説明しなさい。

問七　——線5「それは、～似ています」とありますが、どのような

バン先生は水をさわらせて、手のひらにwaterとかきます。井戸のポンプから出る水をさわらせて、またwaterとかきます。C私たちにとってそれは文字であっても、彼女にとっては、変なおまじないのようなものとしか思えなかったでしょう。そもそも、彼女は文字とか、言葉というものがあることを知らないのですから……。Dサリバン先生は、あとを追っかけて、二人とも川の中でころんでしまいます。そしてずぶぬれになった彼女の手のひらに、また、waterとかくのです。E

彼女は、コップの中の、あの得体の知れないものも、井戸のポンプから出てくるものも、いま体中を濡らしてしまったそれも、みんなwaterというものであったかと、この時はじめて雷に打たれたように気がつくのです。

そして、ものには名前があること、名前は文字というもので表わされていることをはじめて知るのです。彼女は(う)きょうきします。昨日まで呪文でしかなかったearthという文字を、はじめて大地にかき記すのです。彼女の両の目からは涙が流れて止まらないのです。4それは彼女の目が開いたのも同じことでした。そして、この時から彼女は、言葉という道を通って、光のある世界へ出ていったのです。

彼女の両親はもちろんサリバン先生にとっても、私たちにとっても、忘れることのできない事件でした。それは、人間にとって言葉が誕生する、あまりにも劇的な場面だからです。

このことから、言葉のもつ大切な意味について理解するだけでなく、言葉や文字が意味をなさなかった時代の彼女の感覚に注目してほしいのです。5それは、先に述べたコオロギという言葉を知らない子どもがコオロギを見た場合の様子に少しだけ似ています。

言葉で考えることが、間接的、知性的であるのに対して、絵で感じるのは、直接的、感覚的だと考えることができます。

言葉で考えたことは、自分で考えるだけでなくそれを人に伝えることができるのにくらべて、絵（イメージ）で考えている内容は人に伝えることができません。しいて人に伝えようとするなら、やはり言葉の力を借りるか、さもなくば絵や図を描くしかないでしょう。つまり、「考える」ためには、「絵（イメージ）で考える」場合でも、それを言葉に置きかえなければならないのです。私はここで前言を多少(え)ていせいしなければなりません。X

感じたことを人に伝えようとする場合も、言葉が必要になってきます。道順を教えるとか、数学の解法を伝えるというのなら論理的な言葉を使うことができますが、「感じたこと」の場合は非常にむつかしい、時として絶句することもあるほどです。

例えば、自分が今、悲しんでいるという事情を理路整然と説明されたのでは、その理由は説明できたとしても、悲しいという感情を人に伝えることはできないでしょう。

まして、自然や、芸術品からうける「美しい！」というような複雑な感情を表わす言葉は、自分の知っている言葉の中からは見当らないかもしれない。それでも無理に探していい表わそうとする言葉は、それを〝詩〟とまではいわないまでも、詩の原型だといってもいいのではないでしょうか。

大人は、無理に言葉を探しますが、子どもは、容易に言葉を拾い出します。ほとんど短絡といってもいいほどの子どもの言葉が、時として〝詩〟のように思えてくるのです。

【国　語】（五〇分）〈満点：一〇〇点〉

【注意】本文の表現については、作品を尊重し、そのままにしてありますが、設問の都合上、省略した部分、表記を改めた部分があります。また、特に指示のないかぎり、句読点等も一字に数えます。

一　次の文章は「幼児教育・児童教育における絵本とはどうあるべきか」について書かれた文章の一部です。読んで後の問いに答えなさい。

〝人間は言葉でものを考える〟といわれています。言葉がなかったら、頭の中で、記憶し、整理し、順序だてて考えを進めていくことができません。また、言葉の影ともいえる文字によって、その考えや記憶を(あ)たくわえたり、たがいに交換したりして、より広く、大きく考えを展開しているのはいうまでもないことです。

しかし、私は、「人間は絵（イメージ）でものを考える」ということもできる、と考えています。例えば、地図や、文字盤のある時計や、幾何《きか》学《がく》などは、絵で考える、という範疇《はんちゅう》に属します。

虫という言葉を知らない子どもが、はじめて虫を見たとき何を考えるでしょうか。その子は、直接その得体の知れないものと対決する他ありません。もしその子が積極的であれば、その虫に対して、彼にしか通用しない名前（言葉）を与えるでしょう。そして、その名前を与えるまでの新鮮で大切な体験は、言葉という抽象されたものに置きかえられます。

その言葉が共通語としての虫、あるいはコオロギであることを、やがて、人は教え、彼は学びます。大人は、彼がコオロギを見てコオロギだ、といったとき「1理解している」と2判断します。3おそろしいことに、やがて彼自身も、コオロギという名前を覚えたとき、その虫を理解した、と思いはじめます。

彼が知ったのは、コオロギそのものではなく、たんにコオロギという言葉です。新鮮で感動的でさえあったあの得体の知れないものとの直接的関りあいを忘れたのでは、何にもならないのです。

言葉で考えることが直線的、論理的であるのに対して、絵（イメージ）で考えることは、平面的、直観的です。

絵（イメージ）でものを考える方が、言葉で考えることに勝るなどといっているのではありませんが、今世紀はじめの、ある哲学者たちの迷いを、ここで思い出さぬわけにはいきません。

哲学者は、言葉の世界に住んでいます。その言葉によっていろいろな命題を解いてきました。善とは何か、嘘とは何か、そして言葉とは何か、……と。しかし、彼等は言葉というものを定義づけようとしたときに、やはり言葉を用いるほかない、というAジレンマにおち入ったのです。

もちろん、この※パラドックスは(い)せんこく解決されているそうですし、もしそうでなかったら、哲学という学問そのものがとっくになくなっているでしょう。ただいえるのは、言葉というものが、実にあいまいなものであることを、哲学者が認めざるを得なかったということです。

私はいま、ヘレン・ケラーのことを思い出します。[A]

彼女は、目も見えず、耳も聞こえず、話すこともできませんでした。彼女の家庭教師であったサリバン先生は、不幸な彼女を教育するために、想像もつかない苦労をします。

あれは、『奇蹟の人』というヘレン・ケラーの伝記映画でした。[B]サリ

MEMO

大切なことはメモしておこうネ！

2019年度

解　答　と　解　説

《2019年度の配点は解答欄に掲載してあります。》

＜数学解答＞

1　(1)　$\dfrac{4x+7y}{12}$　(2)　139　(3)　$(x-1)(x+1)^2$　(4)　$x=2,\ y=\dfrac{1}{3}$

(5)　$x=-\dfrac{1}{3},\ \dfrac{1}{2}$

2　(1)　$a=-\dfrac{1}{2},\ b=0$　(2)　$\dfrac{1}{9}$　(3)　$\dfrac{36}{13}\pi\,(\mathrm{cm}^2)$　(4)　$\dfrac{32\sqrt{7}}{3}(\mathrm{cm}^3)$

(5)　$\dfrac{4\sqrt{21}}{7}(\mathrm{cm})$

3　(1)　B(3, 9)　(2)　P(2, 0)　(3)　Q(0, －4)　(4)　$\left(-\dfrac{1}{4},\ -\dfrac{11}{4}\right)$

4　(1)　1：8　(2)　4：11　(3)　1：91

5　(1)　$\dfrac{1}{12}$　(2)　$\dfrac{5}{36}$または$\dfrac{2}{9}$　(3)　$\dfrac{1}{9}$または$\dfrac{11}{72}$

○配点○

1　各5点×5　2　各5点×5　3　(1)　4点　(2)　5点　(3)　5点　(4)　6点

4　(1)　4点　(2)　5点　(3)　6点

5　(1)　4点　(2)　5点　(3)　6点　計100点

＜数学解説＞

基本　1　(式の計算，式の値，因数分解，連立方程式，2次方程式)

(1)　$x-\dfrac{2x-y}{4}-\dfrac{x-2y}{6}=\dfrac{12x-3(2x-y)-2(x-2y)}{12}=\dfrac{12x-6x+3y-2x+4y}{12}=\dfrac{4x+7y}{12}$

(2)　$x^2+xy+y^2=(x+y)^2-xy=(3\sqrt{5}+2+3\sqrt{5}-2)^2-(3\sqrt{5}+2)(3\sqrt{5}-2)=(6\sqrt{5})^2-\{(3\sqrt{5})^2-4\}=180-45+4=139$

(3)　$x^3+x^2-x-1=x^2(x+1)-(x+1)=(x^2-1)(x+1)=(x-1)(x+1)(x+1)=(x-1)(x+1)^2$

(4)　$\dfrac{x-1}{3}=\dfrac{y+1}{4}$　両辺を12倍して，$4(x-1)=3(y+1)$　$4x-4=3y+3$　$4x-3y=7$…①

$\dfrac{x-1}{3}=\dfrac{x-y}{5}$　両辺を15倍して，$5(x-1)=3(x-y)$　$5x-5=3x-3y$　$2x+3y=5$…②

①＋②から，$6x=12$　$x=2$　これを②に代入して，$2\times2+3y=5$　$3y=1$　$y=\dfrac{1}{3}$

(5)　$x^2+ax+b=0$に$x=-3,\ 2$を代入して，$9-3a+b=0$　$-3a+b=-9$…①　$4+2a+b=0$　$2a+b=-4$…②　②－①から，$5a=5$　$a=1$　これを②に代入して，$2\times1+b=-4$　$b=-4-2=-6$　$-6x^2+x+1=0$　$6x^2-x-1=0$　$(3x+1)(2x-1)=0$　$x=-\dfrac{1}{3},\ \dfrac{1}{2}$

2　(2次関数，確率，面積，体積，円の性質，三角形の相似)

基本　(1)　$y=ax^2$…①　xの変域が負から正に変わっているので，①は，$x=0$のとき最大値0をとる。よって，$b=0$　$2<4$から，$x=4$のとき，最小値をとるから，①に$x=4,\ y=-8$を代入して，

$-8=a\times4^2$　$16a=-8$　$a=-\frac{1}{2}$

(2)　3個の目の出方は全部で，$6\times6\times6$(通り)　そのうち，出た目が連続した3つの数である場合は，(1, 2, 3)，(2, 3, 4)，(3, 4, 5)，(4, 5, 6)の4通りで，それぞれに$3\times2\times1=6$から，6通りの並び方があるので，求める確率は，$\frac{4\times6}{6\times6\times6}=\frac{1}{9}$

重要　(3)　ひし形の2つの対角線の交点をO，隣り合う点をA，Bとすると，$OA=\frac{4}{2}=2$，$OB=\frac{6}{2}=3$　ひし形の1辺の長さは，$\sqrt{2^2+3^2}=\sqrt{13}$　点OからABへ垂線OHを引き，求める円の半径をrとする。$\triangle OAH \backsim \triangle BAO$から，$OA:OH=BA:BO$　$2:r=\sqrt{13}:3$　$r=\frac{6}{\sqrt{13}}$　よって，求める円の面積は，$\pi\times\left(\frac{6}{\sqrt{13}}\right)^2=\frac{36}{13}\pi$ (cm²)

(4)　正四角すいの高さは，$\sqrt{6^2-(2\sqrt{2})^2}=\sqrt{28}=2\sqrt{7}$　よって，求める体積は，$\frac{1}{3}\times4\times4\times2\sqrt{7}=\frac{32\sqrt{7}}{3}$(cm³)

重要　(5)　△OBCは二等辺三角形で点MはBCの中点だから，$OM\perp BC$　△OBMは$\angle OBM=30^\circ$の直角三角形だから，$BM=2\times\frac{\sqrt{3}}{2}=\sqrt{3}$　$CM=\sqrt{3}$　ABは直径だから，$\angle ACB=90^\circ$　△ABCは$\angle ABC=30^\circ$の直角三角形だから，$AC=\frac{4}{2}=2$　直角三角形ACMにおいて三平方の定理を用いると，$AM=\sqrt{2^2+(\sqrt{3})^2}=\sqrt{7}$　2角が等しいことから，$\triangle AMB \backsim \triangle CMD$　よって，$AB:AM=CD:CM$　$4:\sqrt{7}=CD:\sqrt{3}$　$CD=\frac{4\sqrt{3}}{\sqrt{7}}=\frac{4\sqrt{21}}{7}$(cm)

3　(図形と関数・グラフの融合問題)

基本　(1)　$y=x^2\cdots$①　$y=2x+3\cdots$②　①と②からyを消去すると，$x^2=2x+3$　$x^2-2x-3=0$
$(x+1)(x-3)=0$　$x=-1,\ 3$　①に$x=3$を代入して，$y=3^2=9$　よって，B(3, 9)

(2)　①に$x=-1$を代入して，$y=(-1)^2=1$　よって，A(−1, 1)　直線ABとx軸との交点をCとする。②に$y=0$を代入して，$0=2x+3$　$x=-\frac{3}{2}$　よって，$C\left(-\frac{3}{2},\ 0\right)$　点Pの座標を$(p,\ 0)$とすると，$\triangle APB=\triangle CPB-\triangle CPA=\frac{1}{2}\times\left\{p-\left(-\frac{3}{2}\right)\right\}\times(9-1)=4\left(p+\frac{3}{2}\right)$　$4\left(p+\frac{3}{2}\right)=14$から，$p+\frac{3}{2}=\frac{14}{4}=\frac{7}{2}$　$p=\frac{7}{2}-\frac{3}{2}=\frac{4}{2}=2$　したがって，P(2, 0)

重要　(3)　ABの中点をRとすると，$\frac{-1+3}{2}=1$，$\frac{1+9}{2}=5$から，R(1, 5)　点Rを通り直線BPに平行な直線とy軸との交点をQとすると，$\triangle PQB=\triangle PRB=\frac{1}{2}\triangle APB$となる。直線PBの傾きは，$\frac{9-0}{3-2}=9$　$y=9x+m$に点Rの座標を代入すると，$5=9\times1+m$　$m=-4$　よって，Q(0, −4)

やや難　(4)　$\frac{4}{2}=2$から，直線PQの傾きは2になるので，BA//PQ　$BA:PQ=\{3-(-1)\}:2=4:2=2:1$　$\triangle ABQ:\triangle PQB=2:1=4:2$　求める点をSとすると，△ABS：(四角形AQPB)＝1：2＝3：6　よって，$\triangle ABS:\triangle QBS=3:(4-3)=3:1$　したがって，$AS:SQ=3:1$から，点Sのx座標は，$-1\times\frac{1}{4}=-\frac{1}{4}$　AQの式を$y=nx-4$として点Aの座標を代入すると，$1=-n-4$　$n=-4-1=-5$　よって，直線AQの式は，$y=-5x-4$　この式に$x=-\frac{1}{4}$を代入して，$y=$

$-5\times\left(-\frac{1}{4}\right)-4=\frac{5}{4}-4=\frac{5}{4}-\frac{16}{4}=-\frac{11}{4}$　　したがって，求める点の座標は，$\left(-\frac{1}{4},\ -\frac{11}{4}\right)$

4 (平面図形の計量問題－面積比)

基本　(1)　$\triangle\mathrm{ADE}=\frac{1}{4}\triangle\mathrm{ABE}=\frac{1}{4}\times\frac{1}{2}\triangle\mathrm{ABC}=\frac{1}{8}\triangle\mathrm{ABC}$　　よって，$\triangle\mathrm{ADE}:\triangle\mathrm{ABC}=1:8$

重要　(2)　$\triangle\mathrm{ABF}=\triangle\mathrm{ADP}+$(四角形BFPD)$=\triangle\mathrm{ADP}+\triangle\mathrm{APE}=\triangle\mathrm{ADE}=\frac{1}{8}\triangle\mathrm{ABC}$　　よって，$\mathrm{BF}:\mathrm{BC}=1:8$　　$\mathrm{BF}:\mathrm{FC}=1:7$　　$\triangle\mathrm{FDE}=\triangle\mathrm{ABC}-\triangle\mathrm{ADE}-\triangle\mathrm{DBF}-\triangle\mathrm{EFC}=\left(1-\frac{1}{8}-\frac{3}{4}\times\frac{1}{8}-\frac{1}{2}\times\frac{7}{8}\right)\triangle\mathrm{ABC}=\frac{11}{32}\triangle\mathrm{ABC}$　　よって，$\triangle\mathrm{ADE}:\triangle\mathrm{FDE}=\frac{1}{8}:\frac{11}{32}=4:11$

重要　(3)　(2)から，$\mathrm{AP}:\mathrm{PF}=4:11$　　$\triangle\mathrm{ADP}=\frac{4}{15}\triangle\mathrm{ADF}=\frac{4}{15}\times\frac{1}{4}\triangle\mathrm{ABF}=\frac{1}{15}\times\frac{1}{8}\triangle\mathrm{ABC}=\frac{1}{120}\triangle\mathrm{ABC}$　$\triangle\mathrm{FDP}=\frac{11}{4}\triangle\mathrm{ADP}=\frac{11}{4}\times\frac{1}{120}\triangle\mathrm{ABC}=\frac{11}{480}\triangle\mathrm{ABC}$　　(四角形CEPF)$=\triangle\mathrm{FDE}-\triangle\mathrm{FDP}+\triangle\mathrm{FEC}=\left(\frac{11}{32}-\frac{11}{480}+\frac{7}{16}\right)\triangle\mathrm{ABC}=\frac{364}{480}\triangle\mathrm{ABC}$　　よって，$\triangle\mathrm{ADP}:$(四角形CEPF)$=\frac{1}{120}\triangle\mathrm{ABC}:\frac{364}{480}\triangle\mathrm{ABC}=\frac{1}{120}:\frac{364}{480}=\frac{4}{480}:\frac{364}{480}=4:364=1:91$

5 (確率)

基本　(1)　2回のさいころの目の出方は全部で，6×6＝36(通り)　　そのうち，コマがAにあって，2回さいころを投げて『上がり』になる場合は，(1回目，2回目)＝(1，3)，(2，2)，(3，1)の3通り　よって，求める確率は，$\frac{3}{36}=\frac{1}{12}$

(2)　コマがBにあって，2回さいころを投げて『上がり』になる場合は，(1回目，2回目)＝(1，2)，(2，1)，(4，3)，(5，3)，(6，3)の5通り　　よって，求める確率は，$\frac{5}{36}$　　(3，4)，(3，5)，(3，6)の3通りも考慮した場合は，$\frac{5+3}{36}=\frac{8}{36}=\frac{2}{9}$

重要　(3)　3回のさいころの目の出方は全部で，6×6×6(通り)　　そのうち，コマがAにあって，3回さいころを投げて『上がり』になる場合は，(1回目，2回目，3回目)＝(1，1，2)，(1，2，1)，(1，4，3)，(1，5，3)，(1，6，3)，(2，1，1)，(2，3，1)，(2，4，2)，(2，5，2)，(2，6，2)，(3，2，1)，(3，3，2)，(3，4，1)，(3，5，1)，(3，6，1)，(4，1，3)，(4，2，2)，(4，3，1)，(5，1，3)，(5，2，2)，(5，3，1)，(6，1，3)，(6，2，2)，(6，3，1)の24通り　　よって，求める確率は，$\frac{24}{6\times6\times6}=\frac{1}{9}$　　(1，3，4)，(1，3，5)，(1，3，6)，(2，2，4)，(2，2，5)，(2，2，6)，(3，1，4)，(3，1，5)，(3，1，6)の9通りも考慮した場合は，$\frac{24+9}{6\times6\times6}=\frac{33}{6\times6\times6}=\frac{11}{72}$

★ワンポイントアドバイス★

4 (2)は，$\triangle\mathrm{APE}=$(四角形BFPD)から，$\triangle\mathrm{ABF}=\triangle\mathrm{ADE}$になることに気づこう。

＜英語解答＞

1　[A]　(a)　1　(b)　3　(c)　1　[B]　(a)　3　(b)　2

2　(a)　voyage　(b)　leaf　(c)　rainbow　(d)　favorite [favourite]
(e)　follow

3　(a)　2　(b)　4　(c)　4　(d)　3　(e)　1

4　(a)　イ　about　ロ　in　(b)　イ　of　ロ　way　(c)　イ　future　ロ　so
(d)　イ　time　ロ　almost [nearly]　(e)　イ　number　ロ　these

5　(a)　イ　1　ロ　2　(b)　イ　2　ロ　4　(c)　イ　5　ロ　3

6　I happened to see a boy who not only spoke English but (also) spoke French.
[It happened that I saw a boy who spoke not only English but (also) French.]

7　(a)　4　(b)　hospitals　(c)　医者が飛行機で移動できるように奥地の全ての家の近くに飛行機が着陸する場所を作ること。　(d)　3　(e)　426153　(f)　1
(g)　4　(h)　2, 4, 7

8　(a)　アイキーはロージーを愛していることを彼女に決して言わないこと。
(b)　3　(c)　4　(d)　1　(e)　6371542　(f)　1　(g)　3　(h)　2, 4, 8

○配点○

1・4　各1点×15　2・3　各2点×10　5　各3点×3(各完答)　6　5点
7　(c)　4点　(h)　各3点×3　他　各2点×6((e)完答)
8　(a)　4点　(e), (h)　各3点×4((e)完答)　他　各2点×5　計100点

＜英語解説＞

1　(発音問題)

[A]　(a)　1のみ[ɑ], それ以外は[ʌ]　(b)　3のみ[ɛ], それ以外は[iə]　(c)　1のみ[s], それ以外は[z]

[B]　(a)　cús-tom　第1音節を強く読む。　(b)　math-e-mát-ics　第3音節を強く読む。

重要　2　(単語)

(a)「特に船や飛行機での長い旅」

(b)「植物の平らな緑の部分。枝から成長する」

(c)「雨を通して太陽が輝くとき空に現れる」

(d)「最も好きなもの」=「お気に入りの(favorite)」

(e)「人や物の後について来たり行ったりすること」

基本　3　(会話文)

(a)　ステーキの焼き加減を尋ねられている。

(b)「うん, できると思うよ」と答えていることから, 6時に来られるかどうか尋ねているとわかる。

(c)　How long ~? は期間を尋ねる言い方。

(d)　どの電車に乗るべきか尋ねているので, 電車で行くのが最もよいと答えたとわかる。

(e)　そんなに長く待てないと答えているので, 今日は忙しいが明日の午前9時なら診察できると答えているとわかる。

4　(語句補充：動名詞, 受動態, 不定詞, 接続詞)

(a)　What about ~ing?「~したらどうですか」　be interested in ~「~に興味がある」

(b) 前に人の性質を表す語が来る場合には，for ではなく of を用いる。 all the way「はるばる」

やや難 (c) ~ so that …「…するように~」

(d) have a hard time ~ing「~するのが大変である」

(e) a number of ~「たくさんの~」 these days「最近」

やや難 **5** (語句整序問題：関係代名詞，間接疑問文，不定詞，接続詞)

(a) I am looking forward to taking part (in the race.) look forward to ~ing「~するのを楽しみにする」 take part in~「~に参加する」

(b) It is not so hot as it was yesterday(.) not so ~ as …「…ほど~ない」

(c) (You) had better not speak to her right now(.) had better「~したほうがよい」を否定文にするときは後ろに not を入れる。

重要 **6** (和文英訳)

「偶然~する」 happen to ~ 「~だけでなく…もまた」 not only ~ but (also) …

「英語だけでなくフランス語も話す」を主格の関係代名詞を用いて a boy を修飾する。

7 (長文読解・説明文：語句補充，内容吟味，英文和訳，要旨把握)

(全訳) オーストラリアの大部分の人は海岸沿いの町に住んでいる。広大な中央の地域にはほとんど人は住んでいない。その地域の家は(イ)お互いから離れている。オーストラリア人はこの地域をアウトバックと呼んでいる。過去，アウトバックの人々は事故にあったり病気になったりしたとき，世話をしてくれる医者が近くにいなかった。今日，アウトバックの人はフライングドクターと呼ばれる特別なサービスを呼び，数分で医療アドバイスをしてもらうことができる。フライングドクターは医者のいない地域の人のところに行くために，飛行機を使う。

牧師のジョン・フリン氏が1920年代にフライングドクターサービスを始めた。彼はよくトラックでオーストラリアの中央や北部を通って教会へ旅していた。彼は医者がいないせいで多くの人が亡くなっていることがわかった。彼は思った。「これらの人々を助ける方法があるに違いない。まずは，彼らのために(ロ)病院を建てよう」

フリンは一生懸命に働き，1927年までに中央や北部のオーストラリアに10の小さな病院を建てた。看護師は病気や傷ついた人々を世話した。しかし，フリンは満足していなかった。彼には病院や看護師はいたが，医者があまりいなかった。そして他の問題があった。医者が病院から遠く離れて住んでいる人を治療することは難しかったのだ。そして，彼は(ハ)考えを得た！「医者は飛行機で旅することができる。飛行機がアウトバックの家の近くに着陸するための場所も作ればいいのだ」多くの人はその考えを笑った。1927年は飛行機の旅は，始まったばかりで危険なものだったのだ。

もう一つ問題がある。遠くの人々は医者と連絡を取れなかったのだ。フリンは「メッセージを送ったり受け取ったりするために無線機を使おう」と言った。当時，大部分のアウトバックでは無線機は動いていなかった。なぜなら(ニ)電気がなかったからだ。しかし，技術者がペダルによって動く無線機を発明した。この発明で，人々は遠くから助けを求められるようになった。

すべてが準備できた。フライングドクターは1928年に始まった。そのサービスは非常に成功し，フリンはうれしかった。最初の年，医者は50回の飛行をした。彼らは18,000マイル飛び，225人の人を助け，4つの命を救った。フリンは(ホ)そのサービスがアウトバックの全てにあってほしいと思っていた。彼の教会はこの計画のための十分な資金がないので，オーストラリアの違う州が支援することに同意した。それぞれの州に1つか2つの病院を建てた。

1942年に，フライングドクターは他の良い考えを思いついた。アウトバックのあらゆる家庭は用意された救急箱を手に入れた。救急箱には同じ薬や包帯などがあった。救急箱の中のあらゆるものには特別な番号がある。後に，救急箱には異なる部分に番号が振られた人体の絵がついている。人が病気になったりけがをしたりした場合，彼らは医療センターに電話をするために(へ)無線機を使う。医者は問題について番号を用いて尋ねる。そして，医者は電話をかけてきた人に番号で救急箱から薬を使うように言う。たとえば，医者が「(ト)3時間おきに8番の薬を1錠飲みなさい」や「けがをした足に22番を貼りなさい」と言う。

今日，3,000の医療救急箱と22の病院，53のフライングドクターの飛行機がある。毎年，274,000人の人を救っている。

(a)　each other「お互い」

(b)　1927年までに10の病院を建てたと書かれている。

(c)　傍線部のあとに，考えの内容が具体的に書かれている。

(d)　電気がないので，ペダル式の無線機を使うようになった。

(e)　〈want ＋名詞＋ to～〉「…に～してほしい」

(f)　アウトバックの人は，医者に連絡するために無線機を使っていた。

(g)　every ～「～おきに」

(h)　1 「アウトバックに住んでいる人々は海沿いの都市に引っ越したいと思っていない」 このような記述はないので不適切。 2「フライングドクターはアウトバックの人に医療の助言をしている」 第1段落第5文参照。助言をもらえるとあるので適切。 3 「フリンはトラックを運転し，教会に行く途中，事故で亡くなった」 第2段落第2文参照。フリンが事故で亡くなったとは書かれていないので不適切。 4「1927年，飛行機で旅するのは普通ではなく，また危険だった」 第3段落最終文参照。当時，飛行機での移動は危険だったので適切。 5 「アウトバックの人々は今よりも簡単にメッセージを送ったり受け取ったりすることができた」 第4段落第3文参照。電気がなかったのでメッセージのやり取りが難しかったため不適切。 6「フリンの教会はオーストラリアの各州に少なくとも1つの病院を建てるのに全てのお金を使った」 第5段落第7文参照。彼の教会には十分なお金がなかったため不適切。 7 「特別な救急箱はアウトバックのあらゆる家に与えられた」 第6段落第2文参照。救急箱は全ての家庭に与えられたので適切。 8 「フライングドクターは1928年以来274,000人助けている」 第7段落最終文参照。毎年274,000人助けているとあるため不適切。

8　（長文読解・説明文：語句補充，語句解釈，指示語，内容吟味，要旨把握）

（全訳） ブルーライト薬局はニューヨークのイーストサイドの1番街の近くにあった。全ての薬は手作りだった。アイキーは夜そこで働いていた。長い鼻で眼鏡をかけた，痩せた賢い男で，彼は，病気で助けを求めてくる人皆に親しげだった。

アイキーは薬局から遠くない家の一室に住んでいた。彼の女主人はリドルさんで，娘のロージーがいた。アイキーはロージーを深く愛していたが，そのことを彼女に決して伝えなかった。(イ)それは奇妙なことだった。なぜなら彼は薬局の人と話すのがとても上手だったからだ。

リドルさんの家に住んでいるもう一人の男がいる。彼もロージーに恋していた。彼の名前はマッゴーワンだ。アイキーはロージーの愛を勝ち取る望みはなかったが，マッゴーワンは希望を抱いていた。彼はアイキーの友だちでもあった。彼はよく薬局に行って，通りでのケンカの後，目の周りのあざや傷に貼るものを求めた。

ある午後，彼は急いで薬局にやってきて，友だちのアイキーに話しかけるためにまっすぐに進んだ。

「特別な薬が必要なんだ」彼は言った。

「コートを脱いで」アイキーは言った。「そしてどこをケガしたのか教えてよ。またケンカしたの？いつか背中にナイフが刺さるよ」

「ケンカじゃないんだ」マッゴーワンは笑って言った。「でも君は正しいよ。コートの下，つまり(ロ)心が傷ついているんだ。ロージーと俺は結婚するために今夜逃げる予定なんだ」

アイキーは聞いている間，薬を混ぜていた。そして，それを床の上に落とさないようにした。

マッゴーワンの笑顔は今，心配そうに見えた。

「俺たちは2週間前に初めて計画を思いついたんだ。ときどきロージーは計画に「イエス」ともいうし，ときどき「ノー」とも言うんだ。ここ2日間は彼女は「イエス」と言っていて，俺たちは5時間したら去りたいんだ。彼女に土壇場で計画を変えてほしくないんだ」

「それじゃあ，(ハ)君のほしい薬はその計画にどのように関わるの？」アイキーは尋ねた。

「ええっと，わかっている通り，リドルさんは俺のことが好きじゃないだろ。1週間彼はロージーに俺と出ないように言ったんだ。彼のせいで彼女は去りたくないと思うのではないかと心配なんだよ」

「女の子のより深い愛情を得るためにあたえる薬はないのかい？友だちのティム・レイシーがいるだろ。彼は女の子にそういう薬をあげて，2週間後結婚したんだ」

マッゴーワンは彼の言葉に対するアイキーの意味ありげな笑いに気付かず，続けた。

「もし今晩の夕食でロージーにほれ薬をあげることができれば，(ニ)彼女はいっしょに来てくれると思うんだ」

「いつ逃げるつもりなんだい？」

「9時だよ。夕食は7時なんだ。8時にひどい頭痛でロージーはベッドに行く。9時に，俺は家の裏手にまわり，そして彼女は避難用のはしごで窓から出てくるんだ。そして，結婚するためにまっすぐ教会に行くんだ」

「ほれ薬を売ることには注意しなければならないんだ。でも君は僕の友だちだから，僕が君のためにそれを作って，君は(ホ)ほれ薬がロージーの気持ちをどのように変えるかわかるだろう」

そして彼は注意深く睡眠薬を作った。それを飲んだ人は誰でも目を覚ますことなく何時間も確実に眠る。

(ヘ)彼は友だちにその薬をあげ，可能なら飲み物に入れるように言った。

マッゴーワンは彼に感謝し，去った。

その後，アイキーはリドルさんにメモを送り，マッゴーワンの計画について彼に伝えた。

リドルさんはその午後薬局に来た。彼は強く，赤い顔の，荒れた男性だった。

「教えてくれてありがとう，アイキー。あのだらしない男。私の部屋はロージーの部屋の向かいにある。夕食後，銃を持って待ち構えてやる。マッゴーワンが今晩来たら，教会ではなく病院行きだろう」彼は言った。

「ロージーは部屋で寝入り，リドルが銃を持って上の階で待っている。だから，マッゴーワンのチャンスはうまくいかないだろう」リドルさんが去った後，アイキーは嬉しそうに考えた。

次の朝8時，アイキーは仕事を終え，(ト)最新の知らせを知るために，リドルさんの家へ歩き始めた。通りで，マッゴーワンと会った。マッゴーワンはアイキーの手を握り，彼に感謝した。

「うまくいったよ」彼は笑って言った。「ロージーと俺は結婚したんだ。君も俺たちのところに夕食に来いよ」

「ほれ薬は？」アイキーは尋ねた。

「あれか？結局，ロージーの愛を疑うことを悪く感じたんだ。でもお父さんは夕食のとき俺のことを親しく思っていなかったんだ。俺は，娘が結婚する男とうまくいかないのは彼によってよくないと思ったんだ。だから彼のコーヒーにほれ薬を入れたんだ！」

(a)　奇妙だったのは，話すのが上手なアイキーがロージーに愛していることを言わなかったことである。

(b)　マッゴーワンは，ロージーがイエスと言ってくれるかどうか心を痛めていたのである。

(c)　この後，「ほれ薬」の話をしているので，薬をどう使うのか尋ねている。

(d)　マッゴーワンはほれ薬でロージーが来てくれると思っている。

(e)　(you'll see) how it changes Rosie's feeling for you.　間接疑問文なので〈疑問詞＋主語＋動詞〉の順になる。

(f)　ロージーを眠らせて，約束の時間に来られないようにしようとしたのである。

(g)　「最新の知らせ」とはマッゴーワンの計画のことである。

(h)　1「アイキーは朝から晩まで薬局で働いている」 第1段落第3文参照。夜に働いているとあるので不適切。 2「アイキーとマッゴーワンは薬局近くの同じ家に住んでいる」 第3段落第1文参照。一緒に住んでいる他の男がいるとあるので適切。 3「アイキーは見た目が良くないのでロージーの愛を勝ち取れないと思っていた」 第3段落第4文参照。見た目が良くないとは書いていないので不適切。 4「マッゴーワンはできるだけ早くロージーと結婚したいと思っていた」 第10段落参照。ロージーの返事がときどき変わるため，早く結婚したいと思っていたので適切。 5「リドル夫妻は娘にマッゴーワンを愛してほしくなかった」 第12段落第1文参照。マッゴーワンを気に入っていないのは，ロージーの父なので不適切。 6「ティムは彼女にほれ薬を与えたが，彼女は全く彼を好きにならなかった」 第13段落最終文参照。2週間後，結婚したので不適切。 7「リドルさんはマッゴーワンが正直だとわかったので撃てなかった」 第28段落参照。リドルさんは寝ていたため，マッゴーワンを撃てなかったので不適切。 8「リドルさんはよく寝ていたので，ロージーをマッゴーワンは結婚できた」 第28段落参照。リドルさんが寝ていたので，ロージーと無事に結婚できたので適切。

★ワンポイントアドバイス★

文法問題，英訳問題，長文読解問題と様々な力が問われている。よって，問題集や過去問を使って様々な出題形式に慣れるようにしたい。

＜国語解答＞

一　問一　ⓐ 蓄(え)　ⓘ 先刻　ⓤ 狂喜[驚喜]　ⓔ 訂正　ⓞ 確立
問二　1 エ　2 ウ　問三　エ　問四　D　問五　エ　問六　(例)　ヘレン・ケラーが言葉を知ったこと。　問七　ウ　問八　イ　問九　オ

二　問一　ウ　問二　イ　問三　エ　問四　ア　問五　ア　問六　イ　問七　ウ

三　問一　ア　問二　ウ　問三　ウ　問四　イ　問五　もとより
問六　(1)　有㆓陰徳㆒者必有㆓陽報㆒也　(2)　(例)　(陰徳)…(王が)礼を失した臣下の行動を見逃してやった(こと。)　(陽報)…(臣下が)王のために常に最前線で戦ってくれた(こと。)

○配点○

一　問一　各2点×5　問二～問六　各3点×6　他　各4点×3

二　問一～問四　各3点×4　他　各6点×3

三　問一～問五　各3点×5　他　各5点×3　計100点

＜国語解説＞

一 （論説文―内容吟味，文脈把握，指示語の問題，脱文・脱語補充，漢字の読み書き，語句の意味，文と文節）

問一　(あ)　音読みは「チク」で，「蓄積」「備蓄」などの熟語がある。　(い)　さきほどという意味の他に，すでに，という意味がある。「刻」の訓読みは「きざ(む)」。　(う)　異常なほどひどく喜ぶこと。　(え)　誤りを正しく直すこと。　(お)　しっかりと打ち立てること。「確」の訓読みは「たし(かめる)」。

基本　問二　直前の段落にあるように「虫という言葉を知らない子どもが，はじめて虫を見たとき」について述べている。――線1の直前「大人は，彼がコオロギを見てコオロギだ，といったとき」というのであるから，その虫がコオロギという名前であることを「理解」するのは「彼」で，彼が「理解している」と「判断」するのは「大人」である。

問三　「ジレンマ」は，相反する二つの事がらの間でどちらにもつけず苦しむこと。言葉を定義づけようとしたときに，言葉を用いるほかないという状況から，意味を判断することができる。

問四　挿入文に「このようなおまじないごっこ」とあるので，「おまじないごっこ」について述べている部分を探すと，Dの直前の段落に「変なおまじないのようなもの」とある。また，Dの直後の段落「サリバン先生は，あとを追っかけて，二人とも川の中でころんでしまいます」は，挿入文の「ヘレン・ケラーは川にはまってしまいます」に続くのにふさわしい。したがって，挿入文はDに入る。

問五　直後の段落で「彼が知ったのは……たんにコオロギという言葉です。新鮮で感動的でさえあったあの得体の知れないものとの直接的関りあいを忘れたのでは，何にもならない」と，筆者が「おそろしい」とする理由を説明している。

やや難　問六　直後の「彼女の目が開いたのも同じこと」は，どのようなことかを考える。同じ段落の，ヘレン・ケラーが「ものには名前があること，名前は文字というもので表わされていることをはじめて知」ったことを指し示している。――線4の後に「言葉という道を通って」とあるので，ヘレン・ケラーが言葉を知ったこと，と簡潔にまとめるとよい。

問七　直前のヘレン・ケラーについて述べている「言葉や文字が意味をなさなかった時代の彼女の感覚」と，「コオロギという言葉を知らない子どもがコオロギを見た場合の様子」とを比較している。直後の段落に「言葉で考えることが，間接的，知性的であるのに対して，絵で感じるのは，直接的，感覚的だと考える」とあるのに着目する。言葉が意味を持たない状態で，直接的，感覚的にとらえている点が「似ている」と述べている。

やや難　問八　一つ前の文で，「『考える』ためには，『絵(イメージ)で考える』場合でも，それを言葉に置きかえなければならない」と筆者は主張している。直前の文に「前言を多少ていせいしなければなりません」というのであるから，「絵(イメージ)で考える」をキーワードに「前言」を探す。「しかし，私は」で始まる段落に「私は，『人間は絵(イメージ)でものを考える』と言うこともできる，と考えています」とあり，これが「前言」にあたる。この「前言」を「多少ていせい」したにふさわしいものを選ぶ。 X の直後が「感じたことを」から始まるのもヒントになる。

重要　問九　「この」の指示内容とあるので，前の内容に注目する。直前の段落の「幼児は……『絵で感じる』世界に住んでいるといえます。つまり，第三者が，その世界に入りこんで，その感覚，あるいは感情を望ましい方向に育て得る可能性が残されている」ことを指し示している。

二 （小説―情景・心情，内容吟味，文脈把握）

問一　「ゆるふわ」という語の印象にふさわしいものを選ぶ。しっかりとした自分の考えがなく周りの雰囲気に流されやすいという印象が感じ取れる。

やや難 問二　本文の前の注釈に「信頼する司書の『しおり先生』」とある。「あたし」は「文学少女風に見え」「しおり先生みたいに見えなくもない」と三崎さんを見直し，本の趣味が合うのかもしれないと感じている。

問三「いい趣味」は，前の『女の子が主人公のお話……でも，恋愛，部活，友情，そういうのは苦手』というリクエストに対する「あたし」の感想である。また，「いい趣味，してるじゃん」という言葉の調子や「ひねくれた趣味」という表現から，「あたし」は，他の人にはなかなか理解し得ないこだわりがあると自分の読書の趣味に対して自信と誇りを持っていることが感じ取れる。

基本 問四　直後で「先週，あおちゃんが借りていったやつはどう？近くなかった？」と，しおり先生が「あたし」を助けようと本の候補を提案してきたことが理由にあたる。

問五　直前の「物語の主人公を……わたしたち自身を幸せにできるかどうかも，わたしたちしだいってこと」というしおり先生の言葉を「わたし」は理解できないでいる。直後の文の，納得できない点があって疑問に思う気持ちを意味する「不審げな気持ち」に通じるものを選ぶ。

問六　苦手に思っていた三崎さんが，「あたし」の勧めた本を借りようとしている場面である。直前の段落「会話終了。気まずい沈黙がやってきて……結局，黙ったまま貸し出し手続きをした」が，「あたし」は「よかったら，感想，聞かせて」と「慌てて付け足した」のである。

重要 問七　直後で「緊張のせいか，それとも別の原因があるのか，心臓の鼓動がうるさく音を立てて……そういう不思議な感覚がした」と，自分の思い切った行動に驚き興奮している「あたし」の様子を述べている。さらに，本文の最後で，「あたし」は理解できなかったしおり先生の「自分が好きな本を，好きになってくれるかもしれないんだよ」という言葉が「少しだけ理解できた気がした」と自分の成長を感じている。「気に入ってくれると嬉しいな，と思った」という描写から，三崎さんとの今後の展開に期待をし始めていることも読み取れる。

三　**(古文・漢文―内容吟味，文脈把握，指示語の問題，文と文節，口語訳)**

〈口語訳〉〈甲〉昔，楚の荘王という人が，群臣を集めて一晩中宴を催された。その荘王のおそばに深くご寵愛なさっていた后がいらっしゃったのを，人に知られないように「なんとかして(后の気をひきたいものだ)」とお思い申し上げていた臣下がいた。灯火が風で消えた間に，(臣下が)后の袖を取って引いたのを，とんでもなくお怒りにお思いになられたのだろう，(后は)お手を差し出してこの臣下の冠の纓を取って，「このような事がございますとは。早く火を灯して纓のない人をこの人だとお知らせください」と(王に)申し上げなさるのを，王は，もともと人に対してあわれみ情け深くいらっしゃったので，「灯火が消えている間に，ここにいる人々みんな纓を取って差し上げろ。その後で火を灯せ」とおっしゃったので，この臣下の男は，涙を流してうれしく思ったのだった。こうして灯火がついて明るくなったが，誰もみな纓がなかったので，(后が探し出したい者が)誰であるかわからなかった。けれどもこの臣下は，「なんとかして王の情けにお報い申し上げたい」と心の中で思っていたところ，王が，敵の国に攻められて，危なくいらっしゃるのを，この臣下の男が一人我が身をかえりみず戦ったので，王は勝利をお収めになられたのだった。(王は)このことを知らず不思議に思って，その理由を(臣下に)お尋ねになられると，この臣下が申し上げて言うには，「昔，后に纓を取られ申し上げて，どうしようかと思った時に，誰とわからないようになさってくださいましたこと，私は今でも忘れておりません」と泣きながら申し上げた。

〈乙〉〈書き下し文〉晋楚と戦ふ。一臣有りて，常に前に在り，五たび合して五たび首を獲り，敵を却けて卒に之に勝つを得たり。荘王怪しみて問ひて曰はく，「寡人徳薄し。また未だ嘗て子を異にせず。子の何の故に死を出だして疑はざること是くのごとくなるか」と。対へて曰はく，「臣は当に死すべし。往者に酔ひて礼を失せしに，王隠忍して誅を加へざりきなり。臣終に敢へて隠蔽の徳を以てして，顕らかに王に報ぜずんばあらざるなり。常に肝脳地に塗れ，頸血を用て敵に湔がんと願ふこと久し。臣は乃ち夜纓を絶たれし者なり」と。遂に晋軍を敗りて，楚以て強きことを得たり。此れ陰徳の有る者は必ず陽報有り。

〈口語訳〉　晋は楚と戦っている。一人の臣下がいて，常に前線にいて，五度敵と戦って五度(敵の)首を獲り，敵をしりぞけ，ついに戦いに勝つことができた。荘王が不思議に思って問うて言うには，「わたくしは徳の少ない者だ。今までにお前を特別扱いしたことはない。お前はなぜ命をかけて疑わないのはどのような理由によるのか。」と。(臣下が)答えて言うには，「私は死んでもかまいません。昔ある者が酔って礼を失したのに，王は耐え忍んで罰を与えませんでした。私は隠蔽の徳をもって，王に報いなければならないのです。いつも顔や腹が立ち割られ泥にまみれ，頸の血を敵にそそぐことをずっと長い間願っておりました。私こそあの夜纓を取られた者です」と(言った。)ついに晋軍を敗り，楚は強大となった。人知れず恩徳を施した者は，きっと良い報いがあるものだ。

問一　a 「后」を「浅からず」お思いになっていらっしゃったのは「荘王」。　b 「御袖」を引かれて「かぎりなくいきどほり深く」お思いになられたのは「后」。　c 「御手をさしやりてこの男の冠の纓」を取ったのは「后」。

問二　「いかでか」には，疑問と反語の他に，願望の意味がある。ここでは，男が後で后の袖を引いていることから，なんとかして后の気を引きたいという願望の意味で用いられているとわかる。

問三　「かかる事」は，このようなことという意味。少し前の，臣下が「ともし火の風に消えたりけるひまに，后の御袖を取りて引きたりける」ことを指している。

問四　――線3の「その人」は，后の御袖を引いて后の怒りに触れ，后に纓を取られた人である。荘王が「これに侍る人びとおのおの纓を取りてたてまつるべし」と言ったので，「たれもみな纓」がなかったので，后の御袖を引いた者が誰であるかわからなかったという意味になる。

重要　問五　問題文〈甲〉で，荘王の性格を述べている部分を探す。「主，もとより人をあわれみ情け深くおはしければ」とあるのに着目する。

やや難　問六　(1)「陰徳の有る者は必ず陽報有るなり」という書き下し文になる。

(2)「陰徳」は人知れず恩徳を施したこと，「陽報」は，良い報いという意味であることを確認する。問題文〈甲〉のうち，「陰徳」は，「主，もとより人をあわれみ情け深くおはしければ……たれもみな纓なかりければ，その人と見えざりけり」から，荘王が礼を失した臣下を見逃してやったことを指している。「陽報」は，「主，かたきの国にせめられて，あやふきほどにおはしけるを，この人ひとり身をすてて戦ひければ，主勝たせたまひけり」から，臣下が王のために常に最前線で戦ったことを指している。それぞれ簡潔にまとめる。

★ワンポイントアドバイス★

漢文の出題が特徴的であるが，古文と照らし合わせることで解答の糸口が見つかるはずだ。問題の量が多いので，時間配分を意識して最後までしっかりと解き切りたい。

MEMO

大切なことはメモしておこうネ！

解答用紙集

○月×日 △曜日 天気（合格日和）

◆ご利用のみなさまへ
＊解答用紙の公表を行っていない学校につきましては、弊社の責任において、解答用紙を制作いたしました。
＊編集上の理由により一部縮小掲載した解答用紙がございます。
＊編集上の理由により一部実物と異なる形式の解答用紙がございます。

人間の最も偉大な力とは、その一番の弱点を克服したところから生まれてくるものである。 ――カール・ヒルティ――

東京学参株式会社

※ 147％に拡大していただくと，解答欄は実物大になります。

1	(1)	
	(2)	
	(3)	$x=$　　　，$y=$
	(4)	$x=$
	(5)	

2	(1)	個
	(2)	$n=$
	(3)	個
	(4)	cm^2
	(5)	cm
	(6)	間違っている値　／　正しい値
	(7)	

3	(1)	$y=$
	(2)	
	(3)	(　　　，　　　)

4	(1)	
	(2)	
	(3)	

5	(1)	cm^3
	(2)	cm^3
	(3)	cm^3

桐光学園高等学校　2024年度　◇英語◇

※ 143％に拡大していただくと，解答欄は実物大になります。

1 ①　②　③
④　⑤

2 (a)　(b)　(c)　(d)　(e)

3 (a)　(b)　(c)　(d)　(e)

4 (a) イ　ロ　(b) イ　ロ
(c) イ　ロ

5 (a) イ　ロ　(b) イ　ロ　(c) イ　ロ

6

7 (a)　(b)　(c) 1番目　5番目　(d)
(e) 神が，
25　30
(f)　(g)

8 (a)
25　40
(b)　(c)　(d)　(e)　(f) 3番目　5番目
(g)

◇国語◇

桐光学園高等学校　２０２４年度

※１３７％に拡大していただくと、解答欄は実物大になります。

一

あ　へいせつ

い　ひょうしょう

う　かんだい

え　せいぎょ

お　てんか

二

問一

問二

問三 (1)　(2)

問四 (1)

問四 (2)

問五

問六 X　Y　Z

問七

三

問一

問二

問三

問四

問五

問六

問七

四

問一

問二

問三

問四

問五

問六 (1)　・　・

(2)

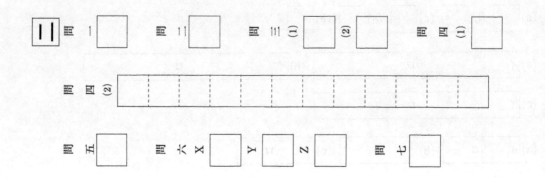

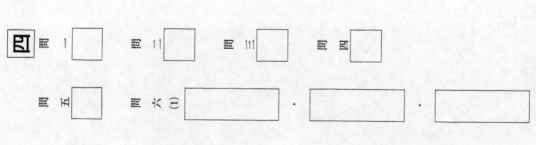

桐光学園高等学校　2023年度

◇数学◇

※ 149％に拡大していただくと，解答欄は実物大になります。

1	(1)	
	(2)	
	(3)	
	(4)	
	(5)	$a=$　　　，$b=$

2	(1)	
	(2)	$a=$
	(3)	
	(4)	点
	(5)	
	(6)	

3	(1)	
	(2)	
	(3)	

4	(1)	$a=$
	(2)	
	(3)	
	(4)	

5	(1)	
	(2)	AE＝
	(3)	

桐光学園高等学校　2023年度　◇英語◇

※ 149%に拡大していただくと，解答欄は実物大になります。

1 ①　②　③

④　⑤

2 (a)　(b)　(c)　(d)　(e)

3 (a)　(b)　(c)　(d)　(e)

4 (a) イ　ロ　(b) イ　ロ

(c) イ　ロ

5 (a) イ　ロ　(b) イ　ロ　(c) イ　ロ

6

7 (a)　(b)

(c)

25　35

(d) 3番目　5番目　(e)　(f)　(g)

8 (a)　(b)　(c)　(d)　(e)

(f)

15

30

(g)

◇国語◇

桐光学園高等学校　２０２３年度

※１４９％に拡大していただくと，解答欄は実物大になります。

一

㋐ くちく
㋑ とくい
㋒ かくとく
㋓ とうじょう
㋔ かいもく

二

問一
問二
問三
問四
問五
問六
問七
問八 ・

三

問一 a b
問二
問三
問四
問五
問六
問七 X Y

四

問一 a b
問二
問三
問四 (1)
(2) 欲以身当之
問五 ・

桐光学園高等学校　2022年度　◇数学◇

※ 149%に拡大していただくと，解答欄は実物大になります。

1	(1)	
	(2)	
	(3)	
	(4)	$x=$ 　　　，$y=$
	(5)	$x=$

2	(1)	$n=$
	(2)	
	(3)	個
	(4)	$\angle x=$ 　　　度
	(5)	
	(6) ア	
	(6) イ	

3	(1)	
	(2)	
	(3)	

4	(1)	$y=$
	(2)	
	(3)	$a=$

5	(1)	∠ACB＝　　　度
	(2)	∠APB＝　　　度
	(3)	AP＝
	(4)	

桐光学園高等学校　2022年度　　◇英語◇

※ 143%に拡大していただくと，解答欄は実物大になります。

1　①　②　③
④　⑤

2　(a)　(b)　(c)　(d)　(e)

3　(a)　(b)　(c)　(d)　(e)

4　(a) イ　ロ　(b) イ　ロ
(c) イ　ロ

5　(a) イ　ロ　(b) イ　ロ　(c) イ　ロ

6

7　(a)　(b)　(c)　(d)
(e)
30
50
(f)　(g)

8　(a) 3番目　5番目　(b)　(c)　(d)
(e)

◇国語◇

桐光学園高等学校　2022年度

※143%に拡大していただくと、解答欄は実物大になります。

一

あ　せいこう

い　きひん

う　しんぎ

え　しゅっぱん

お　ありゅう

二

問一　Ⅰ　Ⅱ　Ⅲ

問二　問三　問四

問五

問六

三

問一　問二　問三　問四

問五　・　問六　問七

四

問一　a　b　問二

問三　不能更作

問四　問五

問六　・

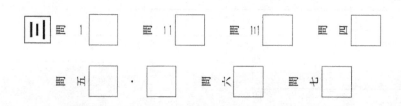

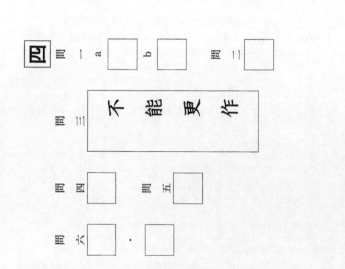

※ 156%に拡大していただくと，解答欄は実物大になります。

1	(1)	
	(2)	
	(3)	
	(4)	$x=$　　　，$y=$
	(5)	$x=$

2	(1)	$n=$
	(2)	$a=$
	(3)	個
	(4)	$\angle x=$　　　度
	(5)	：
	(6)	

3	(1)	$R_1R_2=$
	(2)	$AP=$
	(3)	$CR=$

4	(1)	
	(2)	
	(3)	

5	(1)	
	(2)	$a=$
	(3)	$a=$
	(4)	$a=$

桐光学園高等学校　2021年度　◇英語◇

※ 152％に拡大していただくと，解答欄は実物大になります。

1 (a)　(b)　(c)
(d)　(e)

2 (a)　(b)　(c)　(d)　(e)

3 (a)　(b)　(c)　(d)　(e)

4 (a) イ　ロ　(b) イ　ロ
(c) イ　ロ

5 (a) イ　ロ　(b) イ　ロ　(c) イ　ロ

6

7 (a)　(b)　(c)　(d)　(e)　(f)
(g)

8 (a)　(b)　(c)　(d)
(e)
30　40
(f)　(g)

◇国語◇

桐光学園高等学校　２０２１年度

※１３９％に拡大していただくと、解答欄は実物大になります。

一

あ えんぼう

い げんこう

う きょうちょう

え とろう

お ふんぱつ

二

問一 A B C D

問二

問三

問四

問五

問六

問七

三

問一

問二

問三

問四

問五

問六

問七

四

問一

問二 2 4

問三

共 議 分 居 家 之 資 産

問四

問五

桐光学園高等学校　2020年度

◇数学◇

※148％に拡大していただくと，解答欄は実物大になります。

1	(1)	
	(2)	
	(3)	
	(4)	
	(5)	

2	(1)	
	(2)	
	(3)	$n=$
	(4)	
	(5)	AD：DC＝　　：
	(6)	

3	(1)①	R（　　，　　）
	(1)②	S（　　，　　）
	(2)	P（　　，　　）

4	(1)	BD＝
	(2)	AB＝
	(3)	BC＝
	(4)	BF＝

5	(1)	通り
	(2)	通り
	(3)	通り

桐光学園高等学校　　2020年度　　　　◇英語◇

※142％に拡大していただくと，解答欄は実物大になります。

1 (a) (b) (c)

(d) (e)

2 (a) (b) (c) (d) (e)

3 (a) (b) (c) (d) (e)

4 (a) イ ロ　(b) イ ロ

(c) イ ロ　(d) イ ロ

(e) イ ロ

5 (a) イ ロ　(b) イ ロ　(c) イ ロ

6

7 (a) (b) (c) (d) (e)

(f) (g) A B C D

(h)

8 (a) (b) (c)

(d)

(e) (f) (g) (h)

◇国語◇

桐光学園高等学校　２０２０年度

※148%に拡大していただくと、解答欄は実物大になります。

一

問一　あ 覆われ　い じまん　う てんけい　え じく　お 刷新

問二　(1)　(2) A　B　C　D

問三

問四

問五

二

問一　問二　問三

問四　問五　問六

問七

三

問一　問二

問三　問四

問五　不顧其後之有患也

問六　A　B　C　D

桐光学園高等学校　2019年度

◇数学◇

※この解答用紙は149%に拡大していただくと，実物大になります。

1	(1)	
	(2)	
	(3)	
	(4)	$x=$　　　　，$y=$
	(5)	$x=$

2	(1)	$a=$　　　　，$b=$
	(2)	
	(3)	cm^2
	(4)	cm^3
	(5)	cm

3	(1)	B（　　　，　　　）
	(2)	P（　　　，　　　）
	(3)	Q（　　　，　　　）
	(4)	（　　　，　　　）

4	(1)	：
	(2)	：
	(3)	：

5	(1)	
	(2)	
	(3)	

桐光学園高等学校　2019年度

◇英語◇

※この解答用紙は149％に拡大していただくと，実物大になります。

1 [A] (a) (b) (c) [B] (a) (b)

2 (a) (b) (c)

(d) (e)

3 (a) (b) (c) (d) (e)

4 (a) イ ロ (b) イ ロ

(c) イ ロ (d) イ ロ

(e) イ ロ

5 (a) イ ロ (b) イ ロ (c) イ ロ

6

7 (a) (b)

(c)

35

45

(d) (e) (f) (g) (h)

8 (a)

30

40

(b) (c) (d) (e)

(f) (g) (h)

◇国語◇

桐光学園高等学校　２０１９年度

※この解答用紙は１４５％に拡大していただくと、実物大になります。

一

問一　㋐ たくわ　え　㋑ せんこく　㋒ きょうき　㋓ ていせい　㋔ かくりつ

問二　1　2

問三

問四

問五

問六

問七

問八

問九

二

問一

問二

問三

問四

問五

問六

問七

三

問一

問二

問三

問四

問五

問六 (1)

有陰徳者必有陽報也。

(2) 陰徳…王が　　　　こと。

陽報…臣下が　　　　こと。

MEMO

大切なことはメモしておこうネ！

MEMO

大切なことはメモしておこうネ！

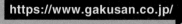

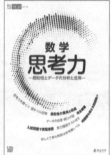

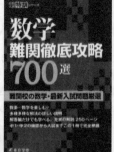

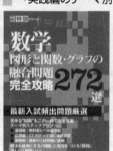

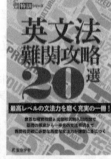

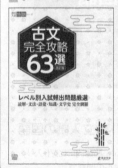

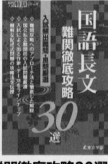

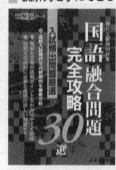

2024 広島県
2024 岩手県
2024 北海道
2024 福岡県
2024 宮城県
2024 沖縄県
2024 愛知県
2024 東京都

2024 愛知県公立高校入試
予想問題集

2024 宮城県公立高校入試
予想問題集

〈ダウンロードコンテンツについて〉

本問題集のダウンロードコンテンツ、弊社ホームページで配信しております。現在ご利用いただけるのは「2025年度受験用」に対応したもので、**2025年3月末日**までダウンロード可能です。弊社ホームページにアクセスの上、ご利用ください。

※配信期間が終了いたしますと、ご利用いただけませんのでご了承ください。

高校別入試過去問題シリーズ

桐光学園高等学校　2025年度

ISBN978-4-8141-2971-3

[発行所] 東京学参株式会社

〒153-0043　東京都目黒区東山2-6-4

書籍の内容についてのお問い合わせは右のQRコードから　⇒

※書籍の内容についてのお電話でのお問い合わせ、本書の内容を超えたご質問には対応できませんのでご了承ください。

2024年6月14日　初版